»Wer im Glashaus sitzt, soll nicht mit Steinen werfen«

Typolemik Streiflichter zur Typographical Correctness

Hans Peter Willberg

Verlag Hermann Schmidt Mainz

Impressum:
Gestaltung, Satz: Gilmar Wendt, London Gesamtherstellung: Universitätsdruckerei H. Schmidt Mainz Gesetzt aus: Foundry Wilson und Quay Printed in Germany
ISBN 3-87439-541-3 2. Auflage

Vorwort der Verleger

»Der herbste Tadel lässt sich ertragen, wenn man fühlt, dass derjenige, der tadelt, lieber loben würde.«

Marie von Ebner-Eschenbach

Mit Typolemik/Typophilie will Hans Peter Willberg – unterstützt von Friedrich Forssman (Lektorat) und Gilmar Wendt (Gestaltung) – nicht nur die Typografie-Diskussion fördern und fordern, er legt auch ein bewusst subjektives Lehrbuch vor, das zu Gedanken über Logik, Kohärenz, Konsequenz und Regeln anregt und damit Mut zu Meinung und Standpunkt beweist. Dabei ist es ähnlich wie in der Literaturkritik auch in der Typografie-Kritik wichtig, den schmalen Grat zwischen Subjektivem (Geschmack) und Objektivem (Können) zu thematisieren, zu suchen, vielleicht in einigen Punkten zu finden. Ebenso wie die Typolemik nie frei sein kann von persönlichen Anschauungen ist die Typophilie – wie immer die Liebe – nie frei von Subjektivem und gerade dadurch anregend und inspirierend.

Wir »schenken« diesen Band unserem langjährigen Autor in Dankbarkeit und der Hoffnung, dass Typolemik/Typophilie dazu beiträgt, die Diskussion um typografische Stand- und Spielbeine, Regeln und deren gekonntes Brechen anzuregen. Dabei ist Kritik nicht nur erlaubt, sondern zwingender Bestandteil der Diskussion. Die in diesem Band geäußerte Kritik gilt immer nur den Beispielen, nie dem Menschen dahinter.

Für diejenigen, die sich trotzdem »auf den Schlips getreten« fühlen: Ziehen Sie den Kopf aus der Schlinge und vertreten Sie Ihren Standpunkt!

Karin & Bertram Schmidt-Friderichs

Vorwort des Autors

Wenn einer (Das Maskulinum gilt prinzipiell der Sache und nicht dem Typografen-Geschlecht. Allerdings stelle ich nachträglich irritiert fest, dass Arbeiten von Typografinnen von mir nicht angegriffen wurden.) ein Konzert gibt oder ein Buch schreibt, stellt er sich der öffentlichen Kritik. Unter uns Typografen ist das nicht üblich, wir kritisieren einander hinter vorgehaltener Hand. (Die öffentliche Kontroverse über das DB-Logo zwischen Spiekermann und Weidemann ist die löbliche Ausnahme.) Die Öffentlichkeit bekommt davon nichts zu hören, nicht einmal die Fachöffentlichkeit.

Vor zwölf Jahren erschien das Buch eines berühmten Designers, Otl Aicher, mit dem Titel »typographie«. Er scheut sich darin nicht vor Polemiken gegen seine Kollegen und vor dezidiert Stellung nehmenden Aussagen zum Thema Schrift und Typografie, die zu polemischen Entgegnungen geradezu herausfordern. Das war der Auslöser für diese Anmerkungen. Leider lebt Otl Aicher nicht mehr. De mortuis nil nisi bene? Sein Buch ist nicht tot, es lebt in den Regalen zahlreicher Designer. Was in dem Buch steht, verlangt nach wie vor der Entgegnung.

Bei der Arbeit entstand in einer Art innerem Schneeball-Effekt die Formulierung meines Typografen-Unbehagens auch bei anderen Kollegen-Arbeiten, ihren Äußerungen zur Typografie und ihren typografischen Äußerungen. Alte Fälle und neue Fälle. Da ich Buchgestalter bin, sind es meist Themen der Buchtypografie und der Schrift, die mich beschäftigt haben. Dabei geht es mir nicht um Kunstfehler und misslungene Typografie – das kann jedem von uns passieren – und auch nicht um schlechte Typografie, es geht mir viel mehr um missverstandene Typografie, um Denkfehler, und in besonderem Maß um die Diskrepanz von Forderung und eigenem Handeln bei guten Typografen und Typografie-Lehrern. Mein Ziel ist es, zu öffentlicher Diskussion über Typografie (und nicht nur Buchtypografie) anzuregen. Meine Hoffnung ist, dass meine Anmerkungen Reaktionen provozieren, Widersprüche, Korrekturen, weitere Kritiken und Polemiken. Hierzu sei ausdrücklich aufgefordert. Es wird aber ebenso ausdrücklich darum gebeten, nicht allgemeine Ansichten und Gefühle auszusprechen, sondern nur konkrete Punkte anzusprechen, die durch Abbildungen oder Zitate belegbar sind. (So habe auch ich es zu halten versucht – von den Glossen abgesehen.) Vielleicht könnte so ein weiteres Buch mit Typolemiken entstehen.

Die Adresse:

Verlag Hermann Schmidt Mainz, Robert-Koch-Straße 8,
D-55129 Mainz-Hechtsheim, Stichwort »Typolemik«.

Hans Peter Willberg, im Sommer 2000

Inhalt

Ein Bild sagt mehr …

Kapitel 1

Über die Infamie der Spiegel-Bildredakteure

Wenn wir die Manipulation der Leser durch die Typografen bloßstellen wollen, nehmen wir meistens die Bildzeitung als Beispiel. Die Leute vom Spiegel machen das aber auch, nur subtiler und damit infamer.

Zum Beispiel die Bebilderung der Besprechung von Sloterdijks umstrittenem Vortrag zur Humanismuskritik und zur Anthropotechnik. Das erinnert mich an ein viele Jahre zurückliegendes Beispiel. Damals erschien im Spiegel ein Artikel über die Zucht und die Züchter von Schäferhunden, ziemlich sachlich. Als Bild dazu: Adolf Hitler mit seiner Schäferhündin Senta. Im Text kam dieser Bezug nicht vor, auch nicht andeutungsweise. Aber durch die Abbildung war suggeriert: Wer sich auf den deutschen Schäferhund einlässt, ist schon ein halber Nazi.

Oder, bei einem Artikel über die Erfolglosigkeit von Gehlens Abteilung »fremde Heere Ost« im Krieg. Dazu ein Bild: Razzia des SD in … – Als ob die Wehrmacht-Spionage dem Himmler und seiner SS und nicht der Wehrmacht unterstanden hätte.

Und nun Sloterdijk. Da wird hart und kritisch sein Vortrag in Schloss Elmau vorgenommen. In einem Satz wird sein Bezug zu Heidegger und Nietzsche erwähnt. Beide, Nietzsche und Heidegger, werden groß abgebildet. Nietzsche in seinem schönen Profil, Heidegger zusammen mit anderen Leuten und, damit man ihn sogleich entdeckt, mit einem Kreis um seinen Kopf. Die anderen Leute aber sind Nazis, in Uniform und mit Hakenkreuz-Armbinde. Da sieht man doch gleich, was für einer dieser Sloterdijk ist!

Denkfehler

Es ging um einen Bildband über die Berliner Bildhauerei des 19. Jahrhunderts. Einer der Autoren machte die Vorgabe, dass die Plastiken ihrer realen Größe korrespondierend abzubilden seien: Denkmäler so groß wie möglich, Statuen in mittlerer Größe, »Kammer«-Plastiken klein. Das Ergebnis überzeugte nicht. Gustav Stresow, damals Chef des Prestel-Verlages, sagte mir warum: Ein Denkfehler liegt zugrunde. Große Denkmäler sehe ich aus großer Entfernung, also klein. Plastiken, die in meinem Zimmer stehen, kann ich in die Hand nehmen und jedes Detail betrachten. Diese hätten im Buch groß erscheinen müssen.

Über die Ignoranz der Verleger

Auf der Leipziger Buchmesse 1999 polemisierte Juergen Seuss beim Forum »Buch + Art« heftig und entschieden gegen die deutschen Verlage, weil sie keine illustrierten Bücher herausgeben, keine Illustrations-Aufträge vergeben und somit die große Tradition der Literatur-Illustration abbrechen und die Kultur der Buchillustration untergraben. Die wenigen Ausnahmen, wie die Büchergilde Gutenberg, machen das Versagen der anderen Verlage nur noch deutlicher. Und selbst die Büchergilde hat nur auf arrivierte Namen gesetzt und nicht auf den noch unbekannten Nachwuchs.

Genau genommen polemisierte Juergen Seuss gegen die westdeutschen Verlage. Seinerzeit, in der DDR, war das anders, da gab es eine breite und überzeugende Kultur des illustrierten Buches. Die Verlage wetteiferten miteinander, die Verleger waren stolz auf ihre schönen Bücher, die Illustratoren hatten kontinuierlich Aufträge, der Nachwuchs hatte Chancen. Die Verleger im Westen Deutschlands hingegen behaupteten und behaupten, illustrierte Bücher »gingen nicht«, sie seien unkalkulierbar teuer, man könne die Bücher nicht in Schönheit sterben lassen – was Seuss vehement bestreitet und die Schuld allein der Ignoranz der Verleger gibt.

Vielleicht hat es aber ganz andere Gründe, dass in der DDR so viele Bücher illustriert wurden und im Westen keine? Buchillustration war zu allen Zeiten ein Zweig der »großen« Kunst, der Malerei. Das war zu Botticellis Zeiten so wie bei Doré, bei Slevogt wie bei Beckmann. Die Bilder der Maler »erzählten« selbstständig, die Illustrationen erzählten in Verbindung mit dem Text. Das kam aus einem Geist. Als die Bilder aufhörten zu erzählen, als nicht mehr die Form *und* die inhaltliche Botschaft ihre Aufgabe waren, sondern die Form allein zur Botschaft wurde, riss die Verbindung zwischen Malerei und Literatur und damit zwischen Malerei und Illustration ab. Der Expressionismus hat die Buchillustration beflügelt, die Minimal-Art konnte das nicht. So ist es im Westen verlaufen.

Im Osten Deutschlands und Europas ist die Verbindung von Malerei und Buchillustration nicht abgerissen. Die Bilder der bekannten Maler blieben »erzählerisch«, inhaltsverbunden, literarisch deutbar. Ob man in Kunstausstellungen ging oder illustrierte Bücher kaufte und las, war kein substanzieller Unterschied. Das war der fruchtbare Boden für die Verleger und ihre illustrierten Bücher.

Mit dem Eindringen der Westkunst in den Osten Europas wird der Buchillustration auch dort der Boden entzogen. Das ist nicht die Schuld der Verleger.

Beruf: Illustrator

Es ist geradezu verbrecherisch, junge Leute als Buch-Illustratoren auszubilden. Sie arbeiten im Studium mit Engagement und Vergnügen und fallen anschließend ins tiefe Loch, weil niemand ihre Arbeiten braucht. Bilderbuchgestalter haben Chancen, Sachzeichner, vielleicht noch Jugendbuch-Illustratoren, nicht aber literarische Illustrationen – und darauf kommt es den jungen Künstlern doch eigentlich an. Wer es dennoch geschafft hat, hat zehn Jahre gebraucht, bis er bekannt genug war, um vom Markt akzeptiert zu werden.

»Berufsillustratoren« dürfte es eigentlich gar nicht geben. Die wirklich wichtigen illustrierten Bücher stammen nicht von Berufsillustratoren wie Kubin oder Hegenbarth, sondern von Malern und Bildhauern, wie Beckmann, Maillol oder Jim Dine.

Sich im Studium zeichnend mit Literatur auseinander zu setzen, mag sinnvoll sein. Das gehört aber ins Kunststudium und nicht ins Grafik-Design-Studium. Das Berufsziel »Illustrator« ist bodenlos.

260 Hätte Frau Verloc nicht geatmet, wäre die Übereinstimmung zwischen beiden vollständig gewesen; jene wortkarge, weise zurückhaltende, sich sparsam mitteilende Übereinstimmung, welche die Grundlage ihres ehrbaren Hausstandes gebildet hatte. Denn ehrbar war ihr Hausstand gewesen, hatte mit schicklicher Verschämtheit alle Probleme überdeckt, die sich bei der Ausübung eines geheimen Gewerbes und dem Handel mit zweifelhaften Waren ergeben mögen. Bis zum letzten Augenblick war die Form gewahrt, waren unziemliches Geschrei und jede tadelnswert offenherzige Aufführung vermieden worden. Und nachdem der Stoß ausgeführt war, lebte diese Ehrbarkeit schweigend und reglos weiter.

Wenn Maler lesen, überkommt ihr inneres Auge eine Bilderflut und es drängt sie, das zu zeichnen. Das ist legitim, die Buchillustration gehört zu ihrem Metier. Die meisten Autoren lieben es zwar nicht so sehr, wenn ihre Dichtungen illustriert werden, sie malen ja selbst mit Worten – doch sie können sich nicht wehren.

Ein wenig sollten die zeichnenden Leser vielleicht doch an die nicht zeichnenden Leser denken, die ja möglicherweise auch mit einem inneren Auge sehen. Mit der künstlerischen Qualität der Zeichnungen hat diese Anmerkung nichts zu tun. Man kann sehr gut falsch zeichnen und schlecht richtig, gut richtig und schlecht falsch.

Gute Autoren bauen ihren Text so auf, dass der Leser in Spannung bleibt. Der Leser von Joseph Conrads »Der Geheimagent« erlebt beim Lesen einen merkwürdigen Mord: Über vier Seiten hinweg erlebt er mit, wie in Zeitlupe, auf welche Weise Herr Verloc von Frau Verloc ums Leben gebracht wird – eine äußerst gespannte Sequenz, deren Spannung restlos zerstört wird, weil der Leser zugleich in Form einer (sehr guten) Zeichnung sehen kann, sehen muss, wie Frau Verloc das Tranchiermesser hebt, brustwärts zu Herrn Verloc. Die Szene ist entzaubert, das sichtbare Bild überdeckt das innere Bild.

Der (sonst so hochgeschätzte und verehrte) Künstler, Georg Eisler, hat mir seinerzeit gesagt, dass diese Zeichnung zu seinen liebsten Illustrationen gehöre. Er hat offensichtlich nur an sich selbst gedacht und nicht an den Leser und auch nicht an den Autor, dem er die Show stiehlt. Vielleicht würde er sagen, das sei bei derartiger Literatur legitim. Der Leser ist mündig und kann selbst entscheiden, ob er einen Text in illustrativer Inszenierung lesen möchte oder nicht.

Bei einem Jugendbuch wäre das nicht legitim. Wenn ein Kind liest, dass der Münchhausen bei der Flucht vor einem Löwen einem Krokodil in den Rachen läuft, soll ihm, dem Kind, der Atem stocken. Es soll – so die Kunst des Dichters – mit angehaltenem Atem und äußerster Konzentration weiterlesen was passiert. Aber nix da, es weiß ja längst, dass der Münchhausen hinfallen und der Löwe dem Krokodil in den Rachen springen wird. Es hat das schon gesehen, der Illustrator hat es ihm schon gesagt, es braucht nicht mehr zu lesen. Hätte der Künstler den Münchhausen beim Stolpern gezeichnet, wäre die Spannung erhalten geblieben.

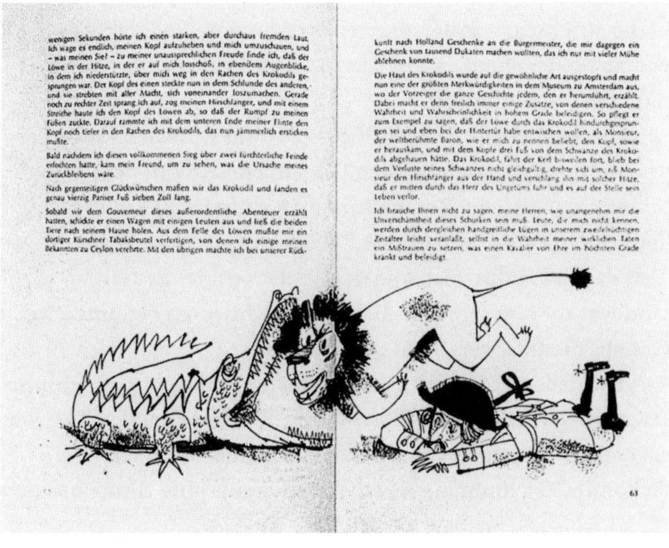

wenigen Sekunden hörte ich einen starken, aber durchaus fremden Laut. Ich wage es endlich, meinen Kopf aufzuheben und mich umzuschauen, und – was meinen Sie? – zu meiner unaussprechlichen Freude finde ich, daß der Löwe in der Hitze, in der er auf mich losschoß, in ebendem Augenblicke, in dem ich niederstürzte, über mich weg in den Rachen des Krokodils gesprungen war. Der Kopf des einen steckte nun in dem Schlunde des anderen, und sie strebten mit aller Macht, sich voneinander loszumachen. Gerade noch zu rechter Zeit sprang ich auf, zog meinen Hirschfänger, und mit einem Streiche haute ich den Kopf des Löwen ab, so daß der Rumpf zu meinen Füßen zuckte. Darauf rammte ich mit dem unteren Ende meiner Flinte den Kopf noch tiefer in den Rachen des Krokodils, das nun jämmerlich ersticken mußte.

Bald nachdem ich diesen vollkommenen Sieg über zwei fürchterliche Feinde erfochten hatte, kam mein Freund, um zu sehen, was die Ursache meines Zurückbleibens wäre.

Nach gegenseitigen Glückwünschen maßen wir das Krokodil und fanden es genau vierzig Pariser Fuß sieben Zoll lang.

Sobald wir dem Gouverneur dieses außerordentliche Abenteuer erzählt hatten, schickte er einen Wagen mit einigen Leuten aus und ließ die beiden Tiere nach seinem Hause holen. Aus dem Felle des Löwen mußte mir ein dortiger Kürschner Tabaksbeutel verfertigen, von denen ich einige meinen Bekannten zu Ceylon verehrte. Mit den übrigen machte ich bei unserer Rückkunft nach Holland Geschenke an die Bürgermeister, die mir dagegen ein Geschenk von tausend Dukaten machen wollten, das ich nur mit vieler Mühe ablehnen konnte.

Die Haut des Krokodils wurde auf die gewöhnliche Art ausgestopft und macht nun eine der größten Merkwürdigkeiten in dem Museum zu Amsterdam aus, wo der Vorzeiger die ganze Geschichte jedem, den er herumführt, erzählt. Dabei macht er denn freilich immer einige Zusätze, von denen verschiedene Wahrheit und Wahrscheinlichkeit in hohem Grade beleidigen. So pflegt er zum Exempel zu sagen, daß der Löwe durch das Krokodil hindurchgesprungen sei und eben bei der Hintertür habe entwischen wollen, als Monsieur, der weltberühmte Baron, wie er mich zu nennen beliebt, den Kopf, sowie er herauskam, und mit dem Kopfe drei Fuß von dem Schwanze des Krokodils abgehauen hätte. Das Krokodil, fährt der Kerl bisweilen fort, blieb bei dem Verluste seines Schwanzes nicht gleichgültig, drehte sich um, riß Monsieur den Hirschfänger aus der Hand und verschlang ihn mit solcher Hitze, daß er mitten durch das Herz des Ungetüms fuhr und es auf der Stelle sein Leben verlor.

Ich brauche Ihnen nicht zu sagen, meine Herren, wie unangenehm mir die Unverschämtheit dieses Schurken sein muß. Leute, die mich nicht kennen, werden durch dergleichen handgreifliche Lügen in unserem zweifelsüchtigen Zeitalter leicht veranlaßt, selbst in die Wahrheit meiner wirklichen Taten ein Mißtrauen zu setzen, was einen Kavalier von Ehre im höchsten Grade kränkt und beleidigt.

63

Auch ein Berufs-Illustrator wie Janosch, von dem man annehmen sollte, dass er sein Handwerk als Textverstärker versteht, erweist sich mitunter als bloßer Wiederholer. In einer hübschen Kindergeschichte von Herbert Heckmann verirrt sich der kleine Fritz nachts im fremden Haus und erlebt Schreckliches. »... wo er auch hingriff, er war von seltsamen Wesen umgeben, die von seinen Händen getroffen hin- und herschaukelten. ... als er die Fäuste vorstieß, wich das, was er traf, zurück, schnellte wieder vor und riss ihn von den Füßen.« Was tut Janosch? Er zeichnet in seiner geschickten Art ganz harmlose Schinken, die von der Decke herunterhängen, dazu das Profil des kleinen Fritz und die großen Leute, die durch sein Geschrei herbeigekommen sind. Er hat sich nicht in den Jungen versetzt und gezeichnet, was der zu erleben vermeinte, sondern die von außen gesehene Lösung. Keine Bedrohung, keine Angst – pure Desillusionierung.

Derselbe kleine Fritz will seine Sommersprossen loswerden und nummeriert sie in seinem Gesicht einzeln mit dem Kugelschreiber. Welch ein Thema für einen Illustrator! Ein mitdenkender Typograf hätte die Zeichnung platziert, bevor im Text davon erzählt wird und damit die Neugier gesteigert. Und was tut Janosch? Gar nichts, er zeichnet das benummerte Gesicht nicht, er verschenkt das Thema.

Er wiederholt in dem ganzen Buch nur das, was ohnehin zu lesen ist. Reflektierende Illustratoren aber bereiten den Text vor, machen neugierig, ergänzen, erweitern und verstärken ihn. Gekonnte Zeichnungen machen noch keine gute Illustration.

»Wo bin ich?«
»In der Vorratskammer«, stellte Onkel Toby fest und kramte in der Tasche seines Morgenrockes nach seiner Pfeife. Der Mann mit der roten Nase hatte sehr kleine böse Augen. Er runzelte die Stirn und sagte mit tiefer Stimme, die aus dem Bauch zu kommen schien: »Die Nacht ist zum Schlafen da.«
»Ich habe mich nur verirrt«, verteidigte sich der kleine Fritz und betrachtete mit einem Ausdruck des Ekels die schaukelnden Schinken.
»So, so, verirrt nennt man das?« Der Mann mit der roten Nase kniff die Augen zusammen. »Ich nenne das Hunger zur falschen Zeit. In meiner Jugend hätte es das nicht gegeben.«

Wir bedauern, dass zwischen der »großen« Kunst und der Buchillustration eine Kluft entstanden ist, dass bedeutende Maler nicht mehr – wie einst Max Beckmann zum Faust – Zeichnungen zur Literatur machen. Nun hat ein großer Künstler, Alfred Hrdlicka, sich einmal auf die Illustration großer Literatur – auf Büchners Lenz – eingelassen, und es trotzdem falsch gemacht. Nicht, dass er den Lenz »verfreudet«, ihn ausschließlich von der Sexualität her deutet, greife ich an, das ist sein Recht. Ich habe zwar den Lenz bislang anders gelesen, die Grenzsituation zwischen gesund und krank schien mir bei Büchner komplexer behandelt. Aber Hrdlickas einseitige Sicht ist eindrucksvoll. Doch das ist nicht der Punkt meiner Kritik.

Büchner ist ein raffinierter Autor. Er beginnt seinen konzentrierten Text mit der Beschreibung, wie der Student Lenz durchs Gebirg geht. Ganz dicht und anschaulich, zum Miterleben. »Am Himmel zogen graue Wolken, aber alles so dicht, und dann dampfte der Nebel herauf und strich schwer und feucht durch das Gesträuch, so träg, so plump. Er ging gleichgültig weiter, es lag ihm nichts am Weg.« Und dann, zwischendrin: »Müdigkeit spürte er keine, nur war es ihm manchmal unangenehm, dass er nicht auf dem Kopf gehen konnte.« Ein verstörender Satz. Dann geht es völlig normal weiter, als ob da nichts Besonderes gesagt worden sei. Das Grundthema ist angeklungen, aber in keiner Weise ausgeführt. Erst nach dem Lesen des komprimierten Stückes fängt man an zu grübeln. Was ist da eigentlich geschehen?

Und was tut der große Hrdlicka? Er malt – stark und schön, wie er malt – den Lenz, wie er auf dem Kopf steht. Das ist platt gedacht, da wird Büchner platt gemacht, das ist brutal gegen den sensiblen Text angemalt.

Typografische Fehlinterpretationen

Kapitel 2

Unter den wenigen Werken, in denen ein Setzer sein Handwerk zum Gegenstand eines Romans gemacht hat, ist das von Goethe und Wieland gepriesene Werk »Monsieur Nicolas« von Restif de la Bretonne eines der ergötzlichsten. Es schildert nicht nur die zahlreichen Liebesabenteuer des Setzers Nicolas, was ihm den Ruf eines unzüchtigen Buches eintrug, sondern gibt einen fachkundigen Einblick in das typographische Handwerk des 18. Jahrhunderts. Restif war ein so gewandter Setzer, dass ihm nachgerühmt wird, er habe einige seiner Werke ohne Manuskript direkt aus dem Setzkasten gesetzt, was auch erklären würde, dass es ihm trotz seiner zahlreichen Liebesabenteuer möglich war, über hundert Bücher zu verfassen. Dabei wechselte er bei seinem »Monsieur Nicolas« die verschiedenen Schriftgrade nach einem System, das Gérard de Nerval in seinem Buch »Les Illuminés« mit den Worten beschrieben hat: »Sein System bestand darin, in ein und demselben Band Lettern von verschiedener Größe zu verwenden, die er je nach der angenommenen Bedeutung dieses oder jenes Satzgliedes abwechselnd einsetzte. Cicero galt für die Leidenschaft, für die Stellen mit großem Effekt, Borgis für die einfache Erzählung oder für moralische Bemerkungen, Petit drängte tausend langweilige, aber notwendige Details auf engem Raum zusammen ... Oft verwendete er, um die Betonung zu markieren, mitten im Wort entweder Versalien oder Buchstaben aus einem kleineren Schriftgrad.«

Zitiert nach: Vom Druckfehlerteufel und von der Hoffnung Jakob Hegners auf ein himmlisches Alphabet, Zürich 1984

Darf man literarische Texte typografisch inszenieren?

Friedrich Forssman formuliert: »... wer typografisch inszeniert, erklärt auch Witze und zwinkert dabei noch. Ich hasse typografische Inszenierungen!«

Darf man literarische Texte typografisch inszenieren? Puristen sagen: nein. Ein Dritter dürfe sich nicht zwischen Text und Leser drängen. Darf sich ein Illustrator zwischen Text und Leser schieben? Die Puristen sagen: nein. Weg mit Botticelli, Doré und Kubin. Darf ein Komponist ein Gedicht verfälschen, indem er es vertont und ihm so die eigene Musik nimmt? Fort mit Schubert, Brahms und Richard Strauss. Wir wissen, dass Goethe mit den Schubertschen Vertonungen seiner Gedichte gar nicht einverstanden war, wohl aber mit der schlichten Einfalt der Zelterschen Melodien. Darf sich ein Dritter zwischen Text und Leser drängen, indem er zum Beispiel ein Gedicht vorliest, darf ein Schauspieler eine Person, deren Worte wir im Textbuch lesen können, »verkörpern«, darf gar ein Regisseur sich mit seiner Auffassung zwischen Text und Leser drängen? Sprengt die Theater in die Luft!

Wenn aber ein Zeichner, ein Komponist, ein Schauspieler und ein Regisseur *doch* dürfen, was sie machen, warum darf das dann ein Typograf nicht? Weil Typografie keine Kunst ist, Musik aber wohl? Das wäre ein Postulat, aber keine Begründung.

Sprache ist nicht nur dazu da, still und konzentriert lesend verstanden zu werden, sie ist auch dazu da, mit den Sinnen erlebt zu werden.

Ich denke, dass Texte, die geschrieben wurden, um von Dritten interpretiert zu werden, also Bühnenstücke und Hörspiele, grundsätzlich geeignet sind, nicht nur auf der Bühne oder für das Radio, sondern auch typografisch inszeniert zu werden.

Die hysterische Typografie (von Barbara Cain) bremst nicht, sondern steigert die Ausbrüche der telefonierenden Frau in Cocteaus »Die geliebte Stimme«.

Lyrik ist nicht Lyrik. Gedichte, die wie Musik vom Klang und vom Rhythmus ihrer Sprache leben (Brentano oder Hölderlin oder weitschwingende Epen), typografisch zu interpretieren, wäre wohl kaum hilfreich. Aber Gedichte, die auf eine Pointe hinsteuern, vertragen sehr wohl eine pointierte, die Worte verstärkende Typografie (Christian Morgenstern zum Beispiel), erst recht Gedichte, die selbst als kleines Theater auftreten, wie manchmal bei Elke Erb.

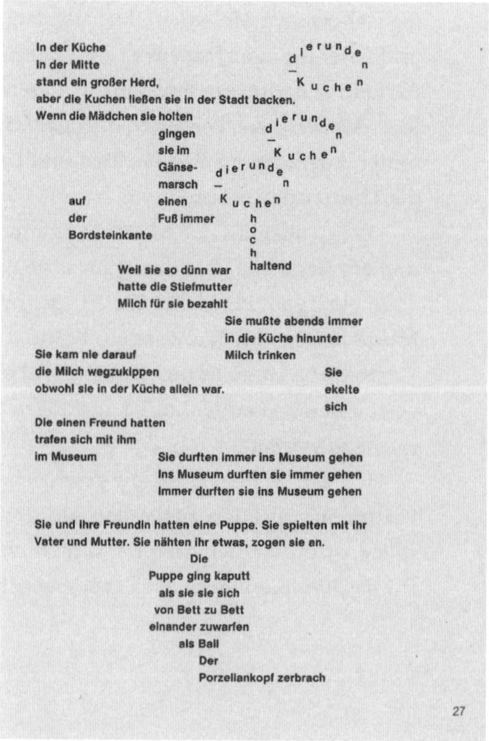
In der Küche
in der Mitte
stand ein großer Herd,
aber die Kuchen ließen sie in der Stadt backen.
Wenn die Mädchen sie holten
gingen
sie im
Gänse-
marsch
auf einen
der Fuß immer
Bordsteinkante
die runden Kuchen
die runden Kuchen
die runden Kuchen
hoch
haltend
Weil sie so dünn war
hatte die Stiefmutter
Milch für sie bezahlt
Sie mußte abends immer
in die Küche hinunter
Milch trinken
Sie kam nie darauf
die Milch wegzukippen
obwohl sie in der Küche allein war.
Sie
ekelte
sich
Die einen Freund hatten
trafen sich mit ihm
im Museum
Sie durften immer ins Museum gehen
Ins Museum durften sie immer gehen
Immer durften sie ins Museum gehen

Sie und ihre Freundin hatten eine Puppe. Sie spielten mit ihr Vater und Mutter. Sie nähten ihr etwas, zogen sie an.
Die
Puppe ging kaputt
als sie sie sich
von Bett zu Bett
einander zuwarfen
als Ball
Der
Porzellankopf zerbrach

27

A U F D E R G A L E R I E

Wenn irgendeine hinfällige, lungensüchtige Kunstreiterin in der Manege auf schwankendem Pferd vor einem unermüdlichen Publikum
Da es aber nicht so ist; eine schöne Dame, weiß und rot, hereinfliegt, zwischen den Vorhängen, welche die stolzen Livrierten vor ihr öffnen; der Direktor, hingebungsvoll ihre Augen suchend, in Tierhaltung ihr entgegen-
vom peitschenschwingenden erbarmungslosen Chef monatelang ohne Unterbrechung im Kreise rundumgetrieben würde, auf dem
atmet; vorsorglich sie auf den Apfelschimmel hebt, als wäre sie seine über alles geliebte Enkelin, die sich auf gefährliche Fahrt begibt; sich nicht entschließen kann, das Peitschenzeichen zu geben; schließlich in Selbstüber-
Pferde schwirrend, Küsse werfend, in der Taille sich wiegend, und wenn dieses Spiel unter dem nichtaussetzenden Brausen des Orche-
windung es knallend gibt; neben dem Pferde mit offenem Munde einherläuft; die Sprünge der Reiterin scharfen Blickes verfolgt; ihre Kunstfertigkeit kaum begreifen kann; mit englischen Ausrufen zu warnen versucht; die
sters und der Ventilatoren in die immerfort weiter sich öffnende graue Zukunft sich fortsetzte, begleitet vom vergehenden und neu
reifenhaltenden Reitknechte wütend zu peinlichster Achtsamkeit ermahnt; vor dem großen Salto mortale das Orchester mit aufgehobenen Händen beschwört, es möge schweigen; schließlich die Kleine vom zitternden
anschwellenden Beifallsklatschen der Hände, die eigentlich Dampfhämmer sind – vielleicht eilte dann ein junger Galeriebesucher die
Pferde hebt, auf beide Backen küßt und keine Huldigung des Publikums für genügend erachtet; während sie selbst, von ihm gestützt, hoch auf den Fußspitzen, vom Staub umweht, mit ausgebreiteten Armen, zurückgelehntem
lange Treppe durch alle Ränge hinab, stürzte in die Manege, riefe das: Halt! durch die Fanfaren des sich immer anpassenden Orchesters.
Köpfchen ihr Glück mit dem ganzen Zirkus teilen will – da dies so ist, legt der Galeriebesucher das Gesicht auf die Brüstung und, im Schlußmarsch wie in einem schweren Traum versinkend, weint er, ohne es zu wissen.

Und Prosa? Zunächst denkt wohl jeder: ausgeschlossen! Aber es gibt Beispiele, wo auch das gelingt. »Auf der Galerie« von Frank Kafka zum Beispiel. Das kurze Stück besteht aus zwei Absätzen, die einander bedingen. Der eine gewinnt seine Bedeutung erst durch den anderen. Die beiden Absätze verschränken sich im Kopf des Lesers. Das auf dem Papier so zu tun, dass man beim Lesen der einen Ebene spürt, dass die andere Ebene da ist, das steigert den Text und nimmt ihm nichts. Typografie von Dorothee Palm.

Die Frage kann nicht sein, *ob* es erlaubt ist, Texte typografisch zu inszenieren, sondern *wie* das gemacht wird. Es ist keine Frage der Auffassung, sondern eine Frage der Qualität.

Sah ein Knab ein Röslein stehn?

Zitat aus »typographie« von Otl Aicher:
»ein gedicht von goethe, vielleicht sein bekanntestes, in zwei versionen. einmal so gesetzt, wie es sich goethe selbst vorgestellt hat, dann nach den methoden der neuen basler typographie. welche wohl wird dem inhalt gerecht?
im einen fall dient die typographie dem lesen und verstehen, im anderen fall tritt typographie mit dem anspruch auf, kunst zu sein. dann wird für den inhalt, wie er sich in worten niederschlägt, noch eine eigene ausdrucksform gesucht. der text wird zur expression. er erhält einen zusätzlichen gestus.

aber will text mehr als verstanden werden? will er mehr vermitteln als seinen inhalt? hört nicht typographie auf, noch mitteilung zu sein, wenn sie über ihren zweck, die bestmögliche form der mitteilung zu gewinnen, hinausgehen will? wenn typographie auch noch bild, ausdruck, gebäude sein will, wenn man schrift erst mühsam buchstabieren und zusammentragen muss, dann ist das auch das ende der typographie.«

Otl Aicher »beweist« die Richtigkeit seiner Überzeugung, dass Typografie nicht Ausdruckskunst sein dürfe, mit einer Karikatur. Auf solche Weise kann man alles und nichts beweisen. Dass der gekonnt schlichte Ton von Goethes Gedicht durch die angeblichen »methoden der neuen basler typographie« nicht getroffen werden kann, beweist gar nichts. Otl Aicher zielt wahrscheinlich auf die »Schule« Wolfgang Weingarts, verstanden hat er sie aber nicht, es ist nur Polemik.

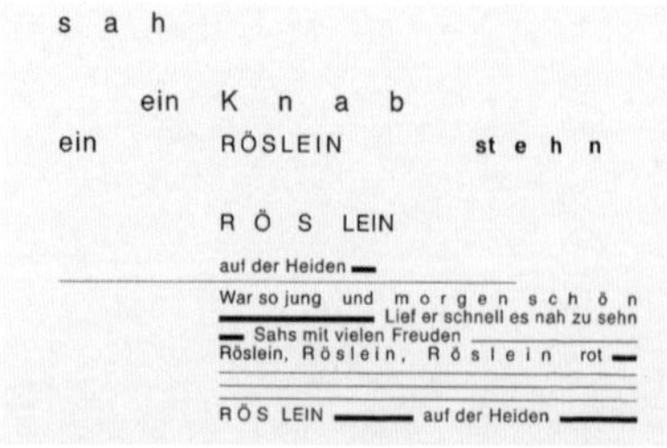

Das peinlichste Beispiel einer typografischen Inszenierung, das ich kenne, betrifft die Bibel. Und zwar die Schöpfungsgeschichte, diesen gewaltigen Text. Das Buch (48 Seiten, Format 11,8 x 28,8 cm, einfarbig schwarz auf Kunstdruckpapier gedruckt) ist natürlich für seine gute Gestaltung prämiert worden, ich glaube sogar mehrfach.

Im Impressum steht, dass »Atelier Prof. Ade und Armin Bauer« es gestaltet haben. Gestaltet mögen sie haben, gelesen haben sie den Text aber nicht. Sie haben wohl gelesen, was darin vorkommt, aber nicht, was gesagt wird. Von der Sprache der Bibel, von der Sprache Luthers, von der Wucht der Worte, haben sie nichts gemerkt. Sie haben nur die Story gelesen und ihre typografischen Kurzschlüsse gezogen.

Zum Beispiel der Sündenfall, der Anlass für die Vertreibung aus dem Paradies – damit, mit Adam und Eva, hat schließlich unser Elend angefangen. Wer war schuld? Der Böse, das Böse, verkörpert durch die Schlange. Was tut eine Schlange? Sie schlängelt sich. Welche Schrift schlängelt sich? Die englische Schreibschrift. Zudem tut uns die Sprache den Gefallen und lässt das Wort Schlange mit einem S anfangen, da kann sich das S besonders schön schlängeln. So kommt die englische Schreibschrift in die Schöpfungsgeschichte, wie einst Pontius Pilatus ins Credo.

In der Bibel steht: Und Gott sprach: Die Erde bringe hervor lebendige Tiere, ein jegliches nach seiner Art. Und es geschah also. Die Typografie sagt, dass noch mehr geschah. Denn Gott schuf zugleich einen wohleingehegten Tiergarten, auf dass man jegliche Art aus der Ferne schön betrachten könne, Eintritt 5 Mark, Kinder und Rentner die Hälfte, bitte auf den Wegen bleiben, nicht necken, nicht füttern.

Und Gott sprach: Es werde Licht. – Welch ein Satz. In der unserer Zeit gemäßen Typografie sieht das so aus, als ob Gott sogleich die Rechte an seiner Erfindung an eine Leuchtkörperfirma verkauft habe: Es werde Erco.

Jede der 16 Doppelseiten des Buches ist eine solche Parodie auf den Bibeltext. Aber ich fürchte, es ist nicht so gemeint. Ich entdecke kein typografisches Augenzwinkern, die Sache scheint ganz und gar ernst gemeint. Die Gestalter nehmen nicht den Zustand unserer Design-Welt zum Anlass für Ironie, Parodie und Persiflage (der damaligen Design-Welt, das Heft war eine Jahresgabe für das Jahr 1987, das ist design-typografisch schon sehr lange her), sondern sie leben unreflektiert in dieser Welt, sie sind halt so, hier stehen sie, sie können nicht anders.

3
Die Schlange war listiger denn alle Tiere auf dem Felde.
4. Da sprach die Schlange zum Weibe:

24.
UND GOTT SPRACH:
DIE ERDE
BRINGE HERVOR LEBENDIGE
TIERE
EIN JEGLICHES
NACH SEINER ART
VIEH
GEWÜRM
UND TIERE AUF ERDEN
EIN JEGLICHES NACH SEINER ART
UND ES GESCHAH ALSO
25.
UND GOTT MACHTE
DIE TIERE AUF
ERDEN
EIN JEGLICHES NACH SEINER ART
UND DAS VIEH
NACH SEINER ART
UND ALLERLEI GEWÜRM AUF ERDEN
NACH SEINER ART
UND GOTT SAH DASS ES
GUT WAR

Und Gott sprach: Es werde Licht.
LICHT
UND ES WARD LICHT.
4. UND GOTT SAH,
DASS DAS LICHT GUT WAR.
DA SCHIED GOTT
DAS LICHT VON DER FINSTERNIS.
5. UND NANNTE DAS
LICHT TAG,
UND DIE
FINSTERNIS NACHT.
DA WARD
AUS ABEND UND MORGEN
DER 1. TAG

Adalbert Stifter in Schreibmaschine

Das Buch ist nicht neu, die Kontroverse aber immer noch aktuell. 1977 erschien in der Büchergilde Gutenberg Adalbert Stifters »Condor« mit Illustrationen von Georg Eisler in der Typografie von Juergen Seuss. Das Erstlingswerk des jungen Stifter ist – eine kühne Typografen-Idee – in Schreibmaschinenschrift gesetzt. Das Buch tritt auf wie ein Kontorbuch, mit Leinenrücken, Marmorpapierüberzug und runden, leinenverstärkten Ecken. Auf dem Schulbuch-Schildchen außen wie auf dem Schmutz- und Innentitel steht in zeitgenössischer Schrift (in Stifters, nicht in unserer Zeitgenossenschaft), nämlich in der Walbaum-Fraktur, der Titel: »Der Condor«. Der weitere Text des Buches ist in Schreibmaschinenschrift gesetzt,* auch die Nachworte.

Ich nehme an, Seuss wollte durch diese Verfremdung der Sprache Stifters dafür sorgen, dass man ihn neu, mit heutigen Augen liest und erlebt. Seuss sprach damals vom »Logbuchcharakter«, den er assoziiert habe; er bezog sich dabei wohl auf die Tätigkeiten der Ballonfahrer im Ballonkorb, die Zurufe und Handgriffe, die andeutungsweise geschildert werden, wie auch auf Stifters Anmerkungen »für Nichtphysiker«. So wird auch das Buch-Äußere erklärbar, als Logbuch eben.

Ich habe das Stück ganz anders gelesen, als Methapher (»... der Begriff des Raumes fing an mit seiner Urgewalt zu wirken ...«) und nicht als Bericht von einem realen Unternehmen (»Nun laßt im Namen Gottes den braven Condor fliegen – löst die Taue!«), auch als Metapher für das Streben und Scheitern nicht nur der Frau (»... das Weib erträgt den Himmel nicht ...«), sondern des Menschen.

* Ein wenig stört mich die Idee, dass die Schreibmaschine, erfunden 1867, dazu dienen soll, die Aktualität einer Ballonfahrt von 1835 zu betonen.

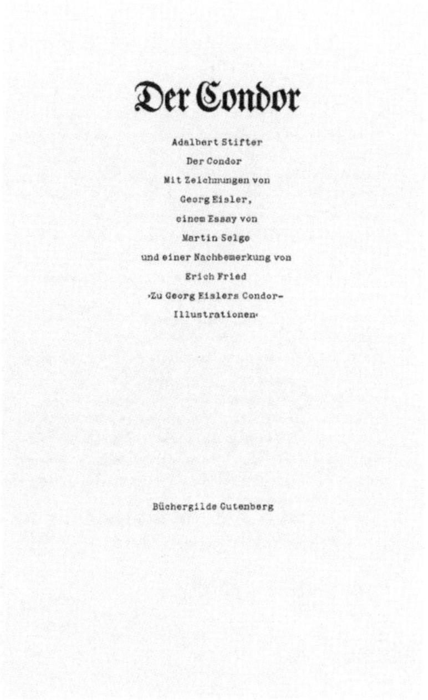
Der Condor

Adalbert Stifter
Der Condor
Mit Zeichnungen von
Georg Eisler,
einem Essay von
Martin Selge
und einer Nachbemerkung von
Erich Fried
›Zu Georg Eislers Condor-
Illustrationen‹

Büchergilde Gutenberg

Der »Condor« ist von Georg Eisler illustriert, Bleistiftzeichnungen in seiner typischen Handschrift. Die Kolumnen der Schreibmaschinenschrift nehmen die Höhe der Zeichnungen auf, es entstehen große Weißflächen und ungewohnte Proportionen; die ruhige Helligkeit des Schriftbildes mit dem nuancenreichen Strich von Eislers Zeichnungen, ein reiches Zusammenspiel.

erste Wonnesturz der ersten Liebe auf dasselbe fällt, und nun vorüber ist, – so ist der erste Eindruck der, zu fliehen, selbst vor der Geliebten zu fliehen, um die stumme Übermacht ins Einsame zu tragen.

So standen auch die beiden an dem Fenster, so nahe aneinander, und doch so fern. Da trat die Amme ein, und gab beide sich selbst wieder. Er vermochte es, von seiner Reise und von seinen Plänen zu sprechen und als die Amme sagte, er möge doch auch schreiben, und die Gebirge und Wälder und Quellen so schön beschreiben, wie er oft auf Spaziergängen getan habe, – da streifte sein Blick scheu auf Cornelia, und er sah, wie sie errötete.

Als endlich die Amme wieder abgerufen wurde, nahm auch er sachte seinen Hut, und sagte: „Cornelia, leben Sie wohl!"

„Reisen Sie recht glücklich", antwortete sie, und setzte hinzu: „Schreiben Sie einmal."

Sie hatte nicht mehr den Mut, nur noch mit einem Worte die vergangene Szene zu berühren. Sie getraute sich nicht zu bitten, daß er die Reise aufschiebe, und er nicht zu sagen, daß er lieber hier bliebe, und so gingen sie auseinander, nur daß er unter der Tür noch einmal umblickte, und die liebe teure Gestalt schamvoll neben den Blumen stehen sah.

Als er aber draußen war, eilte sie rasch vor ihr Marienbild, sank vor demselben auf die Knie, und sagte: „Mutter der Gnaden, Mutter

50

Formal passen die Elemente zusammen, stilistisch nicht. Eislers Figuren tragen die Kleidung der Zeit, er versucht nicht zu aktualisieren – im Gegensatz zu Seuss. Lebt das Buch vom Reiz der stilistischen Reibung? Walbaum-Fraktur und Schreibmaschinenschrift, biedermeierliche Atmosphäre der Zeichnungen und modernisierende Schrift, Schrift und typografische Anordnung? Jede Kolumne ist nämlich am Fuß mit einer durchgehenden Linie abgeschlossen, darunter steht die Pagina in Schreibmaschinenschrift auf Mitte. Innentitel und Impressum sind ebenfalls auf Mittelachse gestellt, das wäre mit der Schreibmaschine nur mit großer Mühe zu machen, das ist Winkelhakentypografie.

Ich werde mein Unbehagen nicht los. Die Schreibmaschinenschrift ist gar keine Schreibmaschinenschrift, sondern eine Linotype-Setzmaschinenschrift mit dem Schriftbild einer »klassischen« Schreibmaschinenschrift, bei der alle Buchstaben gleich breit und alle Wortabstände gleich sind. Mit solchen Schreibmaschinen konnte man nur im Flattersatz schreiben. Die Kolumnen des »Condor« sind jedoch im Blocksatz gesetzt, die Wortabstände sind somit nicht gleich groß. Gehört auch das zur stilistischen Reibung, zur Irritation? Ist Verfremdung gemeint? Was aber hat ein so raffiniertes Umgehen mit der Typografie mit »Logbuchcharakter« zu tun?

Wie auch immer das gemeint sein mag: Können derartige stilistische Verzwicktheiten den Leser erreichen, oder ist das gar nicht die Aufgabe von Typografie? Dann wäre Buchgestaltung eine autonome Kunstform. Das bestreiten wir aber immer.

Die wiedererneuerten Leiden des jungen W.

Vor fast 25 Jahren hat Juergen Seuss »den Plenzdorf« schon einmal typografisch inszeniert; für die Büchergilde Gutenberg. Sein Buch war umstritten. Darf man ein Buch, das zum Lesen da ist, derart aktiv gestalten? Mit einer sehr großen, eng gesetzten Helvetica für den gesprochenen Dialog und einer viel kleineren Times für die Stimme des Edgar Wibeau aus dem Off? Ich habe das Buch immer verteidigt, obwohl mich gestört hat, dass auf jeder Seite SEITE steht (in falschen Kapitälchen, das ging damals kaum anders), obwohl ich den Sinn der edlen klassizistischen Fett-fein-Linien am Kopf und Fuß jeder Kolumne nie verstanden habe, und obwohl ich mich jedesmal aufs Neue ärgern muss, wenn von den Tonbändern die Rede ist. Denn dann wird mir Dummkopf bildlich vorgeführt, wie ein Kasetten-Recorder damals aussah, und danach darf ich nicht durch die Sprache von Goethes Werther überrascht werden, sondern es wird mir in Form der Amtsfraktur gesagt: »Pass auf, jetzt kommt was ganz anderes, das merkst du nicht, wenn ich dir's nicht zeige.« Ähnlich war es schon beim Innentitel, wo vor der atmosphärereichen, in verwaschenem Blau gedruckten Foto-Sequenz eine pseudo-biedermeierliche Schriften-Gruppe steht, die weder zu Plenzdorf noch zum Sturm-und-Drang-Goethe so recht passt. Aber trotz aller Einwände: Die ganze Sache hat Kraft. Es kommen ja Ausdrücke vor wie »... nicht die Bohne ...«, »abkratzen«, oder »angestunken«, oder Sätze wie »jetzt saß sie mit ihrem Mann da, diesem Kissenpupser«. Da passt schon die vordergründig-ruppige Typografie.

schuldigen Sie, aber er war wirklich gerissen! Er drückte den Kindern einfach in die Hand, was an Pinseln da war, und ließ sie mit ihm zusammen malen, wozu sie Lust hatten. Ich wußte sofort, was kam. In einer halben Stunde hatten wir das schönste Fresko an der Wand. Und Edgar hatte nicht einen Strich gemacht, jedenfalls so gut wie.«

Das Ding lief großartig, ich wußte das. Ich wußte, daß kaum was passieren konnte. Kinder können einen ungeheuer anöden, aber malen können sie, daß man kaputtgeht. Wenn ich mir schon Bilder ansah, dann bin ich lieber in einen Kindergarten gegangen als in ein olles Museum. Außerdem schmieren sie sowieso gern Wände voll.
Die Kindertanten waren ganz weg. Sie fanden einfach herrlich, was ihre Kinderchen da gemacht hatten. Mir gefiel es übrigens auch. Kinder können wirklich malen, daß man kaputtgeht. Und Charlie konnte nichts machen. Die anderen delegierten sie, mir Mittagessen vorzusetzen. Wahrscheinlich hatten sie gemerkt, daß mir Charlie was sein konnte. Sie hätten auch blöd sein müssen. Ich himmelte Charlie die ganze Zeit an. Ich meine, ich himmelte sie nicht an mit Augenaufschlag und so. Das nicht, Leute. Ich hatte auch keine besonders umwerfenden Sehorgane in meinem ollen Hugenottenschädel. Richtige Schweinsritzen gegen Charlies Scheinwerfer. Aber braun. Braun popt, im Ernst.
Wieder auf meiner Kolchose, hatte ich vielleicht die beste Idee zeitlebens. Jedenfalls hat sie eine Masse Jux eingebracht. Sie hat echt gepopt. Ich kriegte wieder dieses Buch in die Klauen, dieses Heft. Ich fing automatisch an zu lesen. Ich hatte Zeit, und da hatte ich die *Idee.* Ich schoß in die Bude, warf den Recorder an und diktierte an Willi:

Das hatte ich direkt aus dem Buch, auch den Wilhelm.

Jetzt ist das Buch vom Aussteiger, der in der armseligen Wohnlauben-Kolonie zu Tode kommt, der von seinen Tonbändern, von Werther und Salinger, von Charlie und Zarembo und der Mutter, den Kumpels und sonstigen Typen redet und über den an der typografischen Rampe laut geredet wurde, über 25 Jahre alt und ist aufs Neue erschienen, als Dokument der DDR-Literatur.

Solche schlimmen Wörter und Sätze dürften jetzt eigentlich nicht mehr drinstehen, denn das Buch ist edel geworden. Nicht die Holzschnitte – Harald Metzkes langt schon hin. Wohl aber die Typografie. Das Gestaltungs-Handwerk ist perfekt. Satz und Druck, Papier und Einband sind untadelig ausgeführt und eingesetzt. Die Schriftgrade, der Durchschuss, die Grauwerte der Kolumnen, die Proportionen der Ränder – alles kündet gepflegtes Können. Auch die Umkehrung der typografischen Lautstärken ist interessant. Nunmehr spricht Edgar Wibeau im größeren Schriftgrad, in der halbfetten Garamond, die Ebene der »realen« Sprecher ist in die magere, kleinere Univers zurückgenommen.

Zunächst geht es so los: Knallgelbes Vorsatzpapier, nach zwei kräftigen Holzschnitten – der eine auf der rechten Seite, schwarz auf weiß, der andere auf der folgenden linken, schwarz auf blau – steht rechts daneben der extra stark gemachte, von der weiteren Typografie unabhängige Innentitel, ein weißes, nach unten weisendes Dreieck in gelber Fläche mit schwarzer Schrift. Das soll wohl die Kraft der Holzschnitte aufnehmen. Hier wird nicht nur der Künstler genannt, sondern auch der Buchgestalter und natürlich der Verlag (Faber & Faber Leipzig 1996). Gleich darauf, auf der nächsten rechten Seite, wird erklärt, wie schön und gut das Buch gemacht ist und welche

»Sie meinen, er konnte nicht nach der Natur zeichnen? Nicht abzeich-
. . . / nen?«
. . . / »Er konnte überhaupt nicht zeichnen. Warum er so tat, war auch
. . . / klar: man sollte ihn für ein verkanntes Genie halten. Bloß warum
. . . / das, das hab ich nie begriffen. Das war wie eine fixe Idee von
. . . / ihm. Ich kam auf den Gedanken, ihn in unseren Kindergarten
. . . / zu bringen und ihn dort eine Wand bemalen zu lassen. Zu ver-
. . . / derben war nichts daran. Unser Haus stand auf Abriß. Meine
. . . / Chefin hatte nichts dagegen. Ich dachte, Edgar würde sich
. . . / drücken. Er kam aber. Bloß, er war ja so gerissen! Entschuldigen
. . . / Sie, aber er war wirklich gerissen! Er drückte den Kindern ein-
. . . / fach in die Hand, was an Pinseln da war, und ließ sie mit ihm
. . . / zusammen malen, wozu sie Lust hatten. Ich wußte sofort, was
. . . / kam. In einer halben Stunde hatten wir das schönste Fresko an
. . . / der Wand. Und Edgar hatte nicht einen Strich gemacht, jeden-
. . . / falls so gut wie.«

Das Ding lief großartig, ich wußte das. Ich wußte, daß kaum was passieren konnte. Kinder können einen ungeheuer anöden, aber malen können sie, daß man kaputtgeht. Wenn ich mir schon Bilder ansah, dann bin ich lieber in einen Kindergarten gegangen als in ein olles Museum. Außerdem schmieren sie sowieso gern Wände voll.

Die Kindertanten waren ganz weg. Sie fanden einfach herrlich, was ihre Kinderchen da gemacht hatten. Mir gefiel es übrigens auch. Kinder können wirklich malen, daß man kaputtgeht. Und Charlie konnte

0/4/8

Nummer es trägt (sonst findet man diese Hinweise bei derlei Büchern am Schluss). Und dann – nach den typografisch zitierten Todesanzeigen –, ja dann verstehe ich gar nichts mehr. Eine helle, hübsch anzusehende Seite. Sie beginnt mit einer Frage (in der zarten Univers gesetzt), aus der Antwort ergibt sich ein Dialog, und vor jeder Zeile – nicht nur vor jedem neuen Sprecher, nein, vor jeder Zeile (außer der jeweils ersten Frage oder Aussage) stehen drei weit gesperrte Punkte, denen ein Schrägstrich folgt. So lange, bis endlich Edgar ohne punktierte Zeilen-Einleitung zu sprechen beginnt. Die Punkte mit dem Schrägstrich sehen zwar recht dekorativ aus, aber ich kann und kann nicht herausbekommen, was für einen Sinn sie haben. Soll das an die im Französischen üblichen Gedankenstriche erinnern, die bei direkter Rede vor jeder Zeile stehen? Das kann nicht gemeint sein, denn hier, bei Seuss, steht die direkte Rede bereits in Anführungen. Doppelt angeführt, das macht keinen Sinn. Wie dem auch sei, es geht auf die Nerven. Das drängt sich vor jedes Wort, ein optisches Geklingel, ein visueller Tinnitus. Und warum die Seitenzahl mit einer 0 beginnen muss und warum die zusammengehörigen Ziffern, die die Zahl ergeben, durch Schrägstriche wieder voneinander getrennt werden müssen, soll mir einer erklären. Da hilft es nichts mehr, dass der Goethe-Text schön fremd in gesperrten Univers-Versalien erscheint. Das ist Typografie, die weder auf den Text noch auf die Interpretation des Textes durch die Bilder eingeht. Das ist Typografie, die sich in den Vordergrund schiebt. Nach Edgar Wibeaus Lauben-Kolonie riecht es jedenfalls nicht in diesem Buch.

Ein viel gepriesenes, viel prämiertes Buch: »Franz Kafka, Das Schloss«, in der Büchergilde Gutenberg im Jahr 1993 erschienen, ein großes, ein großformatiges Buch, 20 x 29,5 cm, in schwarzes Gewebe gebunden, mit einem empfindlichen Schutzumschlag aus einem kühlen Transparentpapier, schwarz bedruckt. Gestaltet von Eckhard Jung, der so klar durchdachte Typografie zu machen weiß, und Ulysses Voelker.

Das typografische Konzept basiert auf einer einzigen Idee: So, wie das Ziel des K., ins Schloss zu gelangen, immer mehr in die Ferne rückt, so wird der Satzspiegel Seite für Seite immer kleiner. Anfangs ist die Seite vom Text fast gefüllt, zuletzt steht ein kaum postkartengroßer Satzspiegel in der großen Papierfläche. Der Lesefluss ist dadurch nicht gestört, zunächst nimmt man die Reduzierung fast nicht wahr. Das ist ein schlüssiges Konzept.

Als Schrift wurde die rotis semi sans gewählt. Das irritiert mich. Die Sprache Kafkas, die in sieben Jahrzehnten kein bisschen alt geworden ist, zu lesen in einer Schrift, der man den Jahrgang ansieht, in der Modeschrift der 90er? Ich hätte eher zu einer »zeitlosen«, trockenen Zeitungsschrift gegriffen, etwa der Candida. Doch das ist die subjektive Entscheidung des Lesers, der für die Typografie verantwortlich ist. Wahrscheinlich soll die heutige Schrift auf die immer neue Aktualität des Textes hinweisen, so wie eine betont heutige Inszenierung auf die immer neue Aktualität eines klassischen Dramas.

Doch leider geht es nicht gut mit dem schlüssigen Konzept, denn da spielt noch jemand mit, der einer anderen Regie folgt, der die Idee der beständig abnehmenden Textflächen konterkariert und der irritierenden Konfrontation von Sprache und Schrift widerspricht. Es ist Gunter Böhmer mit seinen Zeichnungen. Er hat zum »Schloss« Illustrationen gezeichnet wie zu vielen anderen Büchern auch, virtuos, scheinbar spontan wie immer, in einem Format, das einer ganz normalen Buchgröße mit einem ganz normalen Satzspiegel entspricht, 11 cm breit, 15 ¹/₂ cm hoch. In der Mitte des Buches entspricht das dem Satzspiegel. Die Zeichnungen müssen natürlich dort stehen, wo der Text es verlangt, sie werden also über das Buch verstreut. Und so schieben sie sich als Störenfriede in gleich bleibender Entfernung in die augenscheinlich mehr und mehr in die Ferne rückenden Textseiten und sagen: Das stimmt ja gar nicht.

Ich kann mich des Eindrucks nicht erwehren, dass die Typografen das Buch am liebsten ohne die Bilder gemacht hätten und ihre Typografie auch so eingerichtet haben. Doch das ist ein falscher Ansatz. Wenn ich der Typograf eines Buches bin, für das ein anderer Zeichnungen gemacht hat, bin ich nicht der Interpret des Textes, sondern ich bin der Interpret des Interpreten, des Künstlers. Dazu stellt sich im Falle dieses Buches nicht nur die Frage nach der gestörten Kontinuität, sondern auch die nach der ästhetischen Wellenlänge.

Es war spät abend als K. ankam. Das Dorf lag in tiefem Schnee. Vom Schloßberg war nichts zu sehn, Nebel und Finsternis umgaben ihn, auch nicht der schwächste Lichtschein deutete das große Schloß an. Lange stand K. auf der Holzbrücke die von der Landstraße zum Dorf führt und blickte in die scheinbare Leere empor.

Dann gieng er ein Nachtlager suchen; im Wirtshaus war man noch wach, der Wirt hatte zwar kein Zimmer zu vermieten, aber er wollte, von dem späten Gast äußerst überrascht und verwirrt, K. in der Wirtsstube auf einem Strohsack schlafen lassen, K. war damit einverstanden. Einige Bauern saßen noch beim Bier aber er wollte sich mit niemandem unterhalten, holte selbst den Strohsack vom Dachboden und legte sich in der Nähe des Ofens hin. Warm war es, die Bauern waren still, ein wenig prüfte er sie noch mit den müden Augen, dann schlief er ein.

Aber kurze Zeit darauf wurde er schon geweckt. Ein junger Mann, städtisch angezogen, mit schauspielerhaftem Gesicht, die Augen schmal, die Augenbrauen stark, stand mit dem Wirt neben ihm. Die Bauern waren auch noch da, einige hatten ihre Sessel herumgedreht um besser zu sehn und zu hören. Der junge Mann entschuldigte sich sehr höflich K. geweckt zu haben, stellte sich als Sohn des Schloßkastellans vor und sagte dann: »Dieses Dorf ist Besitz des Schlosses, wer hier wohnt oder übernachtet, wohnt oder übernachtet gewissermaßen im Schloß. Niemand darf das ohne gräfliche Erlaubnis. Sie aber haben eine solche Erlaubnis nicht oder haben sie wenigstens nicht vorgezeigt.«

K. hatte sich halbaufgerichtet, hatte die Haare zurechtgestrichen, blickte die Leute von unten her an und sagte: »In welches Dorf habe ich mich verirrt? Ist denn hier ein Schloß?«

»Allerdings«, sagte der junge Mann langsam, während hier und dort einer den Kopf über K. schüttelte, »das Schloß des Herrn Grafen Westwest.«

»Und man muß die Erlaubnis zum Übernachten haben?« fragte K., als wollte er sich davon überzeugen, ob er die früheren Mitteilungen nicht vielleicht geträumt hätte.

»Die Erlaubnis muß man haben«, war die Antwort und es lag darin ein grober Spott für K., als der junge Mann mit ausgestrecktem Arm den Wirt und die Gäste fragte: »Oder muß man etwa die Erlaubnis nicht haben?«

»Dann werde ich mir also die Erlaubnis holen müssen«, sagte K. gähnend und schob die Decke von sich, als wolle er aufstehn.

»Ja von wem denn?« fragte der junge Mann.

»Vom Herrn Grafen«, sagte K., »es wird nichts anderes übrig bleiben.«

»Jetzt um Mitternacht die Erlaubnis vom Herrn Grafen holen?« rief der junge Mann und trat einen Schritt zurück.

»Ist das nicht möglich?« fragte K. gleichmütig. »Warum haben Sie mich also geweckt?«

Nun geriet aber der junge Mann außer sich, »Landstreichermanieren!« rief er, »ich verlange Respekt vor der gräflichen Behörde! Ich habe Sie deshalb geweckt um Ihnen mitzuteilen, daß Sie sofort das gräfliche Gebiet verlassen müssen.«

»Genug der Komödie«, sagte K. auffallend leise, legte sich nieder und zog die Decke über sich, »Sie gehn junger Mann ein wenig zu weit und ich werde morgen noch auf Ihr Benehmen zurückkommen. Der Wirt und die Herren dort sind Zeugen, soweit ich überhaupt Zeugen brauche. Sonst aber lassen Sie es sich gesagt sein, daß ich der Landvermesser bin, den der Graf hat kommen lassen. Meine Gehilfen mit den Apparaten kommen morgen im Wagen nach. Ich wollte mir den Marsch durch den Schnee nicht entgehn lassen, bin aber leider einigemal vom

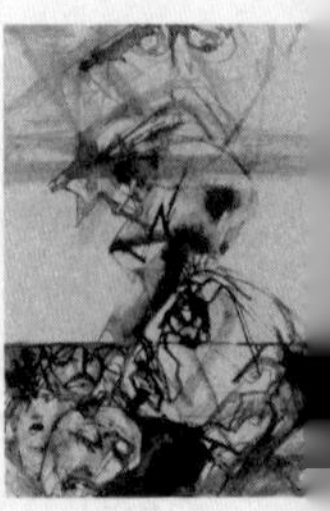

Gunter Böhmers Zeichnungen zu Kafkas »Schloss« atmen – wie sein Gesamtwerk – den Geist der Jahrhundertmitte. Da gibt es noch kein Selbst-Infragestellen, keine Ironie, keine Irritation gegenüber dem eigenen Ansatz. »Heile Welt« kann man angesichts des Kafka-Themas wohl kaum sagen, aber von einem ungebrochenen Kunst-Selbstverständnis wird man wohl sprechen können. Dazu eine Schrift, die in der Postmoderne modern geworden ist. Unterstützt diese Schrift, unterstützt diese Typografie den Dialog der Bilder mit dem Text?

Oder ist gerade das Dreierlei das postmodern Besondere an dieser Auffassung? Hier die einfache klare Sprache Kafkas, da die theatralischen Zeichnungen Gunter Böhmers, dort die Idee des typografischen Weges durchs Buch, gepaart mit der Modeschrift?

Das wäre ein waghalsiger Ansatz. Doch ich fürchte, es ist alles Zufall.

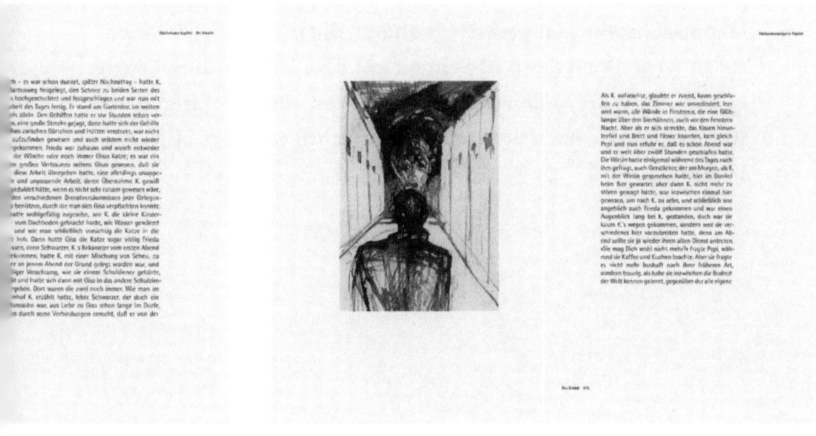
ch – es war schon dunkel, später Nachmittag – hatte K.
Gartenweg freigelegt, den Schnee zu beiden Seiten des
s hochgeschichtet und festgeschlagen und war nun mit
rbeit des Tages fertig. Er stand am Gartentor, im weiten
ch allein. Den Gehilfen hatte er vor Stunden schon ver-
n, eine große Strecke gejagt, dann hatte sich der Gehilfe
two zwischen Gärtchen und Hütten versteckt, war nicht
aufzufinden gewesen und auch seitdem nicht wieder
gekommen. Frieda war zuhause und wusch entweder
die Wäsche oder noch immer Gisas Katze; es war ein
en großen Vertrauens seitens Gisas gewesen, daß sie
diese Arbeit übergeben hatte, eine allerdings unappe-
e und unpassende Arbeit, deren Übernahme K. gewiß
geduldet hätte, wenn es nicht sehr ratsam gewesen wäre,
den verschiedenen Dienstversäumnissen jede Gelegen-
benützen, durch die man sich Gisa verpflichten konnte.
hatte wohlgefällig zugesehn, wie K. die kleine Kinder-
vom Dachboden gebracht hatte, wie Wasser gewärmt
und wie man schließlich vorsichtig die Katze in die
e hob. Dann hatte Gisa die Katze sogar völlig Frieda
ssen, denn Schwarzer, K.'s Bekannter vom ersten Abend
ekommen, hatte K. mit einer Mischung von Scheu, zu
er an jenem Abend der Grund gelegt worden war, und
iger Verachtung, wie sie einem Schuldiener gebührte,
ßt und hatte sich dann mit Gisa in das andere Schulzim-
rgeben. Dort waren die zwei noch immer. Wie man im
nhof K. erzählt hatte, lebte Schwarzer, der doch ein
lanssohn war, aus Liebe zu Gisa schon lange im Dorfe,
es durch seine Verbindungen erreicht, daß er von der

Als K. aufwachte, glaubte er zuerst, kaum geschlafen zu haben, das Zimmer war unverändert, leer und warm, alle Wände in Finsternis, die eine Glühlampe über den Bierhähnen, auch vor den Fenstern Nacht. Aber als er sich streckte, das Kissen hinunterfiel und Brett und Fässer knarrten, kam gleich Pepi und nun erfuhr er, daß es schon Abend war und er weit über zwölf Stunden geschlafen hatte. Die Wirtin hatte einigemal während des Tages nach ihm gefragt, auch Gerstäcker, der am Morgen, als K. mit der Wirtin gesprochen hatte, hier im Dunkel beim Bier gewartet aber dann K. nicht mehr zu stören gewagt hatte, war inzwischen einmal hier gewesen, um nach K. zu sehn, und schließlich war angeblich auch Frieda gekommen und war einen Augenblick lang bei K. gestanden, doch war sie kaum K.'s wegen gekommen, sondern weil sie verschiedenes hier vorzubreiten hatte, denn am Abend sollte sie ja wieder ihren alten Dienst antreten. »Sie mag Dich wohl nicht mehr?« fragte Pepi, während sie Kaffee und Kuchen brachte. Aber sie fragte es nicht mehr boshaft nach ihrer früheren Art, sondern traurig, als habe sie inzwischen die Bosheit der Welt kennen gelernt, gegenüber der alle eigene

Heinz Edelmann*, der (auch von mir) viel Bewunderte, der auf typografische Konventionen gepfiffen hat und für Klett-Cotta und Hanser die pfiffigsten Bücher gemacht hat (mein Lieblingsbuch: »Die Brautprinzessin, Die Ausgabe der spannenden Teile« von S. Morgenstern), Heinz Edelmann hat sich auf traditionelle Typografie eingelassen und ist der Konvention erlegen.

Es geht um den Gedichtband »Stein und Himmel«, bei Klett-Cotta 1985 erschienen.

Bitte sehen Sie sich dieses Gedicht des großen Lyrikers Juan Ramón Jimenez an.

Ein Initial (vielleicht etwas groß), zwei Wörter in Kapitälchen, dann ein weiteres Wort und die Zeilen des Gedichts, gesetzt in der normalen Times (vielleicht keine sehr subtile Schriftwahl). Bitte lesen Sie den ersten Vers (die erste Gedichtzeile also). Mir geht es dabei so: Zuerst ein Ausruf: »Ja«, dann wird jemand angesprochen: »LEBENDIGER« (eigentlich müsste das L groß sein denke ich, aber ich lese besser nur und reflektiere nicht über typografische Details). Dieses Wort in den kleinen Versalien gibt mir den Eindruck, dass es sich um den Angelpunkt, die Hauptsache, die Hauptperson handelt, die mit dem »JA« angerufen wird. Doch dann ist Schluss mit dem Verständnis. Wozu gehört das Wort »jedesmal«? Ich muss von vorne anfangen und stolpere wieder nach dem scheinbar wichtigen Wort LEBENDIGER.

* Ich suche seinen Namen vergeblich im Impressum. Vielleicht ist er gar nicht schuld, vielleicht sind nur der Umschlag und die Seiten 1–3 von seiner Hand? Das wäre allerdings eine merkwürdige Art, Bücher zu gestalten.

JA, LEBENDIGER jedesmal
– noch tiefer und noch höher –,
zäher verkrallt die Wurzeln
und gelöster die Flügel!

Freiheit des fest Verwurzelten!
Sicherheit des unendlichen Fluges!

Bitte lesen Sie den Vers laut und vergessen Sie das Initial und die Großbuchstaben. Auf einmal hat die Zeile einen Rhythmus, eine Art Crescendo, das sich durch die ganze Strophe entwickelt. Auf einmal hat die Zeile einen Sinn.

Ja, lebendiger jedesmal

das wäre die dieser Verszeile zuträgliche typografische Form statt

JA, LEBENDIGER jedesmal

Hier wurde ein im 18. Jahrhundert beliebter typografischer Brauch – Gedichtbeginn mit Initial und zwei Kapitälchenwörtern – rein formal, ohne Rücksicht auf den speziellen Text übernommen.

Kultiviert

Franz Greno ist ein sprachbewusster Typograf. Bei ihm gibt es keinen Zufall, er ist selbstständig und formsicher, seine besondere Begabung ist es, seinen Büchern die eigen-artige, die richtige Atmosphäre zu verleihen, durch das Format, das Material, die Farbigkeit, die Schrift und die typografische Anordnung. Diese Stil-Sicherheit kann auch irritieren.

Er hat für Zweitausendeins das Buch »Konterbande« gestaltet. Es sind Gedichte, die Peter-Paul Zahl im Knast geschrieben hat. Zitat aus der Vita:

»Seit 1972 in Haft. 1974 wegen ›gefährlicher Körperverletzung und schwerem Widerstand‹ gegen die Staatsgewalt zu vier Jahren, 1976 nach Revision der Staatsanwaltschaft in der gleichen Sache, diesmal als ›zweifacher Mordversuch und Widerstand‹ bezeichnet, zu fünfzehn Jahren verurteilt: ›Weil Zahl ein Gegner des Staates ist und zur allgemeinen Abschreckung.‹«

Eines seiner Gedichte heißt: »meinen kultivierten bekannten«. Er gibt es uns gehörig und zu Recht: »... bei euch muss unsereins / schon sehr lange tot sein / eh ihr einen finger rührt / und das / auch nur im theater.« Ein bitterer Ton.

Das Büchlein ist wunderschön, die Gedichte sind in einer schmalen spätklassizistischen Schrift aufs Feinste gesetzt und gedruckt – besser drucken kann man nicht – auf zart-elfenbeinfarbenes Papier, es ist mit einem seideglänzenden Lesebändchen versehen, der Einband ist weinrot wie ein Bürgerstuben-Sofa, mit silbern geprägtem Rahmen und – einziger vorsichtiger Schock – mit pinkfarben geprägter Schrift. Das ganze kleine Buch strahlt gutbürgerliche Kultiviertheit und Verfeinerung aus (die Innentitelseiten vielleicht ausgenommen).

meinen kultivierten bekannten

da ich euch überlegen sah
ob ihr gewillt
mir zu helfen
sah ich den band
villon in eurem bücherbord

hinter mir
war kein herzog her
kein könig kein erzbischof

villon war nicht nur
dichter
er war zuhälter räuber
und mörder professionell
ich war
nicht einmal das

schon gut
sagte ich
bei euch muß unsereins
schon sehr lange tot sein
eh ihr einen finger rührt
und das
auch nur im theater

ihr kommt
nicht vor in meinem testament
nicht im großen
nicht im kleinen
euch wollen wir
ganz einfach vergessen

106 107

Ich versuche, Franz Grenos typografische Sprache zu verstehen und verstehe sie nicht. Er setzt die Gedichte einer Ästhetik aus, die der Dichter – wenn ich ihn recht verstehe – verachtet und verabscheut. Ist das typografische Ironie? Das wäre gar zu fein.

Fehlinterpretationen

Es wurde mir erzählt, dass Otl Aicher mich als einen »typografischen Illustrator« bezeichnet habe. Meine Antwort: Wenn ich Musiker wäre, so wäre ich bestrebt, dass »mein« Bach, Bartók oder Gershwin nicht nach mir, sondern nach Bach, Bartók oder Gershwin klingt.

Bei Otl Aicher sehen die Bücher für BMW, über die Berliner Philharmoniker, Thomas Mann oder über seine berühmte Küche nicht nach Musik, Autos, Autoren oder Kochkunst aus, sondern nach Otl Aicher. Das ist ohne Polemik gesagt.

Es sind zwei verschiedene Ansätze. Die einen meinen, dass es Aufgabe der Buchtypografie sei, auf den literarischen oder sachlichen Inhalt eines Buches, auf seine sprachliche Wellenlänge, auf seinen Charakter einzugehen, im einen Fall eine helle lebendige Schrift und ein schlankes Format, im anderen Fall ein kompaktes Format und eine kräftige Schrift zu wählen. Dabei sind wir uns bewusst, dass das subjektive Entscheidungen sind, so, wie bei aller Werktreue die Interpretation jedes Musikers subjektiv ist. Solche Typografie interpretiert.

Die anderen sagen, dass Typografie so etwas nicht leisten könne und dürfe. Der Dialog findet zwischen dem Text des Autors und dem Leser statt, da darf sich keiner dazwischenschieben. Diese Auffassung hat übrigens nichts mit dem persönlichen Stil Otl Aichers zu tun. Es gibt auch »traditionelle« Typografen, die so argumentieren, Gerrit Noordzij zum Beispiel. Die Aufgabe der Typografie sei es, den Text möglichst gut lesbar darzubieten, das sei alles.

Dem halte ich entgegen: *Jede* Format-, Papier- und Schriftwahl nimmt unausweichlich Verbindung zum Text, zum Inhalt des Buches oder irgendeiner anderen Drucksache auf, erst recht die typografische Anordnung. Die Form spricht mit, unausweichlich. Jede Gestaltung interpretiert, neutrale Typografie gibt es nicht und kann es nicht geben, so wenig wie es neutrales Sprechen geben kann. Wenn ich aber als Typograf unausweichlich interpretiere, so will ich das bewusst tun. Ob das der Sache dienlich oder vordergründig-penetrant ist, das ist eine Frage des Maßes und – wie immer – der Qualität.

Zu Otl Aichers Werk »typographie«

Ich hatte den Satz aus Otl Aichers großem Werk* notiert: »... wieviel freundlicher, menschenfreundlicher ist das suchen nach inhaltsverzeichnis und register ...«, leider ohne mir die Seite zu notieren. Um das Zitat in seinen Zusammenhang zu bringen, habe ich es aufzusuchen versucht. Nach längerer Zeit habe ich die Suche aufgegeben. Über das Inhaltsverzeichnis habe ich den Zugang nicht bekommen, und ein Register ist nicht vorhanden. Und überdies taten mir die Augen weh.

* otl aicher, typographie, lüdenscheid, berlin, 1988

Zu Otl Aichers Kunst- und Typografieverständnis

Otl Aicher schreibt, dass Grafik-Designer an konkreten Aufgaben arbeiten, die sie im Sinne des Auftraggebers und der eigenen Verantwortung für die Qualität der Gestaltung umzusetzen haben, im Gegensatz zur Kunst. Zitat: »… die kunst kommt ohne sinn aus, ihre ästhetik ist die sinn-losigkeit …« (Seite 118, ob wohl das Wort sinn im richtigen Sinn gebraucht wurde?), und (auf Seite 185): »mit einem so schlichten gemüt wie man kunst machen kann, lässt sich keine schrift entwickeln …« Künstler arbeiten im freien Raum, nur sich selbst verantwortlich. Jedes Kunstwerk entlarvt seinen Urheber.

Eben das behauptet er auch vom auftragsabhängigen Grafik-Designer oder Typografen, er erhebt sie zu autonomen Künstlern.

Otl Aicher beginnt sein Kapitel »der nonsens von heute« mit einem kulturpessimistischen Rundumschlag: »die gestaltungsgesetze dieser art architektur sind einfach: einmal gilt es, eine anordnung zu finden, die einem altar gleicht, ein altar folgt einem ansteigenden prinzip. was in dem gebäude tatsächlich geschieht, ist zu verstecken. es ist ein geheimnis, was zählt, ist die fassade, das grundgerüst der fassade ist die mittelachse. … symmetrie ist zur struktur der macht geworden. deshalb gibt es die symmetrie für das ganze, aber auch für die teile, die seitenflügel. ein weiteres gestaltungsprinzip ist die masse, nur wer masse anhäuft, erscheint massiv. … ähnliche gestaltungsprinzipien gibt es auch in der typographie. auch hier gibt es die mittelachse, die großbuchstaben, die monumentalgeometrie.

eine typographie der repräsentativen demonstration greift deshalb immer nach versalbuchstaben und römischer kapitalis. dies in einem umfang, dass auch das umgekehrte gilt: wer nach der römischen kapitalis, wer nach mittelachse und versalien greift, enthüllt, dass er ein demonstrationsbedürfnis hat, um ein inneres vakuum zu verdecken.«

So ähnlich geht es weiter. Sicher ist es so, dass es eine monumentale geometrische Typografie gibt, deren Zweck es ist, demonstrativ zu repräsentieren. Ich könnte mir denken, dass ich bei einem Werk oder Plakat über die Architektur der römischen Kaiserzeit oder Mussolinis zu einem solchen Mittel greifen würde. Würde ich damit mein inneres Vakuum zu verdecken suchen? (»Wer nach Mittelachse oder Versalien greift ...«) Es gibt aber auch eine bescheidene, auf Ausgewogenheit bedachte Mittelachsen-Versaltypografie; Uwe Loesch flachst und spricht von der »bürgerlichen Mittelachse«, es gibt auch Typografen, die mit der Mittelachse kokettieren und Max Bill sagt: »Mittelachse = Heimatstil«. Offensichtlich empfinden nicht alle Typografen wie Otl Aicher: Versalien auf Mittelachse = Demonstrationsbedürfnis.

Doch er zeigt, was er meint: Über den vier Textspalten, in denen die Zitate verborgen sind, ist – sinnigerweise symmetrisch auf die Mitte der Seite gestellt – die Abbildung eines Buchumschlages zu sehen. Versalien, nicht die römische Kapitalis, sondern die feine Futura, auf Mittelachse gesetzt, im Original auf gelbem Grund gedruckt. Es ist einer der Titel, die zum 100. Jubiläum des S. Fischer-Verlags erschienen sind. Ich denke, der Auftrag an die Gestalter, Jan Buchholz/Reni Hinsch, lautete: Findet eine Form, die als Einheit unübersehbar ist, die sich von den derzeit (Mitt-Achtziger) gängigen Mitteln deutlich abhebt und ohne großen Aufwand zu realisieren ist. Offenbarten Buchholz/Hinsch dadurch, wie sie diese Aufgabe gelöst haben, ihr inneres Vakuum? Oder der Verlag?

Der Schluss Otl Aichers »Wer das tut, der ist ...« erhärtet den Verdacht, dass er trotz aller gegenteiligen Beteuerungen die Typografie für eine autonome Kunst hält. Doch ein Künstler stellt sich eine Aufgabe selbst und kann daran gemessen werden.

HENRI MICHAUX
IN DER GESELLSCHAFT DER UNGEHEUER
AUSGEWÄHLTE DICHTUNGEN
FRANZÖSISCH UND DEUTSCH
MIT EINEM AUFSATZ VON E.M. CIORAN
S.FISCHER

die gestaltungsgesetze dieser art architektur sind einfach: einmal gilt es, eine anordnung zu finden, die einem altar gleicht. ein altar folgt einem ansteigenden prinzip. was in dem gebäude tatsächlich geschieht, ist zu verstecken. es ist ein geheimnis. was zählt, ist die fassade. das grundgerüst der fassade ist die mittelachse, die symmetrische anordnung. seit den kriegsordnungen römischer legionen ist die symmetrische reihung das einzige prinzip, das durch befehle organisierbar ist. symmetrie ist zur struktur der macht geworden. deshalb gibt es die symmetrie für das ganze, aber auch für die teile, die seitenflügel. ein weiteres gestaltungsprinzip ist die masse. nur wer masse anhäuft, erscheint massiv. ohne ein minimum an stockwerken kommen solche bauten nicht aus. die stockwerke sind übermäßig hoch, somit können auch fenster und türen größer werden, als sie für menschen nötig wären.

ähnliche gestaltungsprinzipien gibt es auch in der typographie. auch hier gibt es die mittelachse, die großbuchstaben, die monumentalgeometrie.

eine typographie der repräsentativen demonstration greift deshalb immer nach versalbuchstaben und römischer kapitalis. dies in einem umfang, daß auch das umgekehrte gilt: wer nach der römischen kapitalis, wer nach mittelachse und versalien greift, enthüllt, daß er ein demonstrationsbedürfnis zu befriedigen hat, um ein inneres vakuum zu verdecken.

versalbuchstaben einer total verkünstelten schrift, die nur der geometrie ergeben ist, verbinden sich mit royaler mittelachse und höfischer symmetrie. eine solche gesinnung könnte man bei meßbüchern einer klerikalen hierarchie hinnehmen oder beim lebenslauf einer hochwohlgeborenen, von der vorsehung ausgewählten autorität. zeichen einer humanen gesellschaft und einer humanen kommunikation sind sie nicht.

die repräsentative monumentalarchitektur gab es schon im klassizismus des barocken totalstaates. auch heute belieben herrschaftszentren wie konzernverwaltungen sich nach den methoden zu geben, die schon römische kaiservillen auszeichneten.

The design principles behind this kind of architecture are simple. A formation resembling an altar is needed. Altars are hierarchic in conception. What really goes on inside the building should be concealed. It is a secret.

What counts is the facade. Its skeleton is the central axis, organizational symmetry. Symmetrical arrangement is the only principle since the battle formations of Roman legions that can be organized by command. Symmetry has become the structure of power. Hence, there is a symmetry covering both the whole and the parts, the wings. A further design principle is mass. The aim is to appear massive. Such buildings require a minimum of stories. The stories are disproportionately high, allowing windows and doors to be likewise far larger than necessary for human purposes.

There are comparable design principles in typography. Here, too, a central axis, capital letters and monumental geometry are to be found.

A typography of ambassadorial ostentation inevitably resorts to capitals, e.g. the Roman capitalis. This occurs to such an extent that the equation can be reversed. Anyone susceptible to Roman capitalis and central axes is seeking to use ostentation to conceal an inner vacuum.

Capitals in a totally contrived writing style that knows only geometry are linked by means of a regal central axis and courtly symmetry. Such manifestations would be understandable in the clerical hierarchy of a communion book or in the curriculum vitae of a lord, an authority elected by providence. They are not in keeping with enlightened society and communication.

Ostentatious monumental architecture characterized the classicism of the totalitarian Baroque State. Today, too, centres of dominance such as company office blocks strive to project the sort of image encapsulated by the Imperial Roman villa.

91

Dem Grafiker und ebenso einem Typografen werden die Aufgaben von außen gestellt. Er wird daran gemessen, ob er diese Aufgabe erfüllt. Das ist ein anderer Maßstab.

Etwas anderes ist es, wenn es eine selbstgestellte Aufgabe eines Typografen ist, die eigene Auffassung über Typografie in einem Buch zu erläutern und darzustellen; welcher Maßstab gilt dann? Ich zitiere Jost Hochuli: »In der Zoologie kennt man die Begriffe Imponierstellung, Imponiergehabe. Man erkennt diese daran, dass sich die männlichen Tiere vor der Paarung spreizen, blähen, aufplustern, um einen Konkurrenten oder das umworbene weibliche Tier zu beeindrucken. Es handelt sich, mit anderen Worten, um forcierte Umrissvergrößerung.

Wer ein Buch größer, schwerer, kostbarer macht, als es sein muss, zeigt Imponiergehabe, betreibt forcierte Umrissvergrößerung.«

Begriffe begreifen

Kapitel 3

… stellt ein Begriff zur rechten Zeit sich ein

Heinz H. Schmiedt prangert in einem umfassenden Typografie-Rück- und Überblick die »dümmliche Unterscheidung von Mikro- und Makrotypografie« an. Das sei »Designergeflüster«, sagt er. Wen mag er meinen? Albert Kapr ist offener, er äußert sich brieflich abschätzig über den »von Jost Hochuli geprägten neuen Begriff«. Da wird dem armen Hochuli etwas in die Schuhe geschoben, was längst in der Luft lag. Der Begriff »Mikrotypografie« taucht seit Ende der 60er Jahre auf, zuvor gab es ihn nicht. Das ist kein Wunder, vorher brauchte man ihn nicht.

Was feststand, brauchte keine eigene Bezeichnung. Die Schriftgießerei schnitt nicht nur neue Schriften, sie sorgte auch dafür, dass jede Type ihren festen Stand auf der Matrize und dem Kegel hatte. Und die Setzer hatten gelernt, wann sie zu spationieren hatten, Trennungshäufungen oder schlechte Trennungen vermeiden mussten, wie man Versalien ausgleicht und Kapitälchen ansperrt.

Wir Typografen konnten unser schönes Konzept machen, die Schrift wählen, den Satzspiegel und die Überschriften festlegen (um bei Beispielen aus dem Bereich der Buchtypografie zu bleiben), die Proportionen und den Aufbau des Ganzen klären. Doch wie es da drinnen aussah, innerhalb der Kolumne, das betraf uns kaum, das machten – besser oder schlechter – die Fachleute. Heute sollen wir auch das können, wir können es aber nicht, wie tausend Fälle beweisen.

Wir Typografie-Architekten müssen auf einmal die Axt und die Maurerkelle ergreifen und selber bauen, selber setzen. Zurück zu Gutenberg, das kann ja gut für die Typografie sein, aber nur, wenn die Voraussetzungen gegeben sind. Wir lernen aber erst mühsam den Unterschied zwischen Gedankenstrichen und Streckenstrichen kennen, die richtigen Anführungen richtig einzusetzen, die richtige Laufweite für eine Schrift zu erspüren usw. Das ist auch Typografie, aber nicht die Typografie, die wir bisher gemacht haben. Wie sollen wir diesen Bereich nennen? Wie sollen wir die verschiedenen typografischen Ebenen unterscheiden? Vielleicht gar nicht? Es gibt gute und schlechte Typografie, das umfasst alles. Reicht das aus?

Es gibt zwei häufige Typografie-Tragödien. Es gibt gut durchdachte Konzepte, geklärt und übersichtlich geplant, auch was die Schriftgröße und den Durchschuss betrifft – sie scheitern, weil der Satz löchrig ist, die Ausrufezeichen am Buchstaben kleben, statt Gedankenstrichen Trennungsstriche genommen wurden usw. Ist das gute oder schlechte Typografie?

Und es gibt sorgfältig und gut gesetzte Seiten oder Spalten, die Satzkanten sind ruhig, die Kapitälchen richtig und die Interpunktion fein abgesperrt usw. Aber die Proportionen! Der Satzspiegel schwimmt auf der Seite herum, die Pagina weiß nicht, wo sie hin will, die Zwischenschläge reißen Löcher in den Zusammenhang usw. Ist das nun gute oder schlechte Typografie?

Wie soll ich einem Neu-Setzer oder einem Designer erklären, warum beides schlechte Typografie ist?

Jost Hochuli sagt, er würde künftig nur noch von »Detail-Typografie« sprechen. Aber abgesehen davon, dass es auch in der großen typografischen Konzeption Detail-Fragen gibt: ich brauche ein Begriffspaar, wie soll ich sonst erklären, was der Unterschied ist? Hier »Typografie«, da »Satz«? Der Schriftsatz ist ein Bestandteil der Typografie, den kann man nicht ablösen.

»Satz und Umbruch?« Das ließe sich nur auf Bücher u. Ä. beziehen, das ist zu wenig (»der Umbruch einer Einladungskarte«). »Satz und Layout?« Da wären die reinen Fließtext-Bücher wieder ausgeschlossen. Vor allem muss gesagt sein, dass es sich um Typografie handelt. Also »typografische Konzeption und Ausführung«? Zur Ausführung gehören auch Bild und Druck, es müsste schon »satztechnische Ausführungen« heißen.

Schmiedt sagt, wir brauchen keine Unterscheidung. Meine Erfahrung sagt mir: Wir brauchen eine präzise Bezeichnung unserer unterschiedlichen typografischen Arbeitsfelder. Ich bleibe bei meinem dümmlichen Designergeflüster und bestehe darauf, dass das Begriffspaar »Makrotypografie und Mikrotypografie« unmissverständlich und deshalb brauchbar ist.

Herumexperimentiert

Das hört man oft: »Ich habe experimentiert« oder gar »Ich habe herumexperimentiert«. Das ist der falsche Begriff. »Herumprobiert« wäre passender.

Ein Experiment ist eine streng durchdachte Versuchsanordnung. Das Ergebnis ist offen, der Weg definiert.

Wir Grafiker suchen Wege, um uns gestellte Aufgaben zu lösen, ein Logo mit einer spezifischen Aussage, einen Buchumschlag mit der gewünschten Ausstrahlung, eine Briefmarke, die ein Thema komprimiert. Wir arbeiten ergebnisorientiert. Das Ziel ist definiert, der Weg ist offen. Das hat mit dem Begriff »Experiment« nichts zu tun.

»Inszenierende Typografie«?

Philipp Luidl schreibt auf Seite 87 seines guten Buches »Typografie – Basiswissen« zum Thema Dramensatz: »... zunächst werden drei Dinge unterschieden: die Sprache, die Personen und die Bühne.« Dem entsprechen, so Luidl, die Grundschrift, die Kapitälchen und die Kursive. Dramensatz sei, sagt Luidl, »... eine Satzart, die versucht, dem Leser das Stück vorzuspielen. Es ist inszenierter Satz.«

Das wäre eine langweilige Aufführung! Da stehen also die Schauspieler, alle gleich angezogen, nebeneinander auf der Bühne und sagen ihren Text mit genau der gleichen Stimme auf. Nein, Dramensatz ist nicht Inszenierung, nicht einmal Lesen mit verteilten Rollen. Dramensatz bietet die Substanz eines Stückes, nicht seine Inszenierung. Diese findet im Kopf des Lesers statt, bedingt durch die Sprache und nicht durch die Typografie. Die sorgt zwar für ein bestimmtes Lese-Klima, doch nicht einmal für ein Bühnenbild, geschweige denn für eine interpretierende Inszenierung. Nicht anders als bei einem Roman mit seinem Grundtext, den kursiven Auszeichnungen, der Gliederung durch Absätze und Abschnitte und Zwischenüberschriften.

Zur Inszenierung wird Typografie erst, wenn sie dazu auffordert oder gar dazu zwingt, das Stück in einer ganz bestimmten Weise zu lesen, so, wie ein Regisseur dazu auffordert oder dazu zwingt, ein Stück in einer ganz bestimmten Weise zu erleben. Das kann allein mit der Schriftwahl nicht erreicht werden, dazu gehört eine aktive Typografie. Erst, wenn man nicht nur dem Wortlaut entnimmt, dass einer wütend oder resigniert ist, schreit oder flüstert, sondern wenn man das beim Lesen *sieht* – so wie man es von der Bühne her hört –, erst, wenn der Typograf zum Regisseur wird, ist es angebracht, von einer typografischen Inszenierung zu sprechen.

Ist das Beckmesserei? Ich denke, es ist schon wichtig, dass wir unsere Begriffe definieren und präzis verwenden, damit wir uns präziser streiten können, zum Beispiel darüber, ob eine typografische Inszenierung ihrem Text gerecht wird oder nicht.

Designer-Typo

Für Hans Heinrich Ruta ist »Design-Typografie« eine Art Schimpfwort für vordergründig auf modische Effekte bedachte Typografie. Ich definiere das anders, für mich ist das eine Typografie, die fragt: Welche Mittel sind verbraucht, was ist frisch, neu, an- oder gar aufregend, worauf ist noch keiner gekommen. Design-Typografen sind kreative Leute, die neue Möglichkeiten erproben und darauf aus sind, Grenzen zu verschieben. Demgegenüber müssen wir Buch-Typografen uns bescheiden und vom Text führen lassen statt von unseren Ideen.

Das Missale richtig gestellt

Ich habe im »Gutenberg-Druckspiegel« vom 24. Februar 2000 geschrieben: »Die Missalen des späten Mittelalters waren sehr groß, nicht um zu repräsentieren, sondern weil ein ganzer Mönchschor aus einem einzigen Buch zu singen hatte.«

Daraufhin schreibt mir Walter Wilkes: »Das Missale wird vom Priester benutzt, es ist gewissermaßen sein Handwerkszeug. Hauptteil des Missale ist der täglich zu lesende Kanonteil. (Deswegen ist dieses Kernstück auch häufig auf Pergament gedruckt worden.) Für den ›Mönchschor‹ gab es das Chorbuch im ›riesigen‹ Format (Antiphonar/Gradual). Im Gegensatz hierzu waren Missalen wesentlich kleiner.«

An der Verbreitung solcher Fehler, wie ich einen gemacht habe, kann man nachvollziehen, wer von wem abgeschrieben hat.

Allgemeine und spezielle Schrift-Missverständnisse

Kapitel 4

Trotz (Caslons) löblichen Anstrengungen hatte der Druck noch einen weiteren Abstieg vor sich. Die Schriften des 17. Jahrhunderts waren eher heruntergekommen als durch und durch schlecht. Wegen der noch erkennbaren Schönheit ihrer Vorgänger mögen sie annehmbar geschienen haben. Es war den Schriftgießern des späten 18. Jahrhunderts vorbehalten, d u r c h u n d d u r c h hässliche Schriften hervorzubringen, die, es muss gesagt werden, dem Auge verwirrend und ärgerlich sind durch die plumpe Verdickung und minderwertige Verdünnung der Striche, während die Schriften des 17. Jahrhunderts wenigstens eine reine und einfache Strichführung haben. Der Italiener Bodoni und der Franzose Didot waren die Anführer bei dieser unglücklichen Neuerung, doch auch unser eigener Baskerville, der einige Jahre vor ihnen tätig war, war ziemlich auf der gleichen Linie; doch waren seine Buchstaben, wiewohl uninteressant und armselig, nicht annähernd so ekelhaft und vulgär wie die des Italieners oder des Franzosen.

William Morris

In der Gutenberg-Festschrift 2000 schreibt Gottfried Pott zum Thema »Kalligrafie«, er bevorzuge hierfür die Bezeichnung »Ausdrucksvolles Schreiben«. Zitat: »... im deutschsprachigen Raum ... ist besonders die Expressive Kalligrafie zu einem bedeutenden Zweig des schriftkünstlerischen Gestaltens geworden. Dafür stehen Namen wie Rudolf von Larisch (1856-1934), Rudolf Koch (1874-1934), F. H. Ernst Schneidler (1882-1956), ...« Drei in einem Topf, die nicht zusammenpassen. Larisch ist Ornamentiker, Rudolf Koch Seelenschreiber, Schneidler studiert die Form. Diese Differenzierung ist keine Beckmesserei, das führt zu den Kriterien.

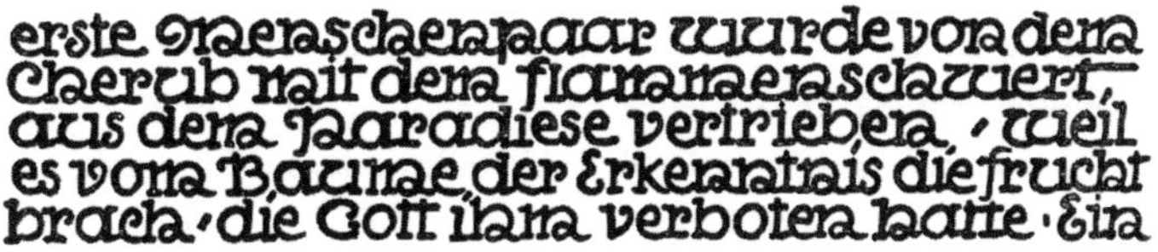

erste Menschenpaar wurde von dem
Cherub mit dem flammenschwert,
aus dem Paradiese vertrieben · weil
es vom Baume der Erkenntnis die frucht
brach · die Gott ihm verboten hatte · Ein

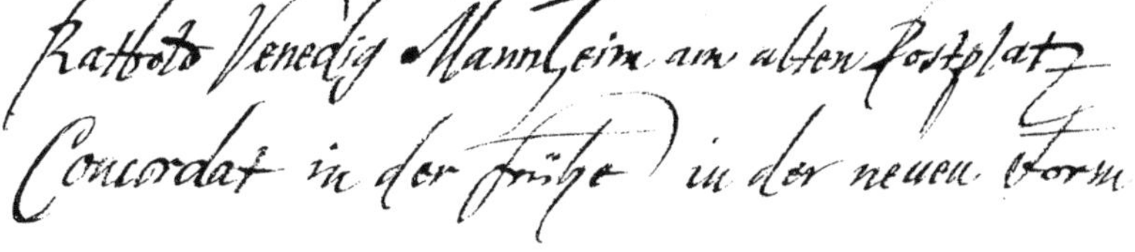

Trocknet nicht, trocknet nicht

Die Kalligrafie-Künstler des ersten Jahrhundertdrittels waren Teil der allgemeinen Kunstentwicklung. Im Schriftwerk von Larisch spiegelt sich der Wiener Sezessionsstil, das hat mit ausdrucksvoller Ornamentform zu tun, aber nichts mit ausdrucksvollem Schreiben; Rudolf Kochs Spontan-Schreiben spiegelt den Expressionismus, das ist in der Tat textdeutendes Ausdrucks-Schreiben; Schneidler hat mit derlei nichts, aber auch gar nichts zu tun. Er untersuchte in den verschiedensten Versuchsanordnungen und Variationsreihen die Form der Schrift. Einer seiner »Texte« lautet zum Beispiel: »Rathold Venedig Mannheim am alten Postplatz Concordat in der Frühe in der neuen Form«. Dem widmet er seine Schreibkunst. Mit »ausdrucksvollem Schreiben« hatte er nichts im Sinn, so wenig wie Paul Klee (den Schneidler intensiv beobachtete) mit dem Abbilden der Natur.

Die ersten dreißig Jahre des 20. Jahrhunderts waren die große Zeit der Kalligrafie, eben deshalb, weil sie mit der »großen Kunst« in enger Verbindung stand. Das war eine Zeit der »Erfinder«.*

Nach dem Zweiten Weltkrieg mussten die abgerissenen Verbindungen neu geknüpft werden, in der Kunst wie in der Schreibkunst. Das war die Zeit der »Meister«, der Zapf, Trump oder Hoefer.

Danach kam die Zeit der »Epigonen« in der Kalligrafie, sie dauert bis heute, eine freundliche Kunstgewerbe-Bewegung, die jede Verbindung zur Entwicklung der Kunst verloren hat.

* Erfinder, Meister, Epigonen – Ezra Pounds Einteilung seiner Literaturkritik

In dieser heutigen kalligrafischen Kleinkunst-Szene schreiben romantisch-empfindsame Schreibkünstler kunstvoll schöne Schriftblätter wie einst die Meister vor 40 und 50 Jahren (nicht wie die Erfinder, vor 70 Jahren, deren Kraft hatte schon 1950 keiner mehr).

Gottfried Pott belegt dieses kunstferne Denken mit dem Satz: »Die Faszination der Schrift ist umso größer, je virtuoser die künstlerische Dimension eingebracht werden kann.«

Virtuosität ist jedoch kein Kriterium für Kunst.

Eine weitere kleine Korrektur ist anzubringen. G. Pott schreibt über den Einfluss der kalligrafischen Handschrift auf das »Typedesign«: »Kontrollierte Spontaneität mit der Formenvielfalt handschriftlicher Erfindungen sind die Quellen, die auf der Suche nach inspirierenden Impulsen ausgeschöpft werden müssen. Als Beleg hierfür erwähne ich lediglich einige Namen aus der großen Zahl bedeutender Schriftkünstler: Walter Tiemann ...« (und andere mehr). Schon mit dem ersten Schriftzeugen hat Pott Pech. Walter Tiemann war kein Schreiber, er hat alle seine Schriften gezeichnet, mögen sie auch noch so »geschrieben« wirken.

Schriftschreiben contra Kalligrafie

In einschlägigen Geschäften und Katalogen werden Anleitungen zur Kalligrafie angeboten, in Volkshochschulen und in speziellen Schreibwerkstätten werden Kalligrafie-Kurse veranstaltet. Die Kurse werden eifrig besucht, die Bücher werden gekauft. Offenbar besteht ein großes Interesse an der Schönschreib-Kunst, nicht nur bei uns zu Lande, sondern in vielen Ländern Europas und erst recht in Amerika und Kanada. Das ist schön, wenn die Leute Lust am Schriftschreiben haben, genauso schön wie Töpfern oder Ikebana-Stecken.

An manchen deutschen Kunstschulen wird ebenfalls Kalligrafie getrieben. Das ist nicht so schön, das lenkt vom Schriftstudium ab. Wer »Frühling, Sommer, Herbst und Winter« in schönen Schriftblättern darstellen kann, versteht deshalb noch lange nichts von Schriftform. Wer seine Gefühle ausdrucksvoll aufs Papier zu bannen versucht, ebenso wenig. (Hier fällt mir das Schriftblatt eines Kommilitonen ein, der 1953 von Offenbach nach Stuttgart gekommen war. Er hatte ein Gedicht schön geschrieben, unten auf dem Blatt stand: »In Freihand aus einem inneren Trieb geschrieben.«)

Nur an wenigen deutschen Kunstschulen wird Schriftschreiben und Schriftzeichnen studiert. Das ist schlecht für die Schrift. Deshalb stammen auch fast alle wichtigen neuen Satzschriften von Holländern. In Holland wird Schriftschreiben studiert.

Ist das nicht ein Paradoxon, ein Widerspruch in sich selbst: Kalligrafie schädlich, Schriftschreiben nützlich? Kalligrafie zielt auf das Ergebnis, das schöne Schriftblatt; das Studium des

Schriftschreibens zielt auf das Verständnis der Formentwicklung – so wie das Aktzeichnen dem Studium der Proportionen dient und nicht der Anfertigung von Gemälden.

Wer schreibend erfahren hat, wie ein Anstrich oder eine Serife, eine Fraktur- oder Kursivform sich entwickelt hat, der wird in der Beurteilung von Satzschriften sicherer sein, als einer, der nur ein allgemeines ästhetisches Schriftempfinden entwickelt hat.

Martin Andersch zeigt in seinem großen Kalligrafie-Buch Arbeiten seiner Schüler, die »im Jugendstil« geschrieben sind. Das ist schrecklich. Fast ebenso schrecklich sind Arbeiten, die eine Textur, eine humanistische Kursive oder eine klassizistische Antiqua nachahmen. Nachahmung ist der falsche Ansatz zum Schriftverständnis.

Der bessere Weg ist: mit der Breitfeder schreiben, ohne Absetzen und mit Absetzen, die Feder verkanten, mit der Spitzfeder schreiben oder mit dem Pinsel – und erleben, welche Formen dabei entstehen. Da werden »Jugendstil«-Formen sich ergeben oder Bodoni-ähnliche, aber als Ergebnis und nicht als Ziel des Schreibens. So lernt man Schriftform verstehen.

Ob einer dann später Satzschriften entwirft oder zu seinem Vergnügen Kalligrafie betreibt, steht auf einem ganz anderen Blatt.

Typokalligrafische Zwischenbemerkung

Hermann Zapf zu seiner »Zapfino«: »Man wird aber niemals mit der Schrift eine künstlerische Kalligraphie nachmachen oder gar ersetzen können. Der persönliche Ausdruck einer mit der Hand geschriebenen Schriftform ist unerreichbar und soll erhalten bleiben. Und das ist auch richtig so.« Recht hat der Mann. Nur: wozu dann diese Schrift? Jeder, der sie benutzt, wird »künstlerische Kalligraphie« nachahmen, und zwar eine à la Hermann Zapf. Ob er will oder nicht.

Der Traum eines Schriftkünstlers seit 1944,
realisiert nach über 50 Jahren durch digitale
technische Möglichkeiten.

Haben Sie noch eine Handschrift? Schreiben Sie noch mit der Hand? Das ist nicht mehr nötig, Sie können Ihre Handschrift jetzt digitalisieren lassen, das ist gar nicht so teuer. Dann können auch andere mit Ihrer Handschrift schreiben.

Spontaneität ist gefragt. Allenthalben lesen wir Botschaften, denen man ansehen soll, dass sie ganz spontan für dich persönlich geschrieben wurden.

Sogar bekannte und bewährte Schriftentwerfer machen Handschriften für den Computer. Früher, zu Bleisatzzeiten, war das sehr schwierig. Das Hauptproblem waren die Anschlüsse von Buchstabe zu Buchstabe, und dann musste man sehr genau nachdenken, um herauszufinden, was das Typische eines spontan geschriebenen Buchstabens ist, den man in Blei schneiden und gießen soll – ein langer und mühsamer Prozess. Das Ergebnis war nicht die Imitation einer Handschrift (auch bei der gelungensten Schrift dieser Art, der Mistral, nicht), sondern eine Bleisatzschrift in der Art einer Handschrift.

Bei den neuen »Computer-Handschriften« habe ich den Eindruck, dass sie wirklich Handschriften sein sollen. Bitte kein Missverständnis: Ich spreche nicht von durchgearbeiteten Satzschriften, die von zunächst geschriebenen Schriften ausgehen, wie das zum Beispiel bei Volker Küster in Essen auf interessante Weise studiert wird, ich spreche von der Imitation von Handschrift, wie man sie auf Plakaten und Anzeigen, Flyern und Glückwunschkarten allenthalben vorgesetzt bekommt. Die angebliche Spontaneität ist nur scheinbar spontan. Wenn nämlich ein Wort das Pech hat, den gleichen Buchstaben doppelt oder mehrfach in sich zu haben, wird sichtbar, dass etwas nicht stimmt.

viel zu unternehmen und zu entdecken.

Wenn Sie mit der Hand schreiben, ist dann jedes g genau wie das andere, ein a wie das nächste? In allen Feinheiten der Linie, der Proportion, der Bögen, der Druckstellen, in allen Zufälligkeiten? Dass jeder Buchstabe anders ist, macht das Leben Ihrer Handschrift aus; dass jeder Buchstabe genau wie der andere aussieht, macht die Sterilität der Pseudo-Handschrift aus. Je mehr »Zufälligkeiten« sich wiederholen, umso peinlicher wird die Sache.

(Inzwischen wird die Spontan-Täuschung perfektioniert: Es gibt Schriften, die nicht nur ein e sondern verschiedene e-Nuancen etc. haben.)

Zurück zur Handschrift!

Friedrich Forssman und ich streiten gern darüber, ob Briefe heute, im Computersatz-Zeitalter, mit Schreibmaschinen- oder mit Satzschriften geschrieben werden sollen. Wir liegen völlig falsch mit diesem Diskussionsansatz.

Alle Welt bedauert doch den Verfall der Handschrift. Zurück zum Handschrift-Brief! Der Computer macht's möglich, Handschriften zu scannen. Jeder seine eigene? Nein, das wäre zu eintönig. Jeder Brief in einer anderen Handschrift, heute wie Max Caflisch (das geht schon, seine Handschrift steht für jedermann zur Verfügung), morgen Max Planck, Frank Zappa, Paul Klee oder Doktor Wussow, je nach dem gewünschten Image. Wird das nicht aufregend: Die Handschrift kenne ich doch, von wem mag der Brief sein?

Schriftwissenschaftliches Eigentor eines Autoritätsgläubigen

Ich habe bei Jan Tschichold gelernt und im Unterricht und in Fachbüchern vielhundertfach verbreitet: Das ß wird irrtümlich »Eszett« genannt, es besteht in Wahrheit aus zwei übereinander geschobenen s, einem langen und einem runden »Schluss-s«. Tschichold hat das anhand einer Fraktur-Form überaus plausibel dargestellt.

Das habe ich nachgebetet. Nur leider: Das ist falsch. Im Gutenberg-Jahrbuch 1999 hat Max Bollwage nachgewiesen, dass es die von Tschichold gezeigte Form in gebrochenen Schriften nie und nirgendwo gegeben hat und das hakenförmige ʒ ein eigenes Zeichen mit einer eigenen Formgeschichte ist, das logisch zu der von mir als »eigentlich falsch« apostrophierten Form des »Dreierles-s« führt. Die ist eigentlich richtig.

Ich hätte für diese Erkenntnis nicht auf Max Bollwage warten dürfen. Glaubt keinen Autoritäten!

Orthotypografischer Briefwechsel

Dieser Leserbrief wurde an eine Fachzeitschrift und den Verlag geschickt:

Orthografische Verdummungserscheinungen
Mein Enkel ist nicht der Sicherste im Rechtschreiben. Also sehe ich seine Hausaufgaben nach. Dabei fällt mir auf dem Übungsblatt zur Groß- und Kleinschreibung ein Wort, in Großbuchstaben gesetzt, ins Auge: IM GROßEN UND GANZEN. Der Computer hat's verbrochen, kein Autor, Lektor oder Korrektor hat's gemerkt, mein Enkel glaubt, das müsse so sein, und das Schlimmste: Sein Lehrer sagt, was willst du, das ist doch richtig. Die Rechtschreibung wird offenbar nicht von der Reform, sondern von der Ignoranz der Fachleute verdorben.

Im Antwortbrief des Verlages stand:

Im Arbeitsheft zur Rechtschreibreform »Neue Schreibung – leicht gelernt« sind Sie mit der Schreibung der Wendung »IM GROßEN UND GANZEN« bei den Übungen zur Groß- und Kleinschreibung auf Seite 23 nicht einverstanden.

Wir geben Ihnen Recht, dass diese Schreibung nicht ganz korrekt ist; das »ß« müsste durch Doppel-s ersetzt werden. Es ist aber nun nicht so, wie Sie schreiben, dass kein Autor, Lektor oder Korrektor es gemerkt habe, sondern dass wir uns ganz bewusst für diese Form entschieden haben. Wie oben erwähnt, handelt es sich um eine Übung zur Groß- und Kleinschreibung, einige Seiten vorher bieten wir umfangreiche Übungen zur Neuregelung der s-Schreibung an, und wir wollten die Schülerinnen und Schüler hier nicht noch im Bezug auf die korrekte s-Schreibung verunsichern.

Im Übrigen ist diese Schreibung in bestimmten Fällen auch erlaubt bzw. sogar angezeigt, nämlich bei der Wiedergabe von Eigennamen in Großbuchstaben aus Gründen der Eindeutigkeit.

Ob also diese kleine Detailungenauigkeit zu »orthografischen Verdummungserscheinungen« (Überschrift Ihres Leserbriefs) führen muss, möchten wir bezweifeln ...

In der Antwort auf die Antwort stand:

Ihre Anmerkung zur Sache, nämlich dass man sich in Ihrem Hause ganz bewusst in diesem Fall für die GROßSCHREIBUNG entschieden habe, bestätigt meine Befürchtung, dass auch bei Fachleuten der Orthografie das Problembewusstsein für die Orthotypografie verloren gegangen ist oder vielleicht noch nie so recht entwickelt war (die Sache mit dem scharfen ß ist ja nicht der einzige Dauerfehler, der sich in jüngerer Zeit allenthalben einschleicht). In Zeiten, da noch Setzer für den Satz zuständig waren und nicht Computerprogramme, wäre ein solcher Fehler nicht möglich gewesen. Er tritt erst auf, seitdem man per Knopfdruck aus Kleinbuchstaben Großbuchstaben machen kann.

M. E. ist es aber nicht nur aus orthotypografischer Sicht, sondern auch aus pädagogischer Sicht in keiner Weise vertretbar, einen Fehler, einen echten Schreibfehler, in ein Schulbuch einzubauen, »damit die Kinder nicht verwirrt werden«. Machen Ihre Mathematik-Redakteure das auch: 2 x 2 ist 5 (später werdet ihr schon merken, dass das nicht stimmt)?

Ihr Hinweis, dass es unter Umständen angezeigt sei, in ein Wort aus Großbuchstaben einen Kleinbuchstaben einzubauen, kann nicht zutreffen. Es war »erlaubt« , statt SS SZ zu schreiben, um SSS zu vermeiden oder um die Schreibweise von Eigennamen zu klären. Ob das bei der Rechtschreibreform überhaupt berührt wurde, entzieht sich meiner Kenntnis. Aber eine »Erlaubnis«, Groß- und Kleinbuchstaben zu mischen, gab es meines Wissens nie.

Statt des schiefen Vergleichs mit dem 1 x 1 hätte ich besser argumentieren sollen: Beim Lesen prägen wir uns Wortbilder ein wie Schablonen. Wenn beim Lesenlernen ein falsches Wortbild eingeprägt wurde, ist damit eine permanente Fehlerquelle eingebaut. Da hilft auch die spätere Korrektur nicht mehr viel.

Hauptbahnhof Frankfurt, vor dem Fahrplan. Neben mir eine Inderin, die auf den Zehenspitzen stehend vergeblich sucht. Wohin sie denn wolle? Nach Gießen. Ich zeige es ihr. Nein, sagt sie, Giessen, nicht Gieben.

Ach wenn nur die Rechtschreibreformer das ß nach Schweizer Vorbild und globalisierungsgerecht ganz abgeschafft hätten! Dann müsste ich mich nicht täglich ärgern über GROßBILD oder BARFUßGÄSSCHEN!

Wenn es kein ß gäbe, könnte dieser Gernegroßbuchstabe, der doch nur ein Kleinbuchstabe ist, sich nicht heimlich unter die Kapitälchen oder gar unter die Großbuchstaben mischen und den Leuten weismachen, er gehöre dazu. Die glauben das nämlich, sogar manche Grafiker glauben das, zum Beispiel beim Fernsehen, wo Millionen den Fehler nicht erkennen. Das ist genauso schlimm wie »meines Erachtens nach«, das ist genauso schlimm wie »das Lexika«.

Wer mit wem?

»... Schriften desselben Schriftkünstlers oder Schriften aus derselben Epoche sind problemlos mischbar ...«, so steht es im TGM-Werkstattbrief (11) von Philipp Luidl. Diese Werkstattbriefe der Typographischen Gesellschaft München sind eine verdienstvolle Reihe, die Basiswissen vermittelt. Die Reihe wendet sich an Anfänger, folglich besteht die Gefahr, dass eine solche Aussage wörtlich genommen wird.

Probieren wir's aus, zum Beispiel mit Schriften von Adrian Frutiger. Mischen wir »problemlos« die Univers mit der Vectora oder die Frutiger mit der Avenir.

Schriften desselben Schriftkünstlers oder aus derselben Epoche sind problemlos mischbar...; so steht es im TGM-Werkstattbrief.

Schriften desselben Schriftkünstlers oder aus derselben Epoche sind problemlos mischbar...; so steht es im TGM-Werkstattbrief.

Das kann doch nicht gemeint sein! Eine Ehe von Vetter und Kusine ersten Grades.

Jetzt kommt sicher das Argument, Groteskschriften dürfe man sowieso nicht miteinander mischen – aber das steht nicht im Text.

Probieren wir weiter:
Breughel mit Centennial, Versailles mit Serifa gemischt.

Schriften desselben Schriftkünstlers oder aus derselben Epoche sind problemlos mischbar...; so steht es im TGM-Werkstattbrief.

Schriften desselben Schriftkünstlers oder aus derselben Epoche sind problemlos mischbar...; so steht es im TGM-Werkstattbrief.

Das ist natürlich ebenfalls unmöglich.

Nächster Versuch: Centennial mit Frutiger gemischt.
Vectora mit Glypha.

Schriften desselben Schriftkünstlers oder aus derselben Epoche sind problemlos mischbar…; so steht es im TGM-Werkstattbrief.

Schriften desselben Schriftkünstlers oder aus derselben Epoche sind problemlos mischbar…; so steht es im TGM-Werkstattbrief.

Auch das geht nicht gut, kann nicht gut gehen.

Was passt aber dann zusammen bei den Schriften aus Frutigers Hand? Centennial und Univers oder Apollo und Frutiger. Aber nicht, weil sie aus einer Hand sind, sondern weil sie aus einem Geist sind. Die Paare sind stilistisch verwandt, sie haben gemeinsame Vorfahren.

Der Grund für das irreführende Durcheinander ist, dass der zweite Halbsatz von Luidls Behauptung den ersten widerlegt. Adrian Frutiger hat bewusst Schriften entworfen, die sich auf verschiedene Schrift-Epochen beziehen, die nicht »problemlos miteinander mischbar sind«. Sowenig sich Bodoni und Gill vertragen, sowenig vertragen sich die »klassizistische« Centennial und die »Renaissance«-Frutiger. Es geht um Stilfragen und nicht um Schriftkünstler-Handschrift.

Natürlich kann man »falsche« Schriftmischungen finden, die dennoch überzeugend sind. Doch bei Luidl geht es um Basiswissen, nicht um tollkühne Typo-Akrobatik.

Die eigentliche Botschaft ist jedoch eine ganz andere, sie bezieht sich auf Lehrmeinungen und Fachliteratur allgemein. Sie lautet: Glaubt kein Wort, prüft immer nach, ob das auch stimmt, was da behauptet wird.

Verfehlt vermischt

Da nimmt ein Typograf die Bodoni für die Überschriften eines Baskerville-Textes – das ist verboten, aber das hat Charme. Da nimmt ein anderer Typograf die Bodoni für die Überschriften eines Garamond-Textes. Das ist verboten, das ist peinlich und hat keinerlei Charme.

Im ersten Fall war es kein Typograf, sondern ein Wissenschaftler, der Typografie macht, und zwar gute Typografie. Er, Michael Nedo, gibt in Cambridge die Wiener Ludwig Wittgenstein-Ausgabe heraus. Er hat analysiert, wie der Text strukturiert sein muss, wie er gut lesbar und übersichtlich wird und seine typografischen Folgerungen gezogen, auch die sehr präzisen mikrotypografischen Folgerungen. Und siehe, das Ergebnis ist solide Typografie, wie sie im Buch steht (man muss nicht Setzer gelernt haben). Bis auf diese irritierende Schriftmischung. Befragt, warum er das gemacht habe, sagt Michael Nedo: »Weil ich die Bodoni so liebe.« Da kann man nichts weiter sagen.

In der Wiener Ausgabe werden alle codierten Eintragungen entschlüsselt und in der Zählung der Bemerkungen sowie im Fußnotenapparat durch einen entsprechenden Vermerk als solche gekennzeichnet.

Randzeichen

Wittgensteins Randzeichen, die sich in der Regel auf jeweils eine ganze Bemerkung beziehen, bieten sowohl einen kommentarhaften Charakter als auch Hinweise in bezug auf die weitere Verwendung in Überarbeitungen. Sie werden in stilisierter Form den Bemerkungen vorangestellt. Eventuelle Beschränkungen von Randzeichen auf Teile einer Bemerkung werden in den Herausgeberanmer-

ZEICHEN

Versprechen, die man halten kann

Von Vilim Vasata

Ein Gemeinwesen ist die Versammlung eines eigenen Ausdrucks. Ganz wie eine Person auch. Mit einer Vielzahl an charakte-

Der zweite Fall stammt von einem Grafik-Designer, einem Hochschullehrer, in dessen Lehre (hoffentlich) auch Typografie ein Thema ist. Es ist anzunehmen, dass so einer weiß, was er macht. Doch der kritische Betrachter vermag nicht zu verstehen, was da gemacht wurde: Der Text (einer Hochschul-Broschüre) in der Garamond, die Beiträge beginnen mit einem Initial, die Überschrift-Gruppen in der Bodoni, der Schriftgrad ganz ähnlich dem Garamond-Initial. Das könnte ein postmoderner Kitzel sein, soll das vielleicht uns Schul-Typografen schockieren? Nichts da, das ist ganz solide Gebrauchs-Typografie, ohne waghalsige Experimentierlust. Die Bodoni und die Garamond kitzeln sich nicht und reiben sich nicht, da entstehen keine Funken, sondern nur ein schlechter Geschmack auf der Zunge. Schlechtes Handwerk, weiter nichts.

Verfallserscheinungen

Der fünfte Band einer Buchreihe. Grundschrift: Meridien. Eine andere Setzerei als bisher, ein Traditionsunternehmen. Als Satzmuster wird einer der bisherigen Bände gegeben. Der Umbruch kommt zur Korrektur, gesetzt in der – Garamond. Nein, nicht in *der* Garamond, nicht in einer Garamond, sondern gleich in drei Garamond-Schnitten, zwei davon sogar auf einer Seite, das Motto in der ITC-, der Text in der Amsterdamer Garamont. Sie haben ja den gleichen Nachnamen, wozu soll der Setzer seine Schriften noch anschauen!

Camera obscura: optische Vorrichtung, besteht aus einem dunkeln Raum, in den die von den äußern Gegenständen ausgehenden Lichtstrahlen durch eine einzige sehr kleine Öffnung gelangen, von der sie divergierend auf einer gegenüberstehenden Fläche sich ausbreiten und ein matt erleuchtetes, umgekehrtes Bild des äußern Gegenstandes in natürlichen Farben erzeugen. Das Bild erscheint um so schärfer, aber auch um so lichtschwächer, je kleiner die Öffnung ist.

Auf einem Büchertisch im Freien fand ich, vor zu vielen Jahren, einen abgegriffenen, in graugrünes Leinen gekleideten Band: »Novellen aus Österreich«. Der Autor trug den anheimelnd-böhmischen, in die k.k. Vorzeit zurückweisenden Namen *Ferdinand von Saar* und hatte, nach einer dem Titel beigefügten Werkliste, außer diesen und anderen Novellen auch Lyrik, Versidyllen, dramatische Dichtungen geschrieben. Es war der zweite Band der 1904 in Kassel bei Georg Weiß erschienenen Ausgabe des Zy-

Was haben Sie beim Begriff »Historismus« vor Augen? Bei mir sind es Eisenbahn-Brückenköpfe mit mittelalterlichen Türmchen, pseudo-klassizistische Tempelfassaden und neogotische Steinbaukastenkirchen, oder – in der Typografie – die Umschläge von Reclams Universal-Bibliothek der ersten Generationen.

Philipp Luidl scheint etwas anderes vor Augen zu haben beim Begriff »Historismus«. Nein, er hat nicht etwas vor Augen, er hat vielmehr etwas im Kopf. Er ist zu gebildet, deshalb stiftet er in unseren Köpfen Verwirrung.

Er bezeichnet nämlich (in Heft 4 von »grundsetzliches«) die so genannte »serifenbetonte Linearantiqua«, diese streng und klar aufgebaute Antiqua-Art mit den kräftigen Serifen, die von der fein durchgeformten Clarendon (um 1820) bis zur, sagen wir, Lubalin Graph (1974) und weiter bis zu modernen Computerschriften reicht, als »historistisch«.

Seine Begründung ist wahrscheinlich der Umstand, dass diese Schriftart sich zu der Zeit entwickelt hat, als der Historismus in der Architektur und im Kunsthandwerk blühte, folglich muss die Schrift auch »historistisch« sein, ob es ihr passt

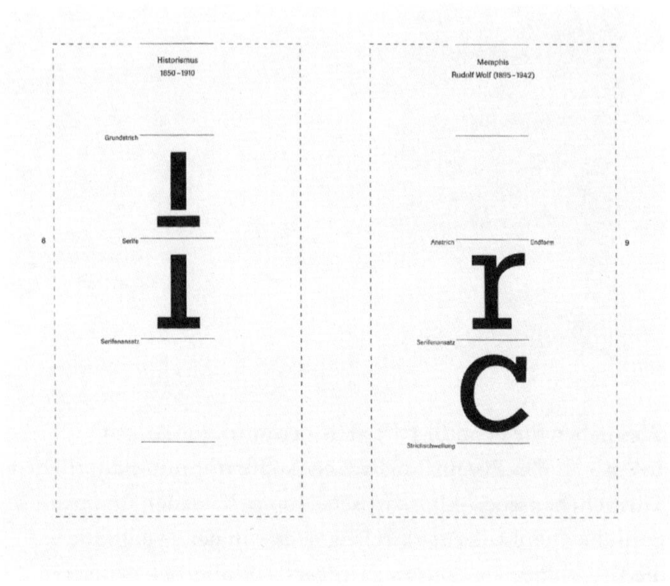

oder nicht. Sie wurde ja auch zu ihrer Entstehungszeit (und bis heute) »Egyptienne« genannt. Sie war eine Modeschrift zur Zeit von Aida und Napoleons Obelisk. Muss der Armen das ewig anhaften?

Was haben die Serifa, die Caecilia oder die Corporate E mit Schinkels Erben zu tun? Ebenso viel wie die »Barock-Antiqua« mit Händels Perücke oder mit der Wieskirche, nämlich nichts, außer der zeitlichen Verwandtschaft.

Luidl ist offensichtlich mit der alten Schriften-Klassifizierung unzufrieden. Da hat er Recht. Doch er dreht das Rad in der falschen Richtung. Statt irritierender historisch-stilistischer Zuordnungen brauchten wir klare, auf die Schriftform bezogene Kriterien, die jedermann, auch der ungebildete Laien-Setzer, verstehen kann.

Alte Schriften – neue Schriften

Ein gestandener alter Drucker, Typograf und Verleger, Hermann Schmidt, sagte im Gespräch: Wozu brauchen wir immer noch eine neue Grotesk-Schrift, wozu brauchen wir überhaupt neue Schriften? Wir haben so viele schöne und vielfach bewährte Schriften aller Art, das sollte doch reichen. Ein engagierter Typografie-Student, Ralf de Jong, sagte im Gespräch (es war in der gleichen Woche): Wozu brauchen wir eigentlich noch alle die alten Schriften, die Garamonds, Bembos und Baskervilles, das ist doch Geschichte. Dass man sie für den Blei-Maschinensatz umgearbeitet hat, war vielleicht noch legitim, aber sie für den Computersatz zurechtzufeilen (womöglich mit dem Versuch, ihren Bleisatzcharakter zu erhalten) ist doch absurd. Sie sind doch durch Schriften überholt, die den heutigen technischen und typografischen Anforderungen viel mehr entsprechen.

Den Ersten frage ich, ob er mir eine der alten – sagen wir – Grotesk-Schriften aus Bleisatzzeiten und den frühen Fotosatzschriften nennen könne, die so fein und nuancenreich ausgebaut ist, dass ich sie jedem Schrift- oder Bild-Nachbarn genau anpassen kann? Welche der alten Grotesk-Schriften hat Kapitälchen und Mediäval-Ziffern? Ich brauche sogar mehrere davon, um mich stilistisch anpassen zu können. Oder eine extrem eng laufende Schrift, die dennoch gut zu lesen ist? Warum baut Frutiger seine Univers so überreich aus, warum hat die Thesis 144 Schnitte? Weil wir Typografen viel differenziertere Ansprüche stellen und dank der neuen Techniken stellen können als zu Bleisatzzeiten. Die guten der neuen Schriften sind unentbehrlich geworden.

Dem Zweiten antworte ich, dass ich in der Tat als Typograf sehr glücklich darüber sei, dass mir jetzt gleich mehrere gut lesbare Groteskschriften zur Verfügung stehen mit Mediävalziffern und Kapitälchen und vielen Fetten-Abstufungen, die besser durchgearbeitet und ausgeglichen sind als etwa die Gill, die einzige alte Grotesk, die für Mengensatz tauglich war. Aber welche von ihnen hat den Charme der Gill mit ihrem merkwürdigen M oder dem versetzten, zu mageren Punkt beim i der Fetten? Welche neue Grotesk hat die Kraft der echten alten Akzidenz-Grotesk? Die »Meister« der Schriftkunst machen vielleicht die perfekteren Schriften, doch die Schriften der »Erfinder« haben die Kraft, man kann bei ihnen die Suche nach der richtigen Form spüren, statt des im Voraus gesicherten Wissens um die richtige Form. Diese Kraft bleibt ihnen selbst bei glättenden Nachschnitten und technischen Anpassungen erhalten – die Ehrhardt ist auch als Computerschrift charaktervoller als heutige »Barock-Antiqua«-Schriften. Ein solcher Maßstab muss erhalten bleiben.

So oder so ähnlich habe ich geantwortet. Doch im Grunde sind beide Fragen müßig. Warum sollte man die heutigen Schriftkünstler daran hindern, sich an neuen Schriften zu versuchen? »Der Markt« wird entscheiden, ob sie nötig sind. Und warum sollte man den alten Typografen die Schriften wegnehmen, mit denen sie großgeworden sind – lange bevor man an so etwas wie Computersatz denken konnte. Es ist gut, dass es auf dem Feld der Schrift Beharren und Bewegung gibt.

abcdefghijklmnopqrstuvwxyz ABCDEFGHIJKLMNOPQRSTU VWXYZ 0123456789 **abcdefghijklmnopqrstuvwxyz ABCDEF GHIJKLMNOPQRSTUVWXYZ 0123456789 abcdefghijklmn opqrstuvwxyz ABCDEFGHIJKLMNOPQRSTUVWXYZ 0123456789**

abcdefghijklmnopqrstuvwxyz ABCDEFGHIJKLMNOPQRSTUVWXYZ
ABCDEFGHIJKLMNOPQRSTUVWXYZ 0123456789 0123456789
abcdefghijklmnopqrstuvwxyz ABCDEFGHIJKLMNOPQRSTUVWXYZ
ABCDEFGHIJKLMNOPQRSTUVWXYZ 0123456789 0123456789
abcdefghijklmnopqrstuvwxyz ABCDEFGHIJKLMNOPQRSTUVWXYZ
ABCDEFGHIJKLMNOPQRSTUVWXYZ 0123456789 0123456789
abcdefghijklmnopqrstuvwxyz ABCDEFGHIJKLMNOPQRSTUVWXYZ
ABCDEFGHIJKLMNOPQRSTUVWXYZ 0123456789 0123456789
abcdefghijklmnopqrstuvwxyz ABCDEFGHIJKLMNOPQRSTUVWXYZ
ABCDEFGHIJKLMNOPQRSTUVWXYZ 0123456789 0123456789
abcdefghijklmnopqrstuvwxyz ABCDEFGHIJKLMNOPQRSTUVWXYZ
ABCDEFGHIJKLMNOPQRSTUVWXYZ 0123456789 0123456789
abcdefghijklmnopqrstuvwxyz ABCDEFGHIJKLMNOPQRSTUVWXYZ
ABCDEFGHIJKLMNOPQRSTUVWXYZ 0123456789 0123456789
abcdefghijklmnopqrstuvwxyz ABCDEFGHIJKLMNOPQRSTUVWXYZ
ABCDEFGHIJKLMNOPQRSTUVWXYZ 0123456789 0123456789
abcdefghijklmnopqrstuvwxyz ABCDEFGHIJKLMNOPQRSTUVWXYZ
ABCDEFGHIJKLMNOPQRSTUVWXYZ 0123456789 0123456789
abcdefghijklmnopqrstuvwxyz ABCDEFGHIJKLMNOPQRSTUVWXYZ
ABCDEFGHIJKLMNOPQRSTUVWXYZ 0123456789 0123456789
abcdefghijklmnopqrstuvwxyz ABCDEFGHIJKLMNOPQRSTUVWXYZ
ABCDEFGHIJKLMNOPQRSTUVWXYZ 0123456789 0123456789
abcdefghijklmnopqrstuvwxyz ABCDEFGHIJKLMNOPQRSTUVWXYZ
ABCDEFGHIJKLMNOPQRSTUVWXYZ 0123456789 0123456789
abcdefghijklmnopqrstuvwxyz ABCDEFGHIJKLMNOPQRSTUVWX YZ ABCDEFGHIJKLMNOPQRSTUVWXYZ 0123456789 0123456789
abcdefghijklmnopqrstuvwxyz ABCDEFGHIJKLMNOPQRSTUVWXYZ
ABCDEFGHIJKLMNOPQRSTUVWXYZ 0123456789 0123456789
abcdefghijklmnopqrstuvwxyz ABCDEFGHIJKLMNOPQRSTUVWX YZ ABCDEFGHIJKLMNOPQRSTUVWXYZ 0123456789 0123456789
abcdefghijklmnopqrstuvwxyz ABCDEFGHIJKLMNOPQRSTUVWXYZ
ABCDEFGHIJKLMNOPQRSTUVWXYZ 0123456789 0123456789

Vertestete Schrift

Die Lesbarkeits-Tests unserer Schriften – von Tinker & Peterson bis Wendt – nützen dem Praktiker nichts. Er kann die meisten Ergebnisse mit geringem Aufwand widerlegen.

»Die Garamond, Bodoni oder Futura ist besser oder schlechter zu lesen als …« ist als Folgerung einer Untersuchung unwissenschaftlich. Die korrekte Aussage lautet: Bei der eingesetzten Versuchsanordnung war die x besser oder schlechter zu lesen als die y.

Für einen erfahrenen Typografen ist es ein Leichtes, eine Schrift besser oder schlechter lesbar zu machen, es bedarf nur des Griffs in die Trickkiste. Bei der Bodoni den Durchschuss vergrößern und getöntes Papier verwenden (besser lesbar), bei der Garamond die Laufweite erweitern und den Durchschuss verringern (schlechter lesbar), die Futura oder die Gill enger zurichten (besser lesbar) usw.

Ein Wissenschaftler muss zum exakten Vergleich identische Voraussetzungen schaffen, zum Beispiel 9 Punkt, Zeilenabstand 11 Punkt, Satzbreite 10,6 cm. Doch abgesehen davon, dass »Schriftgrad 9 Punkt« nicht exakt ist, weil so bezeichnete Schriften recht unterschiedlich groß sein können, wird ein guter Typograf die Bodoni und eine Garamond nicht mit dem gleichen Durchschuss setzen, sondern ihren speziellen Bedingungen entsprechend. Derart optimierter Schriftsatz ist aber für den wissenschaftlichen Vergleich unbrauchbar, es würde nicht mehr die Schrift, sondern die Fähigkeit des Typografen getestet. Ein wissenschaftlicher Lesbarkeits-Vergleich ist, als ob man Spinat und Karotten gleich lang kochen würde, um zu prüfen, was besser schmeckt.

Eugen Funk sagte mir in etwas verbittertem Ton (bei aller Verehrung seines großen Lehrers), dass die berühmte »Legende«, einer der großen Erfolge Ernst Schneidlers, des Begründers der »Stuttgarter Schule«, eigentlich von ihm, Eugen Funk, stamme. Schneidler habe ihn, den Studenten, schreiben und schreiben lassen und kaum kommentiert. Zufällig habe er, Eugen Funk, in der Akademie-Werkstatt fotografische Vergrößerungen seiner Buchstaben entdeckt, aus denen Schneidler dann die Legende entwickelt habe.

Walter Brudi, der andere Schüler Schneidlers, der – wie Funk – Schneidlers Nachfolger wurde, erzählt Ähnliches, aber er wertet es anders: Schneidler habe ihn, den Schüler, beauftragt, eine fette gebrochene Schrift mit der Schere aus schwarzem Papier auszuschneiden, daraus sei dann die »Ganz grobe Gotisch« entstanden, die 1940 bei der Schriftgießerei Otto Weisert unter Schneidlers Namen erschien. Brudi sagte, das sei legitim, denn ohne Schneidlers Einfluss hätte er niemals diese Formen gefunden, es sei in Wahrheit Schneidlers Schrift.

Für Imre Reiner schlug Freundschaft in Feindschaft um. Er hatte – so erzählte er mir – Ende der 20er Jahre eine Arbeitsgemeinschaft für Schriftentwurf mit Georg Trump gebildet. Jeder sollte Entwürfe für Schriften verschiedener Art machen, die sie dann gemeinsam anbieten wollten. 1930 erschien die »City« bei Berthold unter Georg Trumps Namen. Imre Reiner sagte aber, dass er diese Schrift entworfen habe, dass es seine Schrift sei. Er brach damals kommentarlos jeden Kontakt zu Trump ab (1932 emigrierte er in die Schweiz). Kann das sein, dass die City nicht von Georg Trump ist? Jahrzehnte später schickte er sein Buch »vita activa« arglos und mit freundlichen Grüßen an Imre Reiner. Er dürfte die Entstehung der City wohl ganz anders geschildert haben.

Ein Prioritätsstreit aus noch früherer Zeit schwelt bis heute. 1969 hatte ich den Architekten Ferdinand Kramer besucht. Er zeigte mir ein aufregendes Schriftblatt und überließ es mir für die Reproduktion. Auf den ersten Blick war die Futura zu erkennen. Er erzählte, dass er im Jahre 1925 diese Buchstaben mit Zirkel und Lineal für die Beschriftung des väterlichen Hutgeschäftes in Frankfurt am Main konstruiert habe. Paul Renner habe bei ihm dieses Blatt gesehen – es sind Versalien – und daraus die Futura entwickelt. Der Schriftkenner Gustav Stresow bestreitet das mit Entschiedenheit und zitiert Paul Renner, der in seinem Bericht über die Entstehung der Futura kein Wort von einem Kramer-Schriftblatt sagt. Dasselbe Blatt wurde übrigens 1958 von Konrad F. Bauer, dem künstlerischen Leiter der Bauerschen Gießerei, in der 30 Jahre zuvor die Futura erschienen war, als Entwurf Renners abgebildet.

Hat Ferdinand Kramer gelogen, trügt seine Erinnerung, oder irrt Stresow?

In Otl Aichers Buch »typographie« sind dunkle Andeutungen zu lesen: »... so zeichnete ich schon 1947 schriften ohne serifen, aber mit einem breiteren grundstrich, also einen bastard aus antiqua und grotesk ... 1958 hatte ich meine schrift fertig ... ein heute bekannter typograph besuchte mich damals, ein jahr später erschien meine schrift, mit leichten veränderungen, unter seinem namen ... ich war so getroffen, dass ich jahrelang keinen buchstaben mehr zeichnete. die sippe der typographen war mir suspekt geworden ...« Abgesehen von der merkwürdigen »Zunft-Sippenhaftung«: Die Fachwelt rätselt seither, wen und welche Schrift Otl Aicher wohl gemeint haben könnte.

Zu einer Art Prozess kam es gar in Sachen Frutiger gegen Frutiger. Die Schriftgießerei (resp. deren Nachfolgerin), in der 1967 Adrian Frutigers Serifa erschienen war, beschuldigte die Schriftgießerei Stempel, bei der 1979 Adrian Frutigers Glypha herauskam, des Plagiats. Es wurde in der Fachwelt und vor einem Schiedsgericht darüber gestritten, ob die Glypha eine eigenständige Schrift sei oder eine modifizierte Serifa. In der Tat, die Schriften sind verwandt, die Schriftformen, nicht die Proportionen. Hat Frutiger sich selbst plagiiert? Ist ein Eigen-Plagiat überhaupt möglich? Wenn einer seinen eigenen Ansatz variiert und modifiziert, kann das ein sträfliches Plagiat sein, oder ist das ein legitimer Vorgang? Darf ein Schriftkünstler nicht sich und seine Schriften weiterentwickeln?

Bei der Charakterisierung von Schriften für eine Fachveröffentlichung wollten meine Studenten bei der Glypha (1979) und der Boton (1986) zunächst die gleiche Formulierung einsetzen, weil die Boton bis auf minimale Details der Glypha gliche. Habe ich ihnen das zu Recht ausgeredet?

Georg Salden entdeckt Formen seiner Polo in Erik Spiekermanns Meta wieder, der Stone wurde vorgeworfen, sie sei eine Frutiger mit Schwänzchen. Und Lucas de Groot wird vorgehalten, seine Thesis »TheSerif« gliche gar zu sehr der Caecilia von Peter Matthias Noordzij. Auch diese Auseinandersetzung ging durch die Fachpresse. Beide kommen aus einem Stall, wie seinerzeit Trump und Reiner. Beide haben in Den Haag beim einflussreichen Schriftlehrer Gerrit Noordzij studiert. Wie will man da entscheiden, wer wen beeinflusst hat, der Lehrer die Schüler oder die Schüler sich gegenseitig?

Meine Meinung zu all diesen historischen oder aktuellen Schrift-Streitereien: Abgesehen davon, dass es beim Streit um Prioritäten um Geld gehen kann und dass manchen Leuten solcher Streit Spaß macht – es ist der falsche Denk-Ansatz. Neue Schriften oder neue Schrift-Varianten liegen in der Luft. Es ist wie in der Wissenschaft, da werden auch oft die gleichen Entdeckungen zur gleichen Zeit an verschiedenen Orten gemacht. Kreative Schriftkünstler schaffen nicht aus dem Nichts, sondern sie reagieren auf ihre Umwelt. Wir haben als Schrift-Studenten schon 1953 mit Antiqua-Schriften ohne Füßchen und mit Grotesk-Buchstaben mit Antiqua-Serifen gespielt, das Thema hat nicht Otl Aicher entdeckt. Auch Paul Renners Futura lag in der Luft. Zwischen 1922 und 1930 kamen mehrere Schriften auf den Markt, die dem gleichen Denkansatz wie die Futura folgen, der Konstruktion einer Grotesk. Das sind nicht gegenseitige Plagiate, das sind Parallel-Entwicklungen: Erbar-Grotesk 1926, Kabel 1927–1930, Neuzeit-Grotesk 1928, Futura 1928–1930, Elegant-Grotesk 1929, Super 1930, Tempo 1930–1942, Semplicita 1931.

Ein weiterer Punkt: Schriften werden nicht als Ganzes, nicht in einem Wurf »erfunden«, sie entwickeln sich, sie entstehen, sie wachsen. Da kann es leicht passieren, dass sich durch einige formal fixierte Ausgangs-Buchstaben fast zwangsläufig Formen ergeben, die ursprünglich gar nicht so vorgesehen waren und die durchaus Verwandtschaft zu anderen Schriften haben können. Es könnte sein, dass die nicht zu übersehende und nicht zu leugnende Ähnlichkeit von Gustav Jaegers Seneca mit der Schneidler-Mediäval oder seiner »Jaeger« mit der Schneidler-Antiqua so zu begründen ist.

Früher war man da nicht so lax. Die Manager der amerikanischen Schriftgießerei ATF unternahmen, als sie die »Eve« (= Koch-Antiqua) klauten und unter dem Namen »Rivoli« herausbrachten, alles, um nicht überführt werden zu können. Sie gaben sogar einen gefälschten Druck heraus, der »bewies«, dass es eine Schrift wie die Koch-Antiqua schon 400 Jahre vor der Koch-Antiqua gegeben habe. So viel Fälscher-Mühe braucht sich heute niemand mehr zu machen.

Otl Aichers gesammelte Schrift-Missverständnisse

Beim Anblättern von Otl Aichers Buch »typographie« kann man sogleich an einer merkwürdigen Behauptung hängen bleiben. Da sind auf Seite 187 die Namen von vier Schriftgattungen abgebildet, zwei davon sind groß und deutlich durchgestrichen. Was mag das bedeuten? Der Autor behauptet kurz und bündig: »zwei dieser schriften [Fraktur, Antiqua, Egyptienne, Grotesk] sind heute nicht mehr im gebrauch, die fraktur und die egyptienne.« Otl Aichers Buch ist 1988 erschienen. Von 1956 bis 1988 sind u. a. folgende Egyptienne-Schriften (nach der DIN-Klassifizierung »serifenbetonte Linearantiqua« genannt) erschienen: Egyptienne F. 55 1956, Dominante 1959, Egyptian 1966, Serifa 1968, Lubalin Graph 1974, Gallatin 1976, Glypha 1977, Gordan 1983, Osiris 1984, Corporate E 1985, Boton 1986. Diese alle sind nach Otl Aichers Meinung nicht »im Gebrauch«, folglich kann es auch nicht sein, dass Christof Gassners »Ökotest« ab 1985 in der Rockwell gesetzt wurde.

~~Fraktur~~
Antiqua
~~Egyptienne~~
Grotesk

Eine derartige falsche Behauptung macht misstrauisch. Leider wird man schnell fündig. So wurde die Futura laut der Legende auf Seite 167 von Karl (sic) Renner entworfen, auf Seite 168 trägt Morris den Vornamen Charles – den habe ich in keinem Lexikon gefunden, immer nur William. So etwas kann mal passieren. Aber auf Seite 187 ist zu lesen, dass Bodoni seine Schriften mit Zirkel und Lineal gezeichnet habe. Sonst liest man immer die fast ebenso falsche Behauptung, die Bodoni sei durch die Technik des Kupferstichs entstanden. Diese Lehrmeinung haben Gerrit Noordzij und Max Caflisch zwar längst korrigiert: Das Schreiben mit der Spitzfeder, die den Schwellzug ermöglicht, hat zu diesen Formen geführt – doch demgegenüber ist Otl Aichers Version von Bodoni mit Zirkel und Lineal einfach entwaffnend naiv.

Weiter steht bei ihm: »... die fraktur (eine schrift der spätgotik) ...« Das ist ungefähr so, als ob einer behaupten würde, die Bodoni sei eine Schrift des Barock. In Wahrheit ist die Fraktur *die* Schrift der deutschen Renaissance, zu Anfang des 16. Jahrhunderts im Auftrag Kaiser Maximilians I. als zeitgerechte Schrift entwickelt, zur Zeit und im Umkreis Albrecht Dürers (oder war der auch ein Künstler der Spätgotik?).

Was schert das den Schrifthistoriker Otl Aicher! Das Schlimme ist nur, dass sich andere Schrift-»Kenner« auf solche Feststellungen berufen und Studenten sie womöglich glauben.

Weiter geht es auf Seite 194: »... die verwendung des meißels führt zur entwicklung der serife ..., wer je mit dem meißel gearbeitet hat, weiß das. aber typographen meißeln nicht ... so konnte die meinung entstehen, die serifen, etwa der römischen kapitalis, seien ästhetischen ursprungs, man hätte die enden betonen wollen.« Die Serifen sind durch den Ansatz des Meißels entstanden, das hatte ich auch so gelernt, doch 1968 wurde ich eines Besseren belehrt. Damals erschien das Buch von Edward M. Catich, in dem dieser, dessen Hauptberuf es war, »mit dem meißel zu schlagen«, auf über 300 Seiten darlegt und beweist, dass die Serifen durch das Schreiben mit dem Flachpinsel auf dem Stein entstanden sind. Das kann man zu widerlegen versuchen, aber ganz ignorieren sollte man die Fachwissenschaft nicht, wenn man ein Fachbuch schreibt.

Auf Seite 173 findet sich eine besonders kuriose Behauptung im Kontext der Fragen um Schriftschreiben und Schriftzeichnen: »... diese [die Garamond] wurde erst auf holz geschrieben [seitenverkehrt?] und danach, mit modifikationen, geschnitten ...« Kein Kenner der Schriftgeschichte, den ich danach fragte, hat je von so etwas gehört. Nun könnte man entschuldigend sagen, da spricht ein Typograf und Schriftdesigner pro domo, da muss man die schrifthistorischen Pannen nicht so ernst nehmen. Doch basiert die ganze Erklärung seiner Rotis auf solchen schrifthistorischen Argumenten, auf recht fragwürdigen Argumenten.

abendland im aufbruch
abendland im aufbruch

Otl Aicher baut einen Popanz auf, und dann haut er drauf. Sein Popanz ist die Formel: Grotesk = Konstruktion. Otl Aicher stellt seine Grotesk-Version zum Vergleich neben die Futura. Diese sei (ich verzichte jetzt auf wörtliche Zitate und fasse – natürlich verkürzend, vereinfachend und damit vielleicht übertreibend – zusammen) die eigentliche Grotesk, denn die eigentliche Grotesk ist mit Lineal und Zirkel konstruiert und hat keine Dick-Dünn-Unterschiede, im Gegensatz zur Rotis. Dass es viele Jahrzehnte vor der Futura schon Grotesk-Schriften mit ausgeprägtem Dick-Dünn ohne konstruktive Basis gegeben hat (eine Erwähnung der »Franklin Gothic« und ihrer Vorläufer, der gezeichneten Steinschriften habe ich in seinem Buch nicht gefunden), das wird mehr oder weniger abgetan, das sind Vorläufer, Schriften auf dem Wege zur echten, der konstruierten Grotesk. Die Univers – von Otl Aicher zu Recht sehr geschätzt – sei eine spätere Weiterentwicklung, weg von der »echten« Grotesk mit deren gleichstarken Linien, denn die Univers hat kein kreisförmiges o mehr und hat sich verjüngende Linien. Das ist schrifthistorischer Unsinn und leicht widerlegbar, die Univers hat eine ganz andere Herkunft, wie in jedem einschlägigen Fachbuch gezeigt wird.

Gegen die angeblich »echte«, nämlich konstruierte Grotesk, die Futura, stellt Otl Aicher die vom Schreiben kommende Rotis-Grotesk (Seite 185) und erklärt deren Fortschrittlichkeit und Vorzüge. Das leuchtet auf Anhieb ein – dem Laien. Der Fachmann fragt sich, warum er seine Rotis-Grotesk nicht mit der Gill sans Serif (1928), der Syntax (1968), der Frutiger (1976) oder der Formata (1984) vergleicht (die ebenfalls hierher gehörende Today ist erst 1988, zeitgleich mit dem Buch Otl Aichers, erschienen). Dann würde auch der Laie merken, dass der Ansatz Otl Aichers, eine Serifenlose zu entwerfen, die nicht von der Konstruktion, sondern vom Schreiben herkommt, so neu nicht ist, und es ließe sich im Vergleich mit diesen Schriften eher prüfen, ob die Rotis wirklich so gut lesbar ist, wie ihr Urheber behauptet, der ja ständig und zu Recht wiederholt, dass es bei Mengensatz-Schriften in allererster Linie auf die Lesbarkeit ankommt. Ich fürchte, der lesende Laie wird bald merken, dass die Rotis-Grotesk im Vergleich mit diesen fünf Schriften am schlechtesten abschneidet. Den Grund dafür nennt Otl Aicher selbst. Er analysiert ganz richtig, dass wir nicht Buchstaben, sondern Wortbilder lesen. Er folgert, dass es der Bildung von Wortbildern gut tut, wenn die Buchstaben in der Breite einander möglichst angeglichen werden. Das vollzieht er bei der Rotis, indem er die ursprünglich breiteren Buchstaben wie o, d, u, n usw. schmaler hält. Mit den Versalien hält er es ebenso (aber die mag er ja sowieso nicht). Dadurch erreicht er zwar einheitliche, aber nicht einprägsamere Wortbilder. Diese prägen sich nämlich nicht nur durch die Kombination von Buchstaben ein, sondern durch den Rhythmus von schmalen und breiten Buchstaben.

Otl Aicher analysiert richtig, dass bei Grotesk-Schriften die Gefahr besteht, dass sich zwei Buchstaben, die eng nebeneinander stehen, zur Scheinform eines anderen Buchstaben verbinden (zum Beispiel rn zu m). Um das zu vermeiden, erweitert er den Buchstabenabstand insgesamt. Die Rotis wirkt, als ob sie leicht gesperrt wäre. Dadurch wird der innere Zusammenhang der Wortbilder beeinträchtigt. Wenn dann die Zeilen der Rotis-Grotesk obendrein so eng ausgeschlossen werden wie beim Satz der deutschsprachigen Spalten von »typographie« (der doch wohl typografisch autorisiert sein dürfte), wird es vollends schwierig mit dem Erfassen der Wortbilder.

Otl Aicher analysiert richtig, dass die Schreibrichtung von links nach rechts die Leserichtung und die Zeilenbildung unterstützt – was bei der statischen Futura nicht der Fall ist. Aber er unterstützt die Zeilenbildung durch die Form einiger Buchstaben gerade nicht. Er formt das e und das c so, dass man beständig Sorge hat, sie würden gleich nach links umkippen, statt nach rechts weiterzuführen. Auch das b ohne den stützenden Fuß links unten trägt zu diesem Kippgefühl bei. Stolpersteinchen in der Zeile. Den unteren Bogen von e und c lässt er so auslaufen, dass man das Gefühl nicht loswerden kann, der imaginäre Inhalt der Binnenform würde in den Abstand zwischen den Zeilen ausfließen. Das bremst ebenfalls die Zeilenbildung. Wenn man den unteren e-Bogen der wahrhaft zeilenbildenden Gill vergleicht, lernt man verstehen, wie ein Buchstabendetail zugleich stabilisierend und dynamisierend sein kann.

Fazit: Die Rotis-Grotesk erweist sich im Vergleich mit den vergleichbaren Schriften als eine unsichere, schlecht lesbare Schrift.

Um kein Missverständnis aufkommen zu lassen: Ich gehe bei meiner Kritik nicht von einer Vorstellung aus, wie eine Schrift auszusehen habe; auch die Frage, ob ich eine Schrift schön oder nicht schön finde, spielt keine Rolle. Ich frage nur nach, woran es liegen mag, dass die Lektorin meines einzigen in der Rotis gesetzten Buches fragte, was das für eine Schrift sei, sie hätte so Kopfweh bekommen beim Fahnenlesen. Beim Versuch, die Spalten von »typographie« wirklich durchzulesen, geht es mir ebenso. Ich frage nur, woher das Kopfweh kommt, nichts weiter.

Was mich wundert, ist der Erfolg der Rotis bei den deutschen Grafik-Designern (bei den Typografen hat sie weniger Erfolg). Aber das sollte mich nicht wundern, denn die haben lange Jahre die nicht gerade leicht lesbare Futura favorisiert, die Helvetica haben sie eng an eng und ohne jeden Zeilenabstand setzen lassen, so dass ihr der letzte Rest einer Lesbarkeitschance genommen wurde. Und dass man die Avantgarde ebenso schlecht lesen kann wie die Lubalin Graph haben sie auch noch nicht festgestellt. (Ich spreche von der Verwendung dieser Schriften bei größeren Satzmengen. Sonst könnt ihr machen, was ihr wollt).

Ein gebrochenes Schrift-Verhältnis

Sontags d 15ten Juni 1794
Lieber Sohn!
Meinen besten Danck vor Reinecke den ertz Schelm – es soll mir aufs neue eine köstliche Weide seyn. Auch verdient Herr Unger Lob und Preiß wegen des herrlichen Papiers und der unübertrefbahren Lettern – froh bin ich über allen Ausdruck, daß Deine Schrieften alte und neue nicht mit den mir so fatalen Lateinischen Lettern das Licht der Welt erblickt haben – beym Römischen Carneval da mags noch hingehen – aber sonst im übrigen bitte ich dich bleibe deutsch auch in den Buchstaben – Auf Gevatter Wielands Wercke hätte ich prenumorirt aber vor der neuen Mode erschrack ich – und ließe es bleiben ...

Elisabeth Goethe

Börsenblatt des Deutschen Buchhandels

1876 *»Kann es etwas Krummeres, Verworreneres, Zopfigeres, kurz Abscheulicheres und Abgeschmackteres geben als die deutschen Buchstaben und sollte der Besitzer des klaren und anmuthigen lateinischen Alphabets nicht versucht sein, einem Volke, das seine geistigen Erzeugnisse auf solchen Krakelfüßen einherspazieren läßt, allen Schönheitssinn abzusprechen?«*
Darauf die Replik: *»Gibt es etwas Anheimelnderes, Traulicheres, Liebenswürdigeres, ja Gemüthvolleres, als die deutsche Fracturschrift?« – »Jeder Strich, jeder Schwung ist dem Charakter des Ganzen so vollkommen angepaßt, daß ein harmonisches Product entsteht ...« – (es gibt keinen Grund,) »einen alten lieben Freund, einen trauten, gemüthlichen Bekannten, dem sein ganzes Herz gehört, fortzuschicken und vor dem Throne der kalten, glattgesichtigen und einförmigen Göttin antiqua zu opfern.«*

1887 »*... Die Reichsbehörden haben bekanntlich seit einigen Jahren alle von ihnen ausgegebenen Druckschriften in deutschen Lettern erscheinen und alle früher mit lateinischen Buchstaben gedruckten nach und nach dahin umändern lassen. Die preußischen Staatsbehörden scheinen jetzt dasselbe Verfahren einschlagen zu wollen ...*«
1909 »*... hilflos steht der Amerikaner, der Deutsch bis zu einem gewissen Grade kann, vor dem Produkt unseres Geistes. Er möchte wohl, aber er kann nicht ...*«
Aus einem Brief von Karl Simrock von 1873: »*... Was glauben Sie mit der lateinischen Schrift zu gewinnen? Daß die Franzosen das Deutsche leichter lernen? Am Ende sollen wir auch noch die russische Schrift annehmen, damit es den Russen leichter werde, deutsch zu lernen ... Die sogenannte deutsche Schrift ist etwas mehr als eine bloß sogenannte. Ihre eckige Form schreibt sich von den Runen her, die man einritzte, und die daher nur aus geraden Strichen bestanden ...*«
In der Erwiderung heißt es: »*... Den Professor Simrock untersucht man am besten nicht in seiner Eigenschaft als Poet; aber selbst wenn er ein Dichter gewesen wäre, so sehe ich nicht ein, warum er gerade als solcher in unserer Frage kompetent sein sollte ...*«
Die Gegenantwort: »*... Wer ein Lied geschrieben hat wie das ›An den Rhein, an den Rhein, zieh nicht an den Rhein‹, ... der ist ein Poet und hat schon als solcher ... eine Berechtigung, über die Schriftform der deutschen Sprache mitzureden ...*«
1913 »*... Ich schrieb eine Gehilfenstelle aus und erhielt 41 Bewerbungsschreiben. Davon waren über die Hälfte in lateinischer Schrift geschrieben. Da ich aber deutscher und nicht internationaler Buchhändler bin, nehme ich keinen Gehilfen mehr, der lateinisch schreibt.*«

An den Verlag Huber & Co.

Biel, 19. 6. 17
Sehr geehrter Herr.
... Zum freundlich übersandten Druckmuster werden Sie mir gestatten, folgendes zu sagen: Mit der Wahl des Papiers kann ich mich einverstanden erklären, da mir dasselbe gut scheint; hingegen muß ich, immer Ihre freundliche Erlaubnis vorausgesetzt, den Buchstaben entschieden verwerfen, weil er mir besonders für ein Buch wie »Poetenleben« zu spitzig und eckig vorkommt. Es ist etwas Gekünsteltes, im übrigen etwas durchaus Unvolkstümliches daran, dem ich mich weigere, meine Zustimmung zu geben.
Ein Buch in diesem Druck würde mir vollkommen Mißvergnügen bereiten; daher bitte ich Sie dringend, eine andere Wahl treffen zu wollen. Antiqua wollen wir nicht nehmen. Ich schlage eine s c h l i c h t e, a l t h e r k ö m m l i c h e, e h r b a r e, a n S c h u l - L e s e b ü c h e r m a h n e n d e, e i n f a c h e, e h r l i c h e, u n - r e f o r m i e r t e F r a k t u r v o r, ganz dem T r a d i t i o n e l l e n entsprechend, w a r m u n d v o r a l l e n D i n g e n: r u n d.
Nur um Gottes willen nichts, was an Peter Behrens und dergleichen Reformierereien erinnert. Nichts Eckiges, nichts Hartes, sondern etwas Artiges und W e i c h e s. Das Satzbild soll weich, rund, bescheiden, warm und ehrlich aussehen. Das Buch soll womöglich aussehen, als wenn es im Jahre 1850 gedruckt worden sei.
Mit andern Worten: Mein sehr lebhafter, inniger Wunsch in dieser Hinsicht ist: Unmodernität! Wir wollen unter keinen Umständen das nachahmen, was draußen im Reich in den letzten Jahren an geschmackvoller Geschmacklosigkeit oder geschmacklosem Geschmack auf Buchgewerbegebiet hervorgebracht wurde. Darf ich Sie bitten, mir e i n, z w e i, d r e i v e r s c h i e d e n e P r o b e n zugehen lassen zu wollen? Ich wäre Ihnen dankbar, wenn Sie das tun wollten.

Wozu soll der S t r i c h oben dienen? Sie werden verzeihen, wenn ich der Meinung bin, daß er gänzlich ü b e r f l ü s s i g sei. Ich möchte im Buch keinen andern Schmuck haben als den hübschen Text selbst, den ich deshalb schmuck und zierlich wünsche.
Ebenso wie der Strich oben soll das I n i t i a l w e g f a l l e n, weil dadurch die dekorative und sinngemäße Wirkung der Überschrift des Prosastückes leidet. Das Initial gibt nur Unruhe und raubt oder stört die schlichte Anschaulichkeit.
Die S e i t e n z a h l wünsche ich, aus Grundsätzen ebenfalls der Einfachheit, genau in die M i t t e und hoffe Sie damit einverstanden.

Robert Walser

Albrecht Dürer hat das t nicht verstanden

Bei Albrecht Dürer sieht das kleine t so aus: 

Beim Schreibmeister Wolfgang Fugger so: 

Fuggers t lebt, Dürers t ist tot. Dürer war der Meinung, er könne seine Proportionslehre des Menschen auf die Schrift übertragen; so denkt ein Renaissance-Künstler.

Zuerst hat er sich die römische Kapitalis vorgenommen und nachkonstruiert, das klappte ganz gut. Wenn man zum Beispiel mit einem Zirkel einen Kreis schlägt und mit einem schräg versetzten Mittelpunkt einen zweiten Kreis, ergibt sich eine Form, die beinahe einem mit dem Breitpinsel geschriebenen O gleicht. Daraus, wie groß man den Abstand zwischen den beiden Mittelpunkten wählt, ergibt sich die Strichstärke des »Pinsels«. Das kann der Computer auch.

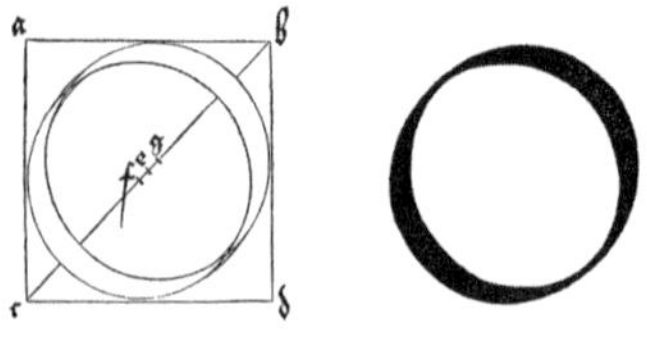

Dürer hat sich in seiner »Unterweisung der Messung mit dem Zirkel und Richtscheid« alle Buchstaben des römischen Versal-Alphabets vorgenommen und nachkonstruiert. Dann hat er sich an die gotische Schrift, die Textura, gemacht. Das war ein Fehler. Denn die Capitalis kann man in der Tat auf geometrische Grundformen zurückführen, wenn auch mehr die Proportionen als die Formdetails. Dürer hat sie untersucht und analysiert, bis er diese geometrischen »Gesetze« herausgefunden hat – wie ein Menschenalter vor ihm Felice Feliciano.

Bei der gotischen Schrift konnte er nicht in gleicher Weise analysieren, darum ist er spekulativ vorgegangen: Er hat postuliert, dass das kleine i aus fünf übereinander gestellten Quadraten besteht, als Köpfchen und Füßchen dient ein auf die Spitze gestelltes Quadrat. Daraus ergeben sich die Proportionen seiner Textura, sie kann nicht fetter oder magerer werden.

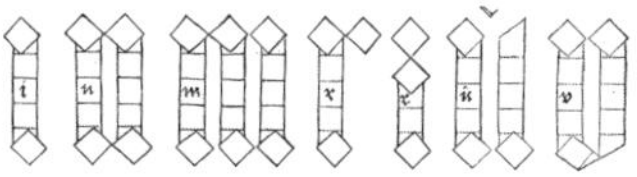

Ursprünglich ergab sich die Proportion der Textura aber daraus, wie breit der Mönch seine Feder geschnitten hat, wie hoch er damit seine Buchstaben schrieb und wie schräg er dabei die Feder hielt. Da gab es unendliche Variationsmöglichkeiten.

Ein Kreis ist ein Kreis, ein Quadrat ist ein Quadrat, das war Dürers Ausgangspunkt für die Konstruktion der Kapitalis, da kann man nicht viel ändern. Die Buchstaben der Textur sind gewachsen und nicht konstruiert. Die Genealogie des kleinen t zum Beispiel sieht ungefähr so aus:

Das erklärt auch – nebenbei gesagt – sein kleines Köpfchen im Gegensatz zu den langen Oberlängen von l oder h. Dürers Versuch, die in Jahrhunderten beim Schreiben der Kleinbuchstaben gewachsenen Formen der Textura in ein Konstruktions-Korsett zu zwingen (mit den komplizierten Großbuchstaben ging das sowieso nicht), musste scheitern. So kann man das darstellen.

Man kann die Sache auch andersherum betrachten: Dürers Zerlegung der Grundform in kleine Einheiten, die zusammengesetzt die verschiedenen Buchstaben des Alphabets ergeben, ist der erste Ansatz zur Digitalisierung der Schrift. Auch Gutenberg musste in diesem Sinn analytisch vorgehen. Statt die Tinte bei der rhythmischen Schreibbewegung fließen zu lassen mit dem Ergebnis einer organisch entstandenen Buchstabenform, musste er überlegen, wie sich diese Form, die er aufs Papier gedruckt wiedergeben wollte, aufbaut. Und zwar nicht die Zufallsform eines einzelnen Buchstaben-Individuums, sondern dessen Grundform. Es musste ihn in Gedanken in Einzelteile zerlegen und wieder zusammensetzen. Er konnte nicht eine zufällige Kontur nachschneiden, er musste den Aufbau des Buchstabens verstehen. So gesehen sind Dürer und Gutenberg die Vorväter des modernen Schriftentwurfs.

Weiter mit dem kleinen t, das hat es in sich. In den 20er Jahren des 20. Jahrhunderts haben – vor allem in Deutschland – manche Schriftkünstler nicht gefragt: Wie ist diese Form entstanden?, sondern: Wie ergibt sich diese Form aus meiner Konstruktion. Das hat zu kuriosen Gebilden geführt. Rudolf

Wolf hat zum Beispiel bei seiner Memphis das kleine t auf einen Betonsockel gestellt. Das kleine t hatte zwar in seinem gesamten Lebenslauf noch nie ein Füßchen nach links gestellt – es hat ja mit dem l oder i nichts zu tun –, aber das Konstruktionsgesetz hat es so verlangt. Die englischen Schriftschneider wussten mehr von der Formgeschichte. Das kleine t der nicht minder konsequenten und straffen Rockwell hat ein abgerundetes Füßchen, obwohl alle anderen Buchstaben-Kollegen auf eckigen Füßen stehen. Dem Amerikaner Herb Lubalin war das wohl nicht entschieden genug, statt der Abrundung gibt es beim t der Lubalin Graph ein hartes Eck – aber immerhin keinen Sockel nach beiden Seiten.

Andere Schriftkünstler hielten es für nötig, das arme kleine t zu amputieren – es war wieder das gleiche Missverständnis: die Verwechslung der Antiqua-Serifen mit dem Fuß des t. Paul Renner, der die Proportionen der Renaissance-Antiqua so bewusst und überzeugend für seine Futura studiert und übernommen hatte, hat offenbar die subjektive Formgeschichte der Einzelbuchstaben bewusst nicht berücksichtigt. So leben wir seit Jahrzehnten mit einer Schrift, in der statt des t ein nicht ganz symmetrisches Kreuzchen steht.

Die Sache mit dem t ist keine formale Griffelspitzerei, keine Marotte eines angeblichen Schrifthistorikers, sie hat mit der Hauptaufgabe von Schrift, mit dem Lesen, zu tun. Bitte vergleichen Sie die Lesbarkeit und Einprägsamkeit dieser Wortbilder:

etage etage

Gemeinsamkeit der so ausgeprägt unterschiedlichen Buchstabenformen im Wortbild der Gill und gegenseitiges Abstoßen der Buchstabenkugeln bei der Futura, inmitten der Stopper des kleinen t.

Schrift-Mörder

Die Nazionalsozialisten (so mein Vorschlag für die neue Rechtschreibung) haben eine ganze Schriftgattung umgebracht, die so genannte »Fraktur«. An diesen Schriften hafteten zwar schon seit Luthers, der Romantik, Bismarcks und Kaisers Zeiten nationale Gefühle, obwohl sie eigentlich nichts anderes war als eine neutrale Gebrauchsschrift; die Bezeichnung »Deutsche Schrift« war immer schon falsch und irreführend. Erst die nationalsozialistische Propaganda hat sie zur »Schrift der Deutschen« erhoben.

Dann haben die Nazis diese Schrift (man müsste korrekt sagen: diese Schriften, denn es sind viele, recht verschiedene Schriftschnitte) auf dreifache Weise umgebracht.

neudeutsche Schrift

Einmal durch die formale Verunstaltung, durch die brutale Vereinfachung der reichen gotischen Textur zur »schlichten Gotisch«, die von den Setzern treffend »Schaftstiefelgrotesk« genannt wurde.

Dann durch das Image als Besatzer-Schrift, in der die Befehle der Deutschen in Frankreich und Polen und Holland und wo auch immer wir die Herrschaft übernahmen, angenagelt wurden und in der die Vorschriften für die KZ-Häftlinge gesetzt waren – viele von ihnen konnten weder die Sprache verstehen noch die Schrift lesen. Das klebt bis heute an jeder noch so schönen »Fraktur«-Form.

Und drittens durch den berühmt-berüchtigten »Führer-Erlass« vom 3. Januar 1941, mit dem die Fraktur-Schriften für amtliche Drucksachen und in der Folge für Schulbücher und Zeitungen aus dem Verkehr gezogen wurden. Die aberwitzige Begründung war, es handele sich in Wahrheit um »Schwabacher Judenlettern«. Der wirkliche Grund war – es war ja vor Stalingrad –, dass Hitler sich seiner Weltmacht sicher fühlte. Da passte keine Nationalschrift mehr.

So habe ich andernorts ausführlicher berichtet, so hat Albert Kapr, so Hans Andre es beschrieben, so steht es in der Fachliteratur.

Doch was den ersten Punkt betrifft, den Schriftmord durch die Brutalisierung der Form, sind mir inzwischen gleich zweifache Zweifel gekommen.

Sollte der Textur nicht recht sein, was der Grotesk billig ist? Die Grotesk, speziell die Futura (1928 erschienen), feiern wir als Meisterleistung der Abstraktion, der Reduzierung der Antiqua-Formen auf die Grundform unter Verzicht auf alles Überflüssige. Eine künstlerisch und intellektuell epochale Tat. Bei der Reduzierung auf die Grundform unter Verzicht auf alles Überflüssige sprechen wir im Fall der ungefähr gleichzeitig entstandenen »schlichten Gotisch« von brutaler Vergröberung. Ist das redlich oder schiebt sich das Gefühl vor die Analyse?

Der zweite Punkt des Zweifels ist geradezu ein Eigentor. Denn nachdem ich lauthals den Mord an der Schriftform durch die Nazis und ihre Zuarbeiter angeprangert hatte, fand ich in Fachbüchern die Abbildungen von ebensolchen Schriften, die aber aus dem frühen 15. Jahrhundert stammen. Die Nazis waren nicht kreativ, nicht einmal bei der Brutalisierung der Schrift. Sie haben nur mit feinem Sinn fürs Grobe die ihnen gemäßen Vorbilder gefunden.

klmn

Das falsche s

Wir haben uns leider daran gewöhnen müssen, dass die Fraktur-Anwender ein »rundes« s einsetzen, wo eigentlich ein langes ſ hingehört, sie setzen Ratsstube statt Ratsſtube. Es gibt aber auch Leute, die es richtig machen wollen und das lange ſ nicht vergessen. Wenn dann ein langes ſ an den Schluss eines Wortes gerät, wo auf jeden Fall ein rundes Schluss-s hingehört – und das in einem Fachbuch der Typografie – dann hat der Fachmann sein besonderes Vergnügen.

Exkurſ:
Schreibmeiſterbüchlein

Die germanische Minuskel

»... Im weitesten Sinn kann ja schon die späte Schriftschöpfung der karolingischen Minuskel (um 800) als germanische Leistung gewertet werden; in ihr wird den seit Roms Verfall in Fluß befindlichen schriftbildnerischen Kräften ein neues Formgesetz gegeben ...« Das schreibt – im Jahre 1933* – kein Geringerer als F. H. Ehmcke, der Schriftpapst seiner Zeit, der Lehrer der Lehrer der Lehrer meiner Generation. Jedoch: Die ach so germanische so genannte karolingische Minuskel wurde in den Klöstern von Tours und St. Gallen entwickelt, sie wurde vom Kaiser nicht wegen des »germanischen Formwillens« als Staatsschrift eingesetzt, sondern gegen die unzähligen unterschiedlichen Nationalschriften seiner Nationen. Gleichschaltung, eine Schrift für alle, ein Machtinstrument.

1933 war Ehmckes Wort vom »germanischen Formwillen«, der überall auftritt »...wo germanisches Herrentum sich kämpfend staatenbildend ... versinnbildlicht«, ein geradezu prophetischer Vergleich. Nur, dass mir bei Karl dem Großen und Adolf Hitler nicht die karolingische Minuskel und die »deutsche Schrift« einfällt, sondern »Blitzkrieg«. Karls Reiter waren immer etwas schneller staatenbildend am Feind als erwartet – wie tausend Jahre später Hitlers Panzer.

* Im Katalog zur Ausstellung in der Neuen Sammlung, München, Juni 1933

Die schwarze Kunst angeschwärzt

Kapitel 5

Die Kolumnenschnur* im Kopf – Setzerregeln

Als noch die Setzer setzten, da war die Welt noch heil – so sagen wir gerne, wir, die Alten, die glauben, sie machen deshalb automatisch gute Typografie, weil sie mit dem Winkelhaken in der Hand großgeworden sind. Sie haben die Regeln gelernt und verinnerlicht. Heute gibt es keine Setzerlehre mehr, die Regeln sind vergessen, darum geht die Typografie zugrunde, so wird gefolgert.

* Die in Blei gesetzten Zeilen wurden zur Seite zusammengestellt und zum Transport in die Abziehpresse und die Druckmaschine mit einer kräftigen Schnur mehrfach umwickelt: die Kolumnenschnur.

Wo liegt die Latte?

Den Juroren der »Schönsten Bücher« ins Stammbuch geschrieben

Die »Hypnerotomachia Poliphili«. Kenner sagen, das sei das schönste Buch der Welt. 1499 gedruckt, das erste illustrierte Buch des großen Aldus Manutius. Der Text von Francesco Colonna sei nicht so bedeutend, die Buchkunst umso mehr. Das Werk ist in allen Fachbüchern abgebildet, im Gutenberg-Museum in Mainz kann man sogar das Original bewundern – zwei Seiten unter Glas. Es sind immer dieselben Seiten, die man zu sehen bekommt. Anhand solcher Abbildungen habe ich den Studenten erklärt, dass hier Bild und Schrift als gleichwertige Teile einer Einheit, der Kolumne, aufgefasst sind: Der Rahmen des Holzschnittes schließt ohne Abstand direkt an die folgende Zeile an. Daher die Dichte des Ganzen.

Kürzlich konnte ich die Kostbarkeit in die Hand nehmen und Seite für Seite durchblättern. Welch Entsetzen: Welch ein Pfusch! Der Abstand zwischen den Holzschnitten und den Schriftzeilen ist ganz unterschiedlich, mal weit, mal eng, wie es dem Setzer gerade bequem war; die Bilder mancher Doppelseiten stehen unangenehm verschoben nebeneinander, offensichtlich hat der Setzer nur Einzelseiten komponiert und nicht an den Nachbarn gedacht; ich erinnere mich an Schusterjungen, sogar an ein Hurenkind glaube ich mich zu erinnern. Handwerkliche Unregelmäßigkeiten aller Art in einem so berühmten Werk? Das kann, das darf doch nicht sein! Stürzt da ein Idol vom Sockel?

Die Hypnerotomachia ist ein überwältigend schönes Buch geblieben. Die Proportionen, das leichte Papier, die herrliche Schrift, ihre Formen, ihr Duktus; die herrlichen Holzschnitte, ihre Linien und pointierten kleinen Flächen und ihr Witz; das Licht, das alles durchströmt – eine einzige Beglückung. Was können dem die paar handwerklichen Fehlerchen schon anhaben!

Es ist viel wichtiger (und viel schwerer zu erreichen), dass ein Buch von innen her »stimmt«, als dass es in allen Teilen korrekt durchgeführt ist.

PRIMVS

EL SEQVENTE triũpho nõ meno miraueglioſo dl primo. Impo che egli hauea le q̃tro uolubile rote tutte, & gli radii, & il meditullo deſu ſco achate, di cãdide uẽule uagamẽte uaricato. Ne tale certamĩte geſto e re Pyrrho cũ le noue Muſe & Apolline ĩ medio pulſãte dalla natura ĩpſſo.

Laxide & la forma del dicto q̃le el primo, ma le tabelle erão di cyaneo Saphyro orientale, atomato de ſcintillule doro, alla magica gratiſſimo, & longo acceptiſſimo a cupidine nella ſiniſtra mano.

Nella tabella dextra mirai exſcalpto una inſigne Matrõa che dui oui hauea parturito, in uno cubile regio colloca ta, di uno mirabile pallacio, Cum obſtetrice ſtu peſacte, & multe altre matrone & aſtante Nymphe Degli quali uſciua de uno una flammula, & delal tro ouo due ſpectatiſſi me ſtelle.

* *
*

SECVNDVS

EL TERTIO cæleſte triumpho ſeguiua cum quatro uertibile rote di Chryſolitho æthiopico ſcintule doro flammigiante, Traiecta per el quale la ſeta del Aſello gli maligni dæmonii fuga, Alla leua mano grato, cum tutto quello c'h di ſopra di rote e dicto. Dapoſcia le aſſule ſue in ambito per el modo compacte ſopra narrato, erano di uirente Helitropia Cyprico, cum potere negli lumi cæleſti, el ſuo geſtãte cœla, & il diuinare dona, di ſanguinee guttule punctulato.

Offeriua tale hiſtoriato inſculpto la tabella dextra. Vno homo di regia maieſtate ĩſigne, Oraua in uno ſacro templo el diuo ſimulacro, quello che della formoſiſſima fiola deueua ſeguire. Sentendo el patre la eiectione ſua per ella del regno. Et ne per alcuno fuſſe pregna, Fece una munita ſtructura di una excelſa torre, Et in quella cum ſolẽne cuſtodia la fece inclauſtrare. Nella quale ella ceſſabonda aſſedẽdo, cum exceſſiuo ſolatio, nel uirgi neo ſino gutte do ro ſtillare uede ua.

*

Mein schönstes Hurenkind-Erlebnis*: Eine Odyssee-Ausgabe, die mir ganz gelungen schien, lag einer Fach-Jury vor. Bekanntlich ist die Odyssee ein fortlaufendes Gedicht, in Hexametern geschrieben, pro Vers eine Zeile, sehr umbruchfreundlich. Das sieht aus wie Flattersatz. Immer wenn die erste Hexameter-Verszeile einer neuen Seite mit einem Schlusspunkt endete, war angemerkt: Hurenkind! Das kann einem passieren, wenn einer an Regeln glaubt.

Die Regel lautet: Hurenkinder sind verboten. Warum? Sind Sie schon mal die Treppe hinuntergegangen und die letzte Stufe, die Sie erwarteten, war gar keine Stufe? Da gerät man ins Stolpern. Der Leser blättert im ruhigen Lesefluss die Seite um und dann kommt nur eine Stummelzeile. Da gerät er ins Stolpern. Wenn aber diese Zeile mit dem Schlusspunkt gar keine Stummelzeile ist, sondern die volle Satzbreite erreicht oder fast erreicht oder wenn ohnehin nicht ruhig, sondern unruhig weitergelesen wird, zum Beispiel bei einem Dialog in kurzen Flattersatz-Zeilen? Dann ist das Hurenkindverbot nur noch schematisch und nicht funktional begründbar und damit sinnlos. Die richtige Frage lautet: Stört das Hurenkind beim Lesen oder stört es nicht?

* Hurenkinder sind Ausgangszeilen eines Absatzes, die auf der ersten Zeile einer Seite oder Spalte stehen.

Der vertikale Keil

Ich hatte ein Chemie-Lexikon zu gestalten, den »Römpp«, 9. Auflage. Kurze und lange Eintragungen, viele Formeln, ein »von Natur« unruhiges Satzbild innerhalb der Spalten. Der Text der 8. Auflage sei nicht gut genug zu lesen, ich solle die Schrift größer machen, wurde mir aufgetragen. Ich habe die Schrift etwas kleiner gemacht und den Zeilenabstand im Verhältnis vergrößert, dann habe ich für die Stichworte statt der halbfetten Grundschrift eine kontrastreiche Schriftmischung gewählt (die obendrein zu einem individuelleren Seitenbild beitrug). So wurde es ruhiger, aber nicht ruhig genug. Wie bei allen Lexika waren zunächst alle Spalten gleich hoch, die unterschiedliche Zeilenzahl wurde, wie üblich, über den Stichwörtern ausgeglichen – der vertikale Keil. Den habe ich abgeschafft, und die Seite wurde ruhig. Nun war über allen Stichwörtern der gleiche Abstand, keines wurde durch einen größeren weißen Raum als wichtiger qualifiziert. Dafür waren die Spalten nicht gleich hoch, »der Fuß tanzt«, das brachte die Ruhe in das Spalteninnere und nahm zugleich der Doppelseite die Rechteck-Härte. Das blieb so, 3 Bände lang. Vom 4. Band an war das Satzbild wieder zerrissen, dafür alle Spalten gleich hoch. Offenbar hatte jemand – wahrscheinlich ein gelernter Setzer – meinen Fehler entdeckt und korrigiert. Wir wissen es doch: Alle Spalten eines Buches müssen gleich hoch sein. Der Mann hatte die Kolumnenschnur im Kopf.

»Alle Seiten eines Buches müssen gleich hoch sein«, das ist eine Regel, die nicht vom Endzweck des Lesens her begründet ist, sondern von der Drucktechnik. In der Buchdruckmaschine umschließt ein eiserner Rahmen die vielen Seiten einer Druckform. Diese Seiten müssen alle die gleiche Breite und die gleiche

Höhe haben, sonst kann der Drucker die Form nicht »schließen«. Deswegen sorgte schon der Setzer für die identische Seitenhöhe. Es gibt Gedichtbände in der angeblich so formsicheren Bleisatz-Typografie, bei denen auf der einen Seite die Strophen eng auf eng übereinander stehen, auf der Nachbarseite sind die restlichen Strophen des gleichen Gedichts weit nach oben und unten geschoben, mit großen weißen leeren Flächen dazwischen – nur damit die Seiten gleich hoch werden, nicht die sichtbaren Leseseiten, sondern die Blei-Seiten.

Trennschärfe benutzter Begriff, um den Grad räumlicher Trennung benachbart liegender Substanzen auf Chromatogrammen (vgl. Chromatographie) zu kennzeichnen. Eine verwandte Bedeutung hat A. in der *Photographie; näheres s. dort. – *E* resolution – *F* résolution – *I* risoluzione – *S* resolución

Lit.: Z. Anal. Chem. **234**, 1–10 (1968).

Aufrahmen s. Flotation.

Aufsatz (Destillier-, Fraktionier-A.) s. Destillation.

Aufschlämmen (Schlämmen). Bez. für ein *Trennverfahren (vgl. Aufbereitung) für Gemische aus Feststoffen unterschiedlicher Dichte u./od. Teilchengröße durch Ausnutzen der unterschiedlichen *Sedimentations-Geschw. der Teilchen in einer Flüssigkeit. A. spielt eine Rolle beim Goldwaschen aus goldhaltigen Sanden, bei der Herst. von Schlämmkreide u. von sog. *Sprengschlämmen* (s. Sprengmittel). – *E* slurrying – *F* suspension – *I* defangazione – *S* suspensión

den Zuckern zur Verw. bei Brühwurst-Arten.

Aufschwimmen. Nach DIN 55943 (Sept. 1984) 1. Synonym für *Ausschwimmen. – 2. Bez. für das Anreichern von Metalleffekt-Pigmenten an der Oberfläche eines Anstrichstoffes. – *E* 1. flooding, 2. leafing effect – *I* 1. flottazione, 2. arricchimento di pigmenti metallici alla superficie – *S* 1. segregación, flotación, 2. peliculación, flotabilidad del pigmento

Aufsticken s. Nitridieren.

Auftausalze s. Streusalz.

Auftragsforschung (Vertragsforschung). Bez. für *Forschung, die von wirtschaftlich unabhängigen Inst. in fremdem Auftrag gegen Honorar ausgeführt wird; die Ergebnisse der A. gehen in den Besitz des Auftraggebers über. Die A. ist besonders für kleine u. mittlere Unternehmen (*KMU) wichtig, die keine eigenen Forschungs- u. Entwicklungs-Abteilungen haben, um neue Erkenntnisse zu gewinnen oder in die

(ca. 100 ppm) zur Verminderung der Kokzidiose (s. Kokzidiostatikum) eingesetzt. – *E* monensin – *F* monénsine – *I* monensin – *S* monensina. → Bd. 9.

Lit.: Antimicrob. Agents Chemother. **1967**, 349, 353; **4**, 410 (1973) ▪ Beilstein E V **19/12**, 197 ▪ Helv. Chim. Acta **54**, 1103 (1971) ▪ J. Am. Chem. Soc. **89**, 5737 (1967) ▪ J. Anim. Sci. **58**, 1518 (1984) ▪ Monatsh. Veterinärmed. **41**, 851 (1986) ▪ Trends Biochem. Sci. **9**, 313 (1984). – *[Z 2941.90; CAS 17090-79-8 (M. A), 30485-16-6 (M. B), 31980-87-7 (M. C)]*

Monergole s. Raketentreibstoffe.

Monetit s. Calciumphosphate (b).

Moniereisen. Stäbe aus *Stahl – auch in Form von gitterähnlichen Geflechten –, die zur Gewährleistung der erforderlichen Zugfestigkeit (s. Reißfestigkeit) im Verbundwerkstoff *Stahlbeton eingesetzt werden. – *E* concrete reinforcing iron – *F* fer à béton (armé) – *I* acciaio speciale per cemento armato – *S* hierro para hormigón armado

Moniliformin (Hydroxy-cyclobutendion-Kalium-

Monochloressigsäure etc. in diesem Werk unter Chloressigsäure findet u. Monobromnaphthalin unter Bromnaphthalin etc. Dagegen wird Mono... als Bestandteil von Freinamen u. als multiplikatives Präfix in Gruppennamen weiterhin benutzt, vgl. die folgenden Beispiele. – *E*=*F*=*I*=*S* mono...

Monoacetin s. Glycerinacetate u. Monoglyceride.

Monoamine s. Monoaminoxidase.

Monoaminoxidase [Tyraminase, Amin:Sauerstoff-Oxidoreduktase (desaminierend) (Flavin-haltig), EC 1.4.3.4, Abk. MAO]. In den *Mitochondrien von Nervenzellen, extrazellulär in Gehirn, Leber, Niere u. Verdauungstrakt lokalisiertes $Cu^{2\oplus}$-haltiges *Flavoenzym* mit einem MG. von ca. 255000, welches in multiplen Formen (s. Isoenzyme) auftritt, prim. Amine (sowie gewöhnlich auch sek. u. tert. Amine mit kleinen Substituenten; „Monoamine") zunächst

Zu lange Zeilen

Die Regel lautet: Gut lesbarer Satz hat 60 bis 70 Anschläge pro Zeile. Selbst bei Fachleuten, zum Beispiel bei einer Typografie-Jury, kann man erleben, dass argumentiert wird: Das sind ja 90 oder gar 100 Anschläge pro Zeile, folglich schlecht lesbar, folglich nicht prämierbar.

Richtig wäre die Analyse: der Text scheint schlecht lesbar zu sein. Liegt das vielleicht an den zu langen Zeilen? Oder: Das sind ja unheimlich lange Zeilen, aber der Text ist erstaunlich gut lesbar; ein Zeichen dafür, dass da einer sein Typografie-Handwerk beherrscht.

Solche »Regeln« sind keine Regeln, sondern Hinweise für Allerweltstypografen, damit nichts schief geht. (Nebenbei bemerkt: Man kann auch mit Zeilen von 60 Anschlägen schlecht lesbare Typografie machen.)

Tschichold hat die Sperrung* verboten. Eine typische Sicherheitsregel. Es gibt in der Typografiegeschichte und in der Gegenwart hervorragende Beispiele mit gesperrten Wörtern, Zeilen und gar Absätzen. Es gibt allerdings noch viel mehr Beispiele, wo gesperrte Wörter, Zeilen oder Absätze nicht nur schrecklich aussehen, sondern auch besonders schlecht zu lesen sind.

Das Sperrungs-Verbot meint in Wahrheit: Mit gesperrter Schrift umzugehen ist besonders schwierig und riskant. Wer kein ausgefuchster Kenner ist: Hände weg! Wer es aber kann: bitte schön!

* Die Rede ist von der Funktion der Sperrung zum Zweck der Auszeichnung innerhalb des Textes. Sperrungen bei Überschriften, Kolumnentiteln usw. sind Sache der Ästhetik und nicht der Funktion und somit dem Wandel der Auffassung unterworfen.

Nochmals: Sperren verboten!

Der Computer macht es von allein, darum muss die erste Setzer-Handlung sein, die automatische Sperrung auszuschalten. Sperren bedeutet auszeichnen. Wer die Zufalls-Wörter einer Zeile sperrt, um die volle Satzbreite ohne zu große Wortabstände zu erreichen, macht Unbedeutendes bedeutend.

Sperrung ist eine Auszeichnung: Das kommt von der Fraktur-Typografie her, bei der es ja keine Kursive gab. Im angelsächsischen Antiqua-Gebrauch kennt man die Sperrung als Auszeichnung nicht. Dem verdanken wir dieses Satzprogramm. Andere Traditionen, andere Regeln.

15

gen Verbesserer, besonders Zink, schon bewiesen, Ich habe bei diesen Lettern gesucht, das Helle und Zarte der Lateinischen Schrift hineinzubringen, ohne nur einen Zug davon zu entlehnen.

Daß ich die so genannte Schwabacher Schrift gänzlich aus der meinigen verbanne, wird hoffentlich jedermann billigen. Etwas Geschmackloseres, als diese Art Lettern, giebt es wohl schwerlich, und keinem Schriftgießer oder Buchdrucker, der nur irgend Anspruch auf Gefühl für Schönheit macht, wird es itzt noch einfallen, diese dem Auge sehr widrige Schrift nur einiger Aufmerksamkeit zu würdigen, oder sie gar verbessern zu wollen. Anstatt dieser Schrift, die von der gewöhnlichen hervorstechen soll, braucht man nur die Worte zu dehnen; (wie dieses Wort, welches sich meiner Meinung nach, hinreichend unterscheidet, oder man kann auch alle Arten Schriften

¶ Note the thin unbracketed serifs, and the even distribution of curve above and below center of bowl

schriftlich) klar, daß Sie auf alle Nettopreise der für ihn eingekauften Waren und Leistungen 15 % (es können auch mehr oder weniger sein) Bearbeitungskosten aufschlagen. Dann legen

Die normative Kraft des Faktischen gegen die Erfahrung des Praktischen

Die Regel lautet: Deutsche Anführungen werden so „gesetzt“, englische Anführungen werden so “gesetzt”. Seit der massenweisen Einführung der DTP-Typografie findet man allenthalben statt der Anführungen "Zollzeichen". Das scheint sich durchzusetzen. Tausende von Laien-Typografen kennen den Unterschied nicht, Millionen von Fernsehzuschauern gewöhnen sich daran. Dagegen scheint kein Kraut gewachsen. Wenn ich Kollegen darauf anspreche, kann ich hören, das sei doch nicht so wichtig, jeder verstehe was gemeint sei und "mmmmm" sehe doch besser als „mmmm“. Doch das ist falsch.

Warum? Weil wir es immer schon „so“ gemacht haben? Nein, sondern weil man Anführung und Abführung nicht unterscheiden kann, zum Beispiel bei einem Dialog: "Tut mir leid, ich ..." "Das sagst du jetzt, aber ..." "Fall mir doch nicht immer gleich ins Wort" "Wer fällt hier wem ins Wort!?"

Guter Typografen-Rat: Vergessen Sie die deutschen Anführungen und verwenden Sie stattdessen die »französischen«. Die können nicht so leicht missverstanden werden und reißen auch keine Löcher in die Zeile. (Näheres in »Lesetypographie«, Seite 225.)

Das Loch nach dem Punkt

Jan Tschichold hat's verboten, Franz Greno hat's getan.
Bei Textseiten aus dem 18. und 19. Jahrhundert kann man häufig entdecken, dass vor Großbuchstaben, mit denen ein neuer Satz beginnt, ein großer Abstand zum Punkt davor besteht, ein »Loch« in der Zeile. Das widersprach dem Ideal der ruhigen Leseseite mit ihren möglichst gleichmäßigen Zeilen, dem Ideal, das Jan Tschichold gewissermaßen ex cathedra verkündet hat.

Franz Greno, der seine typografischen Erkenntnisse nicht einem Lehrer oder einer Schule verdankt, sondern der intensiven Beschäftigung mit der guten Typografie unserer Vorfahren und Vor-Vorfahren (eine gute Schule) und auf diese Weise zu erfreulich eigenständigen Ergebnissen kommt, der die auch aus typografischer Sicht überaus verdienstvolle »Andere Bibliothek« Hans Magnus Enzensbergers verlegt und gestaltet hat, Franz Greno mit seiner Chuzpe hat das Loch in der Zeile wieder eingeführt (auf Setzerdeutsch: das Geviert nach dem Schlusspunkt). Sein Ideal ist nicht ein möglichst gleichmäßiges Grau, sondern die vom Text ausgehend strukturierte Seite, der man ansehen kann, was auf ihr geschieht.

So, wie ein Absatz oder ein Abschnitt legitimerweise den Seitenzusammenhang unterbricht, hat auch der Satz das Recht, typografisch auf sich aufmerksam zu machen und den Fluss der Zeile durch die kleine weiße Fläche zu unterbrechen: Jetzt beginnt etwas Neues. Das hat aus der Sicht des Lesers und des Autors manches für sich.

Nur leider: Es funktioniert nicht, bei der »Anderen Bibliothek« funktioniert es nicht, oder präziser, es funktioniert dort meistens nicht. Der Grund: Man kann die kleinen weißen Flächen, die den Satzbeginn betonen sollen, nicht entdecken,

> JUPITER.
>
> Mir den Hirnschädel aufspalten, sag ich dir; gehorche, oder du wirst mich böse machen. Es wäre nicht zum erstenmale. Laß es also nicht darauf ankommen, haue aus allen Kräften zu und zaudere nicht länger. Denn ich kann die Wehen nicht länger ausstehen, die mir das Gehirn zerreissen[1]).

weil zwischen allen Wörtern der Zeilen ähnlich große kleine weiße Flächen stehen. Der Satz ist zu weit, zu löchrig. Vor lauter unabsichtlichen Löchern kann man die absichtlichen Löcher nicht ausmachen. Die meisten Zeilen der meisten Bücher der schönen »Anderen Bibliothek« sind zu weit gesetzt. Das ist nicht lesefreundlich.

Der Trick mit den Satz-Einleitungsflächen kann aber nur funktionieren, wenn das Umfeld dicht ist, das heißt wenn die Zeilen *eng* gesetzt sind. Nur dann können die größeren Abstände vor dem neuen Satz auffallen. Bleisatz und Buchdruck allein genügen eben nicht (im Gegensatz zu Franz Grenos Behauptung und Anspruch), um die tradierten Qualitäten des Büchermachens am Leben zu erhalten. Es muss *guter* Bleisatz und *guter* Buchdruck sein. Die Satztechnik hat nicht notwendig mit Satzqualität zu tun, so wenig, wie die Druckqualität von der Drucktechnik abhängt.

Vergiss alles, was du gelernt hast!

Beim Typo-Kongress 2000 in Berlin sagte einer der Referenten: »Wenn ihr Typografie fürs Internet machen wollt, müsst ihr alles vergessen, was ihr über Typografie gelernt habt und völlig von neuem anfangen.«

Ich weiß ja nicht, was er über Typografie gelernt hat, wahrscheinlich hat er Regeln gelernt. Hätte er gelernt zu fragen, müsste er nicht von vorne anfangen. Die Fragen bleiben die gleichen: Was soll gelesen werden? Wer soll das lesen? Wie soll das gelesen werden? Die Antworten sind für Busfahrpläne ebenso unterschiedlich wie für Plakat-Werbung, für schöne Bücher wie für websites.

Glaube an keine Regel, die du nicht geprüft hast, verwirf aber auch keine ungeprüft. Es gibt zwar unsinnige, aber auch viele gut begründete Setzerregeln.

Die Setzerregeln alter und neuer Fachbücher sind als Vorschläge für Problemlösungen zu verstehen, nicht als Vorschriften. Wenn du das Problem auf andere Weise ebenso gut lösen kannst – umso besser.

Glaube auch deinen eigenen Erfahrungen und Entscheidungen nicht, sondern überprüfe sie immer aufs Neue. Das gibt dir die Chance, besser zu werden.

Wie kann man Typografie beurteilen? Wenn man sagt: »Die janze Richtung jefällt mir nicht«, teilt man ein in gute oder böse Typografie. Das ist Ideologie.

Es geht um die Frage: Gute oder schlechte Typografie, oder – noch mutiger – um richtige oder falsche Typografie, also darum, ob die spezielle Typografie ihre spezielle Aufgabe erfüllt oder nicht.

Wie kann man das herausbekommen? Durch zwei Methoden. Durch den Vergleich von Vergleichbarem. Das ist eine ziemlich sichere Methode, denn dann kann es nicht heißen: gut oder schlecht, sondern: besser als ... oder: schlechter als ... Dann folgt notwendig die Frage warum? Und schon ist man auf dem richtigen Weg zur Beurteilung.
Oder man stellt folgende Fragen:

Was soll erreicht werden?
Welche Mittel wurden dafür gewählt?
Sind das die richtigen Mittel?
Sind diese Mittel richtig eingesetzt?

(So hat der alte Schulmeister doch noch die Maske gelüftet.)

Technik und Techniker

Die Maschinen werden immer vollkommener, die Ergebnisse nicht. War es früher besser, als die Technik noch schlechter war? Der Maschinenmeister beim Drucken, erinnern wir uns:
Er nimmt einen Druckbogen aus der laufenden Maschine, hält ihn ins rechte Licht und lässt den prüfenden Blick über ihn gleiten, von oben bis unten, von links bis rechts. Am Farbkasten dreht er an der einen oder anderen Schraube und prüft einige Bogen später, ob seine Korrektur zum erwünschten Ergebnis geführt hat.

Und heute? Heute nimmt der Maschinenmeister ebenfalls einen Bogen aus der Maschine, legt ihn aufs Pult ins Normlicht, stellt sein Densitometer drauf, bückt sich vornüber, rückt es an weitere Stellen und weiß: die Deckung ist optimal (oder nicht), folglich ist der Druck o. k. (oder nicht). Er weiß es, er sieht es nicht. Messen statt sehen. Die Geräte sagen, ob es gut ist. Wenn die Geräte aber lügen? Wenn der Charakter einer Schrift gerade nicht die »optimale« Deckung verlangt, sondern eine zurückgenommene Farbführung? Wenn die Reproduktion eines Aquarells gerade nicht die höchste Farbbrillanz verträgt, sondern etwas feiner stehen müsste? Das kann man nicht messen, das kann man nur sehen. Das Messen bedarf der Korrektur durch das Auge, durch die Empfindung.

Bei der Reproduktion wird es noch deutlicher. Der Drucker arbeitet ja mit vorgefertigtem Material, mit den Filmen von Schrift und Bild, die auf die Offsetplatte oder einen anderen Druckträger kopiert werden.* Da kann er nur noch in den (wichtigen) Nuancen Einfluss nehmen.

* Das wurde, wie jeder Fachmann lächelnd konstatieren wird, im vordigitalen Zeitalter formuliert.

Der Operator hingegen beeinflusst seine Bild-Vorlagen in der Substanz. Der heutige Stand der Technik erlaubt ihm dabei unendliche Möglichkeiten.

Da kann man hören: Ich habe viel mehr aus dem Bild herausgeholt als auf dem Dia (sagen wir ein Landschaftsfoto) zu sehen war. Und was hat er herausgeholt? Die Luft hat er herausgeholt. Der Fotograf hatte die Atmosphäre einer Landschaft empfunden, sagen wir: ein Kornfeld vor einem dunklen Wald, und verstanden, seine Empfindung durch den richtigen Film, die richtige Tiefenschärfe und die richtige Belichtung mit seiner Kamera einzufangen. Das Dia bestätigt das. Allerdings sieht das Auge der Kamera mehr als das Auge des Menschen.

Die Apparate des Operators sehen, was alles drinsteckt, und sie holen es heraus. Nicht nur ein Ährenfeld ist zu sehen, sondern jede einzelne Ähre ist scharf und präzis durchgezeichnet bis in die Grannen. (»Ihr habt doch früher immer gesagt: Mehr Zeichnung, die Details besser herausarbeiten!«) In der dunklen Mauer des schweigenden Waldes werden auf einmal so viele weitere Bäume sichtbar, dass sie gar keine Mauer mehr ist. (»Ihr habt doch früher immer gesagt: Mehr Zeichnung in der Tiefe!«) Der Techniker ist stolz darauf, was er alles aus dem Dia herausgeholt hat. Wohlgemerkt, da wurde nichts manipuliert, da wurde nur herausgeholt, was drinsteckt.

Hätte der Techniker sein Einfühlungsvermögen nicht den Farbschichten des Dias, sondern dem Motiv des Bildes zugewandt, vielleicht hätte er gemerkt, dass er dem Bild durch die Überschärfe die Atmosphäre genommen hat, dass zwischen Vordergrund und Hintergrund keine Luft mehr zu spüren ist. So hat er aber das Bild kaputtverbessert. Unsere Landschaftsbildbände, unsere Postkartenständer sind voll von solchen überreproduzierten Drucken.

Ist es zu viel verlangt, wenn man von einem Drucker Gefühl für das Bildmotiv fordert? Vielleicht. Aber auch wenn es ausschließlich um das Drucken einer bestimmten Farbe geht, geht es nicht mehr gut. War es nicht immer schon Sache des Druckers herauszufinden, wie er ein Farbmuster in seine Druckfarben umsetzen kann? Offensichtlich nicht mehr, denn heute wird von uns Grafikern verlangt, dass wir die Farbe nicht als Farbe, sondern als Farbnummer nach dem Pantone-Fächer angeben. Ich werde mich hüten! Ich könnte ja nicht mehr sagen: Die Farbe stimmt nicht. Die Antwort würde lauten: Was wollen Sie, ich habe genau nach Angabe gemischt. Die Farben auf dem Bildschirm, auf dem Computerausdruck und dem Druck auf Papier haben – bei gleicher Nummer – meist nicht viel miteinander zu tun. Wie soll ich Druck-Laie wissen, wie sich Färbung und Oberfläche des Auflagenpapiers oder die Farbführung auswirken? Farbe kann man nicht auswiegen und messen, Farbe muss man sehen und empfinden, um sie richtig drucken zu können. Das kann nur der Drucker können.

Ist es unbillig, von Technikern ein derartiges Einfühlungsvermögen zu erwarten oder zu erhoffen? Woher sollen sie es denn nehmen? Meine Klage, meine Anklage, meine Polemik richtet sich nicht gegen den einzelnen Techniker und auch nicht gegen einen Berufsstand, sondern gegen die Art ihrer Ausbildung. Wer mit Bildern umgehen soll, muss lernen zu sehen. Das ist nicht einfach, das lernt sich nicht von allein. Wie lernt man sehen? Durch Zeichnen, Malen, Fotografieren und durch geschultes Beobachten. Das gehört ins Ausbildungsprogramm einer Berufsschule, nicht um Schmalspurkünstler auszubilden, sondern um die Augen zu öffnen (ein Tontechniker muss doch wohl auch einiges über Musik erfahren haben, sonst kann er keine offenen Ohren haben).

Es hat schon früher angefangen mit der Verkümmerung der Sinne. Die musischen Fächer (inzwischen muss man ein mitleidiges Lächeln aufsetzen, wenn man diesen Begriff benutzt) sind ja auch in der Haupt- und Realschule an den äußersten Rand gedrängt worden, weil die maßgeblichen Leute in unserem Juristen- und Verwaltungsstaat nicht verstanden haben, dass man zwar in fast jedem Lebensalter neue Verfahrenstechniken, fremde Sprachen, geänderte Vorschriften, veränderte Schaltungen, neue Programme usw. erlernen kann, kaum aber das Sehen (und Hören). Fachwissen kann man erlernen, auch nachträglich; Fähigkeiten müssen wachsen. Das gilt nicht nur für Drucker. Sehenkönnen ist für das Grundkapital des Menschen, die Kreativität, ebenso wichtig wie Neugier und Denkvermögen.

Schriftkultur ade? Und die Satzkultur?

Es gibt ein munteres Fachmagazin namens »print & produktion«, das kein Blatt vor den Mund nimmt, sondern seine Themen forsch, oft sogar aggressiv angeht. Die Leute haben keine Scheu zu verreißen, sie haben keine Angst vor der Reaktion der Getroffenen. Loben können sie auch, Dank dafür, aber den größeren Spaß macht ihnen offensichtlich die Polemik. Das Ziel ist, so geht es aus mehr oder weniger allen Beiträgen hervor, Qualitätsverbesserung.

In Heft 12, Jahrgang 1996, wird in einem Artikel mit der Überschrift »Schriftkultur ade?« zu Recht der unbedachte, laxe, ahnungslose, stümperhafte Umgang mancher Grafiker mit der Schrift anhand von Beispielen aus dem Leben gebrandmarkt. Der letzte Satz des Artikels lautet: »Vielleicht helfen diese Beispiele, solche Fehler zu vermeiden. Ich und andere, die noch Schriftempfinden haben, würden sich darüber freuen. Jürgen Grosse.«

Wenn zum Schriftempfinden auch Typografieempfinden gehören sollte, will ich Jürgen Grosse einen Gefallen tun und ein weiteres Beispiel zeigen, das helfen könnte, solche Fehler zu vermeiden. Die Methode ist – zugegeben – etwas infam: Ich bilde nur ein Satzdetail aus eben diesem Heft 12, Jahrgang 1996, eins zu eins ab.*

Bei der Gründung im Septem-
ber hatten im deutschsprachi-
gen Raum 28
Unternehmen Maschinen
des Typs Indigo Eprint
1 000 im Einsatz. Hiervon
sind bereits 14 Mitglieder
des Vereins, der den Namen

* Der Typografen-Korrektheit wegen sei angemerkt, dass »print & produktion« vier Jahre später nach wie vor munter polemisiert und lobt, aber inzwischen viel besser gesetzt ist.

»Wie fangen Sie eigentlich an, wenn Sie ein typografisches Gestaltungsproblem zu lösen haben«, fragte ich die Studenten. »Zuerst werfe ich den Computer an, dann setze ich die Wörter in vielen verschiedenen Schriften ab und probiere, was ich damit machen kann.« (»Herumexperimentieren« sagen sie gern dazu.)

Auf ähnliche Weise scheint das Logo »Alphabets/Buchstaben/Calligraphy«, das eine ganze Buchreihe zu repräsentieren hat, zustande gekommen zu sein.

Die Serifen von ABC pieksen, c und e verschmelzen hinterrücks mit den Oberlängen, der i-Punkt äugt aus dem h und das kleine t küsst die Ferse des Füßchens des a. Ob das alles in der Intention des Typo-Künstlers lag? Ich fürchte, das ist bloßer Zufall, Ergebnis des Herumexperimentierens.

Bei Typografie im Sinne »klassischer« Tradition darf man so nicht arbeiten.

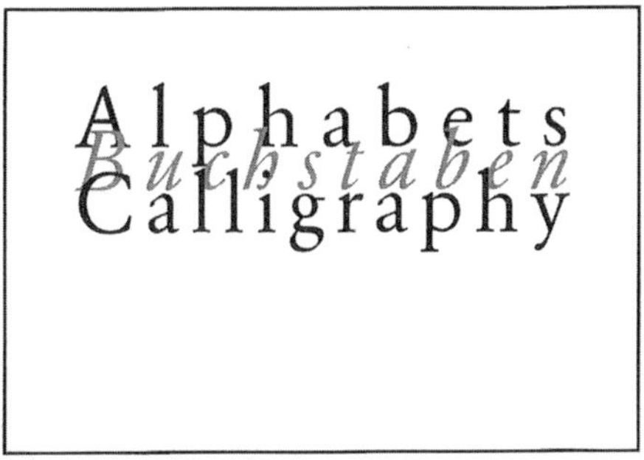

Wie aber bei Typografie, die betont »heutig« auftritt, zum Beispiel bei der Arbeit eines offensichtlich sehr bewusst arbeitenden Typografen aus dem Jahr 1991. »Darf« der mit der Schrift machen was er will? Den i-Punkt an das n darüber ankleben und winzige Stummel-Dreieckchen vom Hintergrund als Rest stehen lassen? Die makrotypografische Konzeption ist durchdacht aufgebaut: gutes Design. Die Mikrotypografie ist nicht durchgearbeitet: schlechtes Handwerk.

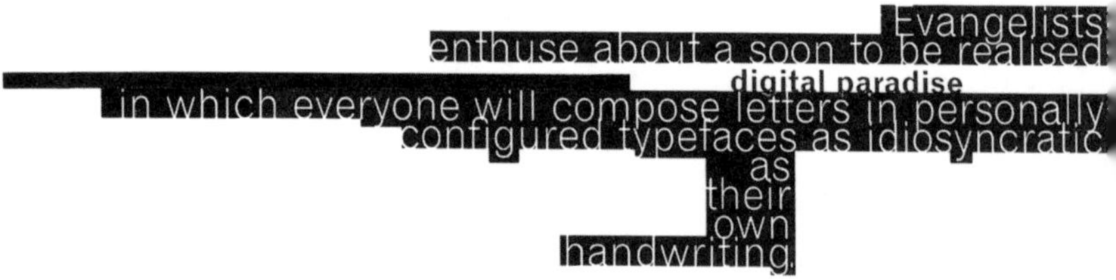

Etwas anderes ist es bei »Chuzpe-Typografie«. Wenn das Ganze eine typografische Unverschämtheit ist, verlangen auch die Details nicht nach typografischer Sorgfalt. (Ist beim »Pulp«-Beispiel die Kursive zu »schön« oder ist das typografische Ironie?)

Das Buch eines bekannten, vieldiskutierten, hochkultivierten Autors war in Planung: Ein gebundenes Buch mit Schutzumschlag sollte es werden, nicht gerade billig. Als Überzugmaterial für den Einband schlug ich natürlich Gewebe (»Buchleinen«) vor. Aber nein, das sei laut Kalkulation zu teuer. Also ein Papierüberzug. Nichts dagegen, da gibt es sehr schöne Materialien. Doch wiederum nein, der hochkultivierte Autor intervenierte: alle seine Bücher seien in Leinen gebunden, so sei auch dieses in Leinen zu binden. Nur: etwa die Hälfte seiner Bücher war zwar wirklich in Buchleinen gebunden, die andere Hälfte in Papier. In Papier, das mit einer Leinenstruktur geprägt ist. Das hatte der kultivierte Autor nicht bemerkt.

Ein weiteres Beispiel: Auf der Buchmesse bekam ich das erste Exemplar eines Buches, das ich gestaltet hatte, in die Hand – zuvor hatte ich zwar einen Musterband »abgenommen«, doch die Bücher kommen ja immer erst im letzten Augenblick. Es war ein Gewebeband geplant, bemustert und kalkuliert, doch – ich glaubte meinen Fingern kaum – das Buch, das ich in der Hand hielt, hatte einen Papierüberzug, in der Farbe und der Oberfläche fast dem Gewebe entsprechend. Der Verleger hatte das nicht gemerkt.

Buchbenutzer, Bücherschreiber, Buchverleger, die den Unterschied von Gewebe und Papier nicht spüren!

Um nicht missverstanden zu werden: Ich liebe Papier als Überzugmaterial von Büchern (nur mag ich den Buchhandelsbegriff dafür, nämlich »Pappband« nicht), aber ich liebe kein Papier, das sich geniert Papier zu sein und deshalb andere Materialien zu imitieren sucht.

Nun könnte man dagegenhalten, dass der moderne Bucheinband als Imitation angetreten ist. Denn als die Buchauflagen immer größer wurden und der Verlagseinband den Handeinband ablöste, wurde das Einbandmaterial – Leder und Pergament – knapp. Darum wurde das »Kaliko« erfunden. Das war nichts anderes als eine Lederimitation, ein Baumwoll-Gewebe, mit einer Latexschicht versehen und mit einer Lederstruktur geprägt. Erst die Werkbund-Weltanschauung entdeckte unter dem Pseudo-Leder das Gewebe als Original-Material. Das war die Geburtsstunde des werkgerechten »Leineneinbandes«, der bis heute Standard ist für langlebige und strapazierfähige Gebrauchsbücher und ebenso für Bücher, die ihre innere Qualität nach außen hin spürbar machen wollen. Nochmals: Ich habe nichts gegen Kunststoffeinbände und nichts gegen Papiereinbände, wenn sie ehrlich daherkommen, aber ich habe etwas gegen Verstellung und Lüge.

Was sind das für Spitzfindigkeiten, was sind das für ideologische Griffelspitzereien!

Sind das wirklich Spitzfindigkeiten oder sind das Symptome für das Verkümmern unserer Sinne? Auf dem Bildschirm des Computers können wir jegliche Oberfläche »darstellen«, seien es Lämmerwölkchen oder Sandpapier. Das können wir sehen und glauben vielleicht, es zu erleben. Fühlen können wir nichts. Werden wir künftig nur noch ein virtuelles Materialgefühl haben? Wird das Einzige, was unsere Finger spüren, die Oberfläche der Maus sein? Der Sieg der Oberfläche!

Zum Glück reagiert die Industrie: Noch nie wurden so viele Überzugpapiere mit »ehrlicher« Oberfläche angeboten wie heute, eine reiche Palette von Farben, Strukturen und differenzierten fühlbaren, griffigen Oberflächen, die eine ehrliche Konkurrenz zum echten – nach wie vor geliebten – Gewebe sind. Die glatte Kühle des Bildes auf dem Bildschirm lässt offenbar das Bedürfnis nach sinnlich erfahrbaren Stoffen entstehen. Das lässt hoffen. Vielleicht kommt eine neue Sinnlichkeit, die nicht nur die Büchermacher, sondern auch die Buchverleger, die Buchhändler, die Autoren und ganz vielleicht auch die Buchbenutzer spüren lässt, was ihre Finger berühren.

Denkfehler

Einst, als die Bücher noch kein Fabrikerzeugnis waren, ließ man sie beim Buchbinder binden. Wenn Pergament und Leder zu teuer waren, griff man zu Papier. Das sollte aber auch wertvoll sein und wertvoll aussehen. Zu diesem Zweck machten die Buchbinder mittels einer raffinierten Technik Marmorpapiere. Sie konnten ein Muster sogar vielfach »schöpfen«, sodass man ganze Auflagen in solche Schmuckpapiere binden konnte. Das Reizvolle dabei war, dass jeder Bogen etwas anders ausfiel; alle Bogen einer Marge waren ähnlich, aber jeder besonders.

Im Zuge der Nostalgie-Welle ließ der Suhrkamp-Verlag ebenfalls ganze Auflagen in Marmorpapier binden, den neunbändigen Proust oder den vierbändigen »Blauen Kammerherrn« von Niebelschütz. Natürlich können diese Marmorpapiere nicht mehr einzeln vom Buchbinder gemacht werden, vielmehr wurde ein schönes Exemplar ausgesucht, reproduziert und in Auflage gedruckt. Die Bücher sehen sehr sympathisch aus, aber ein Denkfehler ist dabei. Es wurde nämlich darauf geachtet, dass der Ausschnitt aus dem alten Marmorpapier auf allen neun oder vier Bänden genau gleich ist. Die genau gleichen, ursprünglich zufälligen, Flecken, Verschiebungen und Unregelmäßigkeiten erscheinen auf jedem der Buchrücken genau gleich, gewissermaßen soldatisch ausgerichtet. Der Charme des Zufalls ist dahin.

Was hätte man tun können? Hermann Wiedenroth und Franz Greno haben es bei ihrer Karl-May-Ausgabe vorgemacht: aus der großen Vorlage verschiedene Ausschnitte wählen (das hätte für jeden Band einen eigenen Druck bedeutet) oder – falls das zu teuer gewesen wäre – aus einem größeren Druckbogen die Formate versetzt herausschneiden. Der Papierverschnitt wäre wohl noch zu verkraften gewesen.

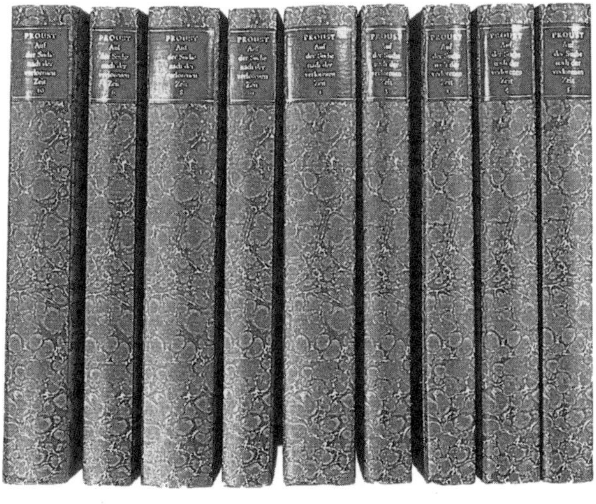

Denkfehler

Der als Designer allgemein (und auch von mir) hochgeschätzte Otl Aicher hat als Buchgestalter einen Denkfehler gemacht. Er hat eine Zeit lang die Buchumschläge und damit auch die Buchrücken der Ausgaben des Siedler-Verlages gestaltet, die Umschlagrücken und die Einbandrücken, und dafür ein bestechendes Konzept ausgedacht. Die Bücher des Verlages hatten sehr unterschiedliche Höhen, sie passen also nicht zusammen. Otl Aicher hat das überwunden, indem er die hochkant gestellten Rückenzeilen alle auf ein und derselben Höhe beginnen ließ, egal wie groß das Buch ist. Zudem schob er die Zeilen ganz weit nach links an den Rand des Buchrückens, sodass die Rücken mit einer mehr oder weniger breiten farbigen Fläche enden. Wenn die Rücken nebeneinander stehen, ergibt sich ein äußerst reizvolles Spiel von Zusammengehörigkeit und Unterschiedlichkeit.

Nur: Die Bücher des Siedler-Verlages stehen nicht nebeneinander – außer beim Grafiker, nicht einmal beim Verleger. Beim Buchhändler sind sie ins Autoren-Alphabet geordnet, in der Privatbibliothek sind sie in die Sachgebiete gesteckt oder welches Ordnungsprinzip auch immer gewählt wird. Niemals aber stehen Politiker-Erinnerungen neben Musikerporträts, Zeitgeschichte neben Architekturkritik nur deshalb, weil sie zufällig aus dem gleichen Verlag stammen. So stehen die schönen Buchrücken etwas verlegen im Schatten ihrer Buchnachbarn und können nicht erklären, warum ihre Rückenzeile irgendwo auf Dreiviertelhöhe beginnt.

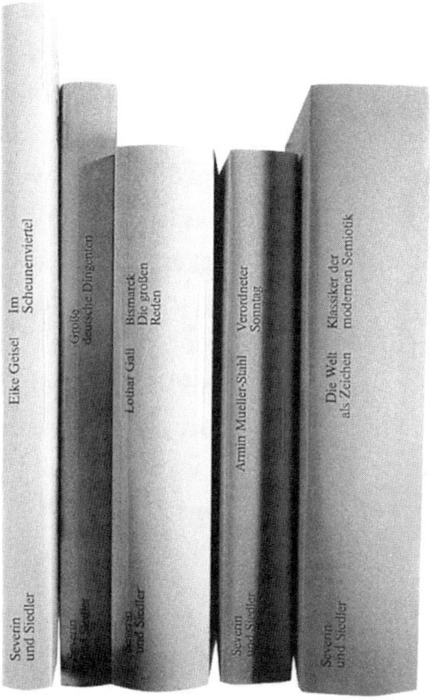
Eike Geisel
Im Scheunenviertel
Severin und Siedler
Lothar Gall
Bismarck Die großen Reden
Armin Mueller-Stahl
Verordneter Sonntag
Severin und Siedler
Die Welt als Zeichen
Klassiker der modernen Semiotik
Severin und Siedler

Denkfehler

Außen ein Umschlag mit werbendem Motiv, vom Grafiker entworfen, vom Grafiker auch die Schrift ausgewählt. Den Innentitel hat der Hersteller gestaltet, ebenso den Einbandrücken. Er hat für den Einband die Umschlag-Rückenzeile unverändert übernommen und beim Innentitel die Schrift, den Linienrahmen und die typografische Anordnung. Danach folgt der Rest des Buches, in einer völlig anderen Schrift und Typografie. Umschlag, Einband und die Titelei wurden hier als stilistische Einheit behandelt, das ist der Denkfehler.

Richtig gedacht: Der Innentitel ergibt sich aus der Typografie des Buches, er ist ein Teil von ihr; der Einband wird stilistisch der Innentypografie angepasst. Der Buchumschlag mag sein Eigenleben als werbendes Plakat führen.

Begründung: Wenn der Buchumschlag verknickt, verfleckt und eingerissen in den Papierkorb wandert, bleibt »das Buch« übrig. Dann hat es keinen Sinn mehr, wenn sich Titelei und Einband an einer Größe orientiert haben, die nicht mehr existiert.

Am besten fürs Buch ist es natürlich, wenn alle drei aus einem Geist sind. Sie können dennoch jeder seine Aufgabe erfüllen.

Die Aufgabenverteilung: Der Buchumschlag soll die Leser einfangen und von fern heranziehen: kauf mich, kauf mich! Er ist ein werbendes Plakat, ums Buch gelegt. Der Bucheinbandrücken sagt von seinem Platz in der Bibliothek aus: Hier bin ich, falls du mich suchst; er muss nicht laut rufen, ich suche ihn ja auf. Der Innentitel (samt Inhaltsverzeichnis): Hier teile ich dir mit, was alles folgt. 30 cm Lese-Entfernung, da brauche ich nicht mit großer fetter Schrift angeschrien zu werden. Die Solidarisierung des Innentitels mit seinen folgenden Seiten ist würdiger als die Anpassung an den äußeren Auftritt.

Dieter Struss
Reisen in die Tiefe des Waldes

Schönbergers Verlag

Inhalt

Beim Taschenbuch funktioniert die Rollenverteilung – außen, das werbende Umschlag-Plakat, das sein Eigenleben führen und nach Verbrauch verschwinden kann, innen »das Buch« als Gestaltungs-Einheit – nicht. Beim Taschenbuch kleben Umschlag und Innenteil aneinander, unablösbar. Physisch sind sie eine Einheit, sinnlich oft nicht. Ich besitze zum Beispiel ein Buch namens »Tanzen«. Das Bild auf dem Umschlag und sein Ausschnitt verheißen mir Storys im Tango-Schritt in abgedunkelter Atmosphäre. Allerdings steht auch noch drauf »Die wichtigsten Schritte für Anfänger …«, doch das könnte so wie es aussieht auch auf Ovids »Ars amatoria« stehen: »Die wichtigsten Schritte zur Verführung …«. Innen im Buch werden mir dann – bestechend sachlich und verständlich – die nötigen Tanzschritte beigebracht. Das war von außen nicht zu erhoffen.

Ich sehe ja ein, dass die Buchumschläge ihre Bücher verkaufen müssen, lange bevor es die Bücher gibt. Grafik und Herstellung arbeiten notwendig nacheinander. Aber müssen sie deshalb auch nebeneinanderher arbeiten? Keiner weiß, was der Andere tut, so ist es bei vielen Verlagen. Es gibt aber Verlage, die beweisen, dass man von außen nach innen und von innen nach außen Brücken bauen, bei aller Eigenständigkeit der Buch-Teile Stil-Verwandtschaft herstellen kann.

Es ist eine Frage der Kommunikationsbereitschaft. Es ist vor allem eine Frage der Verlagskultur. Wenn die Vertriebsabteilung allein sagt, wo es langgeht, werden die Bücher leiden. Wenn ein Verleger, der weiß, was ein Buch ist, das Sagen hat, haben seine Bücher bessere Chancen.

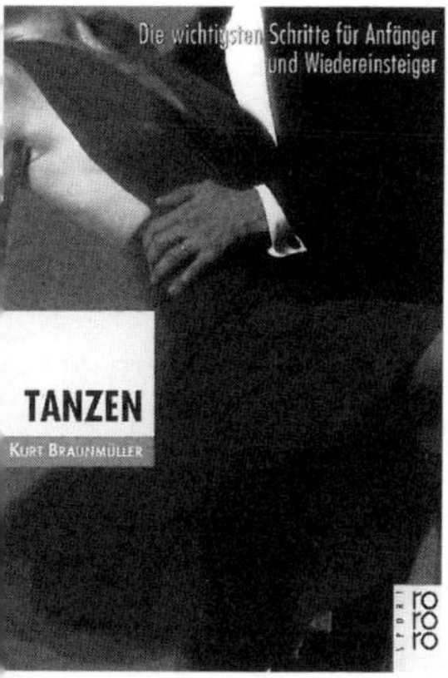

Die wichtigsten Schritte für Anfänger und Wiedereinsteiger
TANZEN
Kurt Braunmüller
rororo
sport

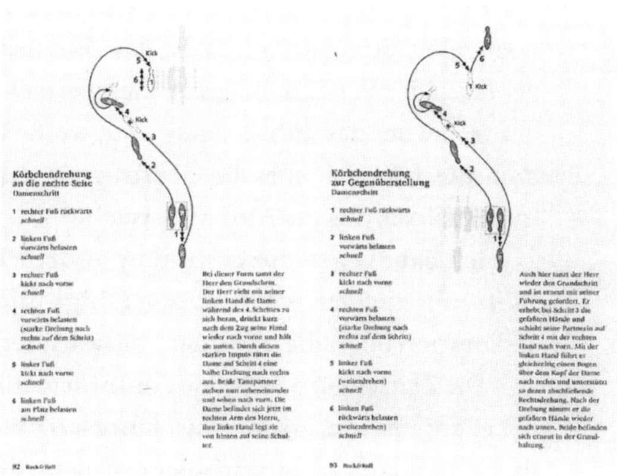

Körbchendrehung an die rechte Seite
Damenschritt

1 rechter Fuß rückwärts
schnell

2 linken Fuß
vorwärts belasten
schnell

3 rechter Fuß
kickt nach vorne
schnell

4 rechten Fuß
vorwärts belasten
(starke Drehung nach rechts auf dem Schritt)
schnell

5 linker Fuß
kickt nach vorne
schnell

6 linken Fuß
am Platz belasten
schnell

Bei dieser Form tanzt der Herr den Grundschritt. Der Herr zieht mit seiner linken Hand die Dame während des 4. Schrittes zu sich heran, drückt kurz nach dem Zug seine Hand wieder nach vorne und hält sie unten. Durch diesen starken Impuls führt die Dame auf Schritt 4 eine halbe Drehung nach rechts aus. Beide Tanzpartner stehen nun nebeneinander und sehen nach vorn. Die Dame befindet sich jetzt im rechten Arm des Herrn, ihre linke Hand legt sie von hinten auf seine Schulter.

92 Rock & Roll

Körbchendrehung zur Gegenüberstellung
Damenschritt

1 rechter Fuß rückwärts
schnell

2 linken Fuß
vorwärts belasten
schnell

3 rechter Fuß
kickt nach vorne
schnell

4 rechten Fuß
vorwärts belasten
(starke Drehung nach rechts auf dem Schritt)
schnell

5 linker Fuß
kickt nach vorne
(weiterdrehen)
schnell

6 linken Fuß
rückwärts belasten
(weiterdrehen)
schnell

Auch hier tanzt der Herr wieder den Grundschritt und ist erneut mit seiner Führung gefordert. Er erhebt bei Schritt 3 die gefaßten Hände und schiebt seine Partnerin auf Schritt 4 mit der rechten Hand nach vorn. Mit der linken Hand führt er gleichzeitig einen Bogen über dem Kopf der Dame nach rechts und unterstützt so deren abschließende Rechtsdrehung. Nach der Drehung nimmt er die gefaßten Hände wieder nach unten. Beide befinden sich erneut in der Grundhaltung.

93 Rock & Roll

Horror vacui oder Das visuelle Hintergrundrauschen

Seit einiger Zeit ist der germanische Horror vacui wieder ausgebrochen. Es gab ihn schon vor geraumer Zeit, vor 800 Jahren und mehr, bei der Buchmalerei der Romanik zum Beispiel. Seine Devise lautet: kein Fleckchen der Fläche darf unbedeckt bleiben.

Heute erreicht man das, indem man ein x-beliebiges Bild bis zur Unkenntlichkeit vergrößert, aufhellt und nochmals aufhellt und dann als Bilderinnerungsschleier über die ganze Fläche zieht, egal was drauf zu stehen kommt und ob man das noch lesen kann oder nicht. Ist das visuelle Hintergrundgeräusch der Pendelschlag zur »Schweizer Typographie« der Moderne, bei der das unbedruckte, rein weiße Papier die Typografie dominierte? Oder ist es die Übertragung der Musikberieselung im Kaufhaus (bis ins Klo) ins Visuelle?

Ich habe gegen dieses sinnlose visuelle Rauschen polemisiert. Es ist mir zuwider, wenn aussagefähige Bilder zu säuselnder Dekoration degradiert werden. Muss ich lernen?

Die Zeitschrift »Selecta«, ein Informationsblatt für Ärzte, die es eilig haben, erschien 40 Jahre lang korrekt typografisch, die Schrift aufs Zeitungspapier gedruckt, die Abbildungen in die Typografie eingebaut. Eine solche Zeitschrift lebt davon, dass die Inserenten sie für inserierenswert erachten. Im August des Jahrganges 1999 wurde das Layout umgestellt. Nunmehr wurden mehr oder weniger x-beliebige Bilder vergrößert und aufgehellt und unter den Text gelegt, ob man den noch lesen und die Bilder erkennen kann oder nicht (ganz so, wie ich es verdamme). Daraufhin hat sich das Anzeigenvolumen um über 20 Prozent vergrößert. Was soll man da noch sagen?

Die Sonne Australiens: Die Gewinner

Erinnern Sie sich noch an unser Preisrätsel aus selecta 3/2000? Warum hatten die feschen Mädels für René Schönling nur Hohn und Spott übrig?

Hier unsere Lieblingsantwort – diesmal von Dipl.-Med. Olaf Karl aus Karlsruhe: „Ein Assistenzarzt kann gar nicht im Caféhaus prahlen, weil a) das Caféhaus noch gar nicht geöffnet ist, wenn er zur Arbeit gehen muss und b) kein Caféhaus mehr geöffnet hat, wenn er von der Arbeit kommt. Es muss sich also um einen Hochstapler handeln." ... „Die auf den ersten Blick einleuchtende Lösung, dass die Sonne auf der Südhalbkugel im Norden steht und der Pool deshalb auf der Nordseite des Hauses angelegt werden sollte, muss unserem Assistenzarzt aus dem Blickwinkel geraten. Hat er doch die besten Aussichten, die in Australien herrschenden Naturgesetze mangels Geld und Urlaubszeit frühestens als Rentner in Augenschein nehmen zu können." Soweit Olaf Karl. Ob er aus eigener leidvoller Erfahrung schreibt?

Nun – wir haben alle Antworten gelten lassen, auch die, dass René wohl blond sei.

Hier die Gewinner der Ratgeber-Bücher von Jean Pütz:
Torben Beeck, Gifhorn
Dr. U. Lehmann, Reichenbach
Dr. Walter Schießler, Weilheim
Henning Fahrenkamp, Braunschweig
Klaus Schäfer, Hamburg-Langenhorn

Bundesrat torpediert Drogenhilfe

Weil der Bundesrat einem Gesetz über die Zulässigkeit von Drogenkonsumräumen („Fixerstuben") seine Zustimmung verweigert hat, geht der Hilfe für schwer drogenkranke Menschen wertvolle Zeit verloren.

„Diese Räume sind für Ärzte und Mitarbeiter der Drogenhilfe oft die einzige Möglichkeit, überhaupt an Abhängige heranzukommen und sie zu motivieren, dass sie sich helfen lassen", stellt Dr. Ingo Flenker, Präsident der Ärztekammer Westfalen-Lippe, die Bedeutung dieser Einrichtungen heraus. „Wenn der Bundesrat Betreiber und Mitarbeiter der Konsumräume weiterhin in einer rechtlichen Grauzone hängen lässt, wird gleich das erste Glied in der Hilfskette für suchtkranke Menschen unnötig geschwächt", meint Flenker, der zugleich Vorsitzender des Ausschusses Sucht und Drogen bei der Bundesärztekammer ist. *ws*

Sparen mit der CDU

Gut, wenn Sie Ihr CDU-Parteibuch noch nicht weggeworfen haben: Unionsmitglieder, die ihre private Krankenversicherung bei der Colonia abgeschlossen haben, können ihre Beiträge bis zu fünf Prozent senken. Grund: ein Gruppenversicherungsvertrag. Die Vereinbarung gilt nach Auskunft des NAV-Wirtschaftdienstes auch für Verträge der Colonia-Tochter Deutsche Ärzteversicherung.

www.nav-widi.de

Positivliste: Institut fehlt

Das für die Erstellung der Vorschlagsliste für die Positivliste zuständige „Institut für die Arzneimittelverordnung in der gesetzlichen Krankenversicherung" wird nicht vor April errichtet werden können. Noch fehlt eine Geschäftsstelle. Auch müssen die neun Sachverständigen, die die Vorschlagsliste vorbereiten und beschließen, noch berufen werden. *rco*

Fachwissen alleine zählt nicht. Der Wunscharzt der Deutschen ist kompetent und sympathisch.

Quelle: Delphi-Studienreihe zur Zukunft des Gesundheitswesens 1999, Janssen-Cilag

Der Reclam Literatur-Kalender 2000 wartet mit einem neuen Umschlagkonzept auf. Ein gelber wolkig-weicher Hintergrund über die ganze Fläche hin. Halt! Die Wolke kenne ich doch, das ist ja der Schatten vom Oskar Wilde! Das typografische Konzept schreibt offensichtlich vor, dass LITERATUR KALENDER in einem feinen Linienrahmen auf der Mitte der Umschlagfläche zu stehen hat. Die für den armen Oskar Wilde peinvolle Folge ist, dass ihm nicht nur in die Nase gepiekst, sondern überdies der Mund verschlossen wird. Dabei hatte er doch ohnehin schon Probleme genug mit seinen arsenvergifteten Zähnen im Mund! Das kommt davon, wenn Typografie von einem Konzept und nicht vom Bild ausgeht.

Eigentlich, so dachte ich, müssten wir die typografischen Spätfolgen des missverstandenen Rasterdenkens hinter uns haben. Doch immer wieder taucht es auf. Es ist halt so schön bequem, eine Fläche zuerst aufzuteilen und dann die so entstandenen kleineren Flächen zu füllen, mit Schrift und mit Bild – nicht mit Sinn.

Zum Beispiel der Bildband »Lautlos mit dem Wind«, ein Buch über das Segelfliegen, 23,5 x 28 cm groß. Der Aufmacher jedes Kapitels besteht aus einer Doppelseite. Links ein ganzseitiges Bild, groß, ringsum angeschnitten, rechts daneben oben die Kapitelüberschrift, unten ein halbseitiges Bild, ebenfalls groß, aber von einem weißen Rand umgeben. So das Konzept. Da stehen zum Beispiel zwei Segelflugzeug-Nasen nebeneinander, sehr eindrucksvoll, das kann gar nicht groß genug sein. Du blätterst weiter und triffst auf das Bild zweier Herren, die sich freundlich in die Augen blicken. Ebenfalls sehr groß. Ein Schnappschuss, der allerhöchstens Postkartengröße vertragen hätte, doch das Layout fordert Größe.

Verlesenes

Kapitel 6

Was ist das?
Hocherhobenen Hauptes, das Kinn vorgereckt, den Kopf in leichten Bewegungen, auf und ab, hin und her, vor und zurück:
Ältere Herrschaften die versuchen, durch die untere Zone ihrer eingeschliffenen Brille in der oberen Zone ihrer Zeitung zu lesen.

Ich stehe am Bahnhof und warte auf die S-Bahn, die zusammengefaltete Zeitung in der Hand. In der Inhaltsübersicht, direkt unter dem Zeitungskopf, steht zu lesen, dass Unseld wieder einen Nachfolger gekürt habe. Näheres im Feuilleton Seite 7–9.

Versuchen Sie mal, am Bahnhof stehend, die Seiten 7–9 aufzuschlagen und einen bestimmten kleinen Artikel zu finden – dabei wehte nur ein leichter Wind.

Wie blättern Sie im voll besetzten Flugzeug die Zeitung um, ohne ihrem Nachbarn die Sicht zu rauben? Was für Gefühle entstehen in Ihnen, wenn Ihr Sitznachbar nicht nur umblättert, sondern aufgefaltet liest? Wie erklären Sie ihrem Partner, wo der lesenswerte Artikel zu finden ist? Ordnen Sie Ihre Zeitungen, die nach dem Überfliegen aus lauter zufällig durcheinander geschobenen Einzel- und Doppelseiten besteht, wieder säuberlich in die Reihenfolge zurück? Was machen Sie, wenn ein Artikel aufhebenswert ist? Die Zeitung ist ein äußerst unhandliches Medium und doch ist sie in aller Hände. Wieso lesen die Leute solche Flatterblätter?

Donnerstags kommt die ZEIT, montags der Spiegel. Die Seriosität der ZEIT schätze ich, die Flapsigkeit des Spiegels geht mir auf die Nerven, vor allem, seit nicht nur die Sprache, sondern auch das Layout focussierend flapsig geworden ist. Warum lese ich trotzdem viel häufiger im Spiegel als in der ZEIT? Ich lese gern auf dem Sofa liegend, da wird das Umblättern der ZEIT zu einer Art Leibesübung. Ihr Anliegen ist aber doch eher Geistesertüchtigung.

Neulich beobachtete ich einen ZEIT-Leser in der Bahn, er saß mir gegenüber. Wir brauchten für die Lektüre der gesamten ZEIT nicht einmal eine Viertelstunde (welche Zeitvergeudung!).

Mein Gegenüber las nämlich nur die Überschriften – und ich konnte mithalten, groß genug sind sie ja inzwischen geworden.

Neulich haben die Redakteure gestreikt. Meine Tageszeitung erschien ohne Überschriften, deren Wortlaut war nur ganz klein abgesetzt. So viele Artikel wie bei dieser Ausgabe habe ich noch nie angelesen.

13. August 1998 DIE ZEIT Nr. 34 11

DOSSIER

Was wußte Hermann Josef Abs vom Gold der NS-Opfer in den Tresoren der Deutschen Bank? Jetzt belastet eine Historikerkommission den verstorbenen Vorstandssprecher. Die Diskussion um die Wiedergutmachung flammt neu auf

Das Deutsche Bank-Geheimnis

HERMANN JOSEF ABS, der bekannteste Bankier Deutschlands, steht im Zwielicht. Seine Bank handelte mit Gold ermordeter Juden. Es kam von der Reichsbank, die es 1945 in unterirdische Depots brachte (Bild links)

Deutschland hat sich von seinem Chefbankier ein falsches Bild gemacht / VON ANDREA BÖHM, THOMAS KLEINE-BROCKHOFF UND STEFAN WILLEKE

Hat er es gewußt? Wahrscheinlich gewußt? Wissen müssen? Geahnt? Ist nicht auszuschließen, daß er es wußte? Einen ganzen Tag lang stritten fünf Professoren um eine einzige Formulierung. Wie immer hatten sie sich in der Frankfurter Zentrale der Deutschen Bank getroffen, an einem großen runden Tisch im Sitzungssaal des hauseigenen Historischen Instituts, im Schatten der gläsernen Bürotürme des Geldhauses.

Sogar beim Mittagessen diskutierte die internationale Historikerkommission weiter. „Schreiben Sie die Wahrheit", beschwor der Direktor der bankeigenen Rechtsabteilung die Wissenschaftler bei Carpaccio und Roulade, „wir leben damit."

Seit Freitag, den 31. Juli, lebt die Bank mit jener Wahrheit, auf die sich ihre eigene Kommission unabhängiger Historiker an diesem Tag verständigt hat: „Wahrscheinlich", schreiben fünf ausgewiesene NS-Forscher aus vier Ländern, wußte schon damals Hermann Josef Abs, der Übervater im Vorstand der Deutschen Bank, daß sein Haus mit dem Gold ermordeter Juden handelte. 744 Kilo in Barren, 29 Prozent des heute bekannten Opfergoldes, kamen in den Tresoren der Bank an, ermittelte die Kommission. Ihr Verdikt markiert einen Wendepunkt im Urteil über die Bank: Sie war kein unwissender Zwischenhändler, wie man bis vor wenigen Tagen glaubte, sondern offenbar ein wissender. Sie profitierte, schreibt die Kommission, „von der Ernte des Holocaust".

Im Urteil der Historikergruppe sehen jetzt mehrere tausend Holocaust-Überlebende eine Bestätigung für ihre Klage gegen die Deutsche und auch die Dresdner Bank. Vertreten vom amerikanischen Anwalt Ed Fagan und seinem Münchner Kollegen Michael Witti, fordern sie achtzehn Milliarden Dollar wegen „Ausplünderung" der Juden. Am 7. Oktober werden sie in New York erstmals vom Richter angehört.

53 Jahre nach Kriegsende hat die Frage der Wiedergutmachung plötzlich eine neue Dimension erreicht. Gestützt auf neue Urteile deutscher Gerichte, halten sich die Petenten jetzt nicht mehr an die Bundesregierung, sondern an die Profiteure von Goldhandel, Arisierung und Zwangsarbeit – Commerzbank, Degussa, Volkswagen, Deutsche Bank, Siemens, Diehl, Dresdner Bank, Daimler-Benz, Porsche, Krupp, Allianz (siehe „Prämie + Zinsen", Seite 13).

„Die Deutsche Bank hat bewußt riskiert, daß sie nun unter Beschuß gerät. Als erste Bank verordnete sie sich vor zehn Jahren eine radikale Glasnost-Politik fürs Firmenarchiv, während die Kollegen von der Dresdner – einstmals Vertrauensbank der SS – der Öffentlichkeit bis zum vergangenen Jahr vorgaukelten, ein Firmenarchiv gäbe es nicht (siehe „Mit dem braunen Band der Sympathie", Seite 12).

Mögen im Keller der Dresdner noch stärkere Belege für die braune Vergangenheit lagern, so wird die Rolle der Deutschen Bank dennoch einzigartig bleiben. Nur sie hatte Hermann Josef Abs, „die Schlüsselfigur der Goldtransaktionen", wie die Historikerkommission meint. Abs, das Synonym für die Deutsche Bank – ein Mann, der zuerst den Nazis diente und dann zur Ikone der Nachkriegszeit wurde; der zum Bankier des Wirt-

Fortsetzung auf Seite 12

Frankfurter Rundschau

Unabhängige Tageszeitung

Samstag, 29. November 1997 · Jahrgang 53 · Nr. 278/48 S-Ausgabe · Preis 2,20 DM D 2987 A

Jürgen Doetz führt die Attacke der Privat-Sender gegen ARD und ZDF an.

Medien-Rundschau Seite 8

Auch beim Weihnachtsgeld wird der Hobel angesetzt. Vielen Haushalten fehlt in diesem Jahr ein erklecklicher Betrag. Eine schöne Bescherung — auch für den kranken Einzelhandel.

Wirtschaft Seite 13

Wanna be bad: Abräumer und Basketballer Dennis Rodman von den Chicago Bulls.

Zeit und Bild Moderne Zeiten/Seite 6

Die international renommierte Kulturschirn in Frankfurt hat 1997 deutlich weniger Besucher und Einnahmen als erwartet. Die Politiker wollen über die Zukunft der Ausstellungshalle beraten.

Frankfurt Seite 19

Inhaltsverzeichnis Seite A 1

Annäherung bei Steuern

Von Rolf Dietrich Schwartz

In den Streit über eine Reform der Einkommensteuer kommt Bewegung. Nach dem Angebot von SPD-Chef Oskar Lafontaine, einer aufkommensneutralen Tarifsenkung um vier Prozentpunkte, stimmen nun auch die Regierungsparteien einer Steuerreform ohne Nettoentlastung zu.

BONN, 28. November. Bundesfinanzminister Theo Waigel (CSU) schlug am Freitag der SPD Gespräche über eine zweistufige Steuerreform für 1999 und das Jahr 2000 vor. „Wir müssen jetzt handeln, weil wir sonst ein ganzes Jahr verlieren, und das kann Deutschland sich nicht leisten", appellierte Waigel in der Haushaltsdebatte des Bundestags an die SPD. Die Koalition sei bereit, sofort das Erreichbare auszuloten und mit den Einigungsgesprächen zu beginnen, versicherte der Finanzminister.

So könnten die Körperschaftsteuer und der Spitzensteuersatz gesenkt werden. Möglich sei auch, die unteren Einkommen zu entlasten. Neben dem Abbau von Steuervergünstigungen und Sonderabschreibungen könnten auch indirekte Steuern angehoben werden, um Einnahmeausfälle auszugleichen, sagte Waigel.

Waigel hielt es jedoch für unumgänglich, eine zweite Steuerentlastungsstufe zu vereinbaren, da die Steuereinnahmen mit der Zeit zunehmen würden, wenn der Abbau von Vergünstigungen greife. „Entscheidend ist, ob die SPD bereit ist, im Tarifbereich für Investitionen und Wachstum etwas zu tun oder sie sich beschränken möchte rein auf die Steigerung der Massenkaufkraft", sagte Waigel.

Zuvor hatte sich die FDP erstmals ausdrücklich zu einer Steuerreform ohne Nettoentlastung bereiterklärt. Fraktionschef Hermann Otto Solms begründete das Einlenken der FDP mit bereits gewährten „erheblichen Steuerentlastungen" von 33 Milliarden Mark in der laufenden Legislaturperiode, zu denen er die Anhebung des Grundfreibetrags, die Abschaffung der Vermögen- und Gewerbekapitalsteuer sowie die Kindergelderhöhung und die Streichung des Kohlepfennigs rechnete.

Die Regierungschefs der 16 Bundesländer vereinbarten auf ihrer kurzfristig anberaumten Sonderkonferenz über Konsequenzen aus der jüngsten Steuerschätzung bilaterale Einigungsversuche über die Steuerreform zwischen den Ministerpräsidenten Baden-Württembergs, Erwin Teufel (CDU), und des Saarlands, Oskar Lafontaine (SPD). Ziel sei die Vorlage eines gemeinsamen Steuerreform-Modells, das dem Bundeskanzler als Angebot der Länder am 18. Dezember auf einer gemeinsamen Konferenz vorgelegt werden solle. Der Bremer Bürgermeister Henning Scherf (SPD) nannte den Verfall der Steuereinnahmen „im höchsten Grade dramatisch". Dies zwinge zu Maßnahmen.

Der SPD-Haushaltsexperte Karl Diller mahnte die Koalition, auf die konkreten Gesprächsangebote des SPD-Chefs Lafontaine rasch einzugehen. Er forderte Bundeskanzler Helmut Kohl auf, selbst zu antworten, wenn er gesprächsbereit sei.

Kommentar S. 3, weiterer Bericht S. 5

Kyoto

jw FRANKFURT A. M., 28. November. Die USA werfen der Europäischen Union vor, bei ihrem Vorschlag für den Klimagipfel im japanischen Kyoto mit gezinkten Karten zu spielen. Washington kritisiert, daß das vergleichsweise scharfe EU-Ziel einer Verminderung der Treibhausgase um 15 Prozent bis zum Jahr 2010 durch eine Lastenteilung zwischen den verschiedenen Mitgliedsstaaten erreicht werden soll, wie US-Botschafter Mark Hambley in

einem Gastbeitrag für die *FR* schreibt. Deutschland etwa wird danach überproportional zur Reduktion beitragen.

Das „Bubble"-Konzept — eine virtuelle „Käseglocke" — gestatte Ländern wie Portugal und Griechenland einen Anstieg der Emissionen um 40 beziehungsweise 30 Prozent, und Frankreich zum Beispiel müsse sie nur einfrieren. „Welche Botschaft senden wir damit den Entwicklungsländern?", fragt Hambley. Die USA schlagen eine „Stabilisierung" des Ausstoßes in den Industrieländern vor, wollen aber auch eine Reihe Entwicklungsländer in die Emissionsbegrenzung einbeziehen.

Eine Beilage zum Klimagipfel, S. 9 bis 12

Liebe Leserinnen, liebe Leser,

im derzeitigen Tarifkonflikt zwischen Redakteurinnen und Redakteuren auf der einen und dem Bundesverband Deutscher Zeitungsverleger auf der anderen Seite haben die Journalistenorganisationen ihre Mitglieder zu Warnstreiks und Protestaktionen aufgefordert. Die reduzierten Überschriften in dieser Ausgabe sind eine Folge dieses Aufrufs.

Wir bitten Sie um Verständnis.

Frankfurter Rundschau
Verlag und Redaktion

„Fall Starzacher"

doe WIESBADEN, 28. November. Die Affäre um die Vorabinformation von Sparkassen über Durchsuchungen wird kein gerichtliches Nachspiel für die hessische Landesregierung haben. Die Wiesbadener Staatsanwaltschaft stellte am Freitag das Ermittlungsverfahren gegen Finanzminister Karl Starzacher (SPD) ein und lehnte die Aufnahme von Ermittlungen gegen Justizminister Rupert von Plottnitz (Bündnisgrüne) ab. Starzacher habe die umstrittene Praxis der Frankfurter Steuerfahndung „weder angeordnet noch daran mitgewirkt", erklärte die Staatsanwaltschaft. Bei von Plottnitz, der den Staatsanwalt Wolfgang Greth abgelöst und dann wieder eingesetzt hatte, sahen die Ermittler keine „Handlung mit Strafvereitelungstendenz". *Bericht Hessen*

Urteil gegen Ankara

STRASSBURG, 28. November (afp). Der europäische Gerichtshof für Menschenrechte in Straßburg hat am Freitag die Türkei wegen eines Überfalls auf ein kurdisches Dorf verurteilt. Das Gericht gab der Klage von drei kurdischstämmigen Türkinnen statt, deren Häuser nach ihren Angaben bei einem Einsatz des türkischen Militärs in Brand gesetzt und zerstört worden waren. Mit 16 gegen fünf Stimmen stellte der Gerichtshof eine Verletzung des Grundrechts auf den Schutz des Familienlebens und der Wohnung fest. Die Richter rügten auch, daß die Frauen in der Türkei keine Rechtsmittel hatten, um Schadenersatz zu fordern. Dem Urteil zufolge muß Ankara die Gerichtskosten tragen und den Kurdinnen eine Entschädigung zahlen, über deren Höhe noch entschieden wird. Die Türkei ist Mitglied im Europarat und gehört zu den Unterzeichnern der europäischen Menschenrechtskonvention. Somit sind die Urteile bindend.

Nach Angaben der Klägerinnen waren türkische Soldaten am 24. Juni 1993 in das Dorf Saggöze eingedrungen, das im vorwiegend von Kurden bewohnten Südosten des Landes liegt. Die Soldaten steckten Angaben zufolge mehrere Häuser in Brand. Mit dieser Operation sollten sie dafür bestraft werden, daß sie Terroristen geholfen hätten, hätten die Soldaten den Bewohnern erklärt. *Kommentar S. 3*

Rußlands Geheimdienst verhaftet Offiziere

Von Florian Hassel

In Rußland wird Glasnost offenbar wieder durch Geheimniskrämerei ersetzt. Nachdem im Oktober ein restriktives Gesetz zum Schutz von Staatsgeheimnissen in Kraft getreten ist, nahm der Geheimdienst FSB mehrere Offiziere wegen freimütiger Äußerungen fest.

FRANKFURT A. M., 28. November. Wegen Spionage hat der FSB in Wladiwostok Grigorij Pasko, Kapitän bei der Pazifikflotte, verhaftet. In St. Petersburg steht Ex-Kapitän Alexander Nikitin wegen Hochverrats unter Anklage. Beide hatten den fahrlässigen Umgang mit radioaktivem Abfall in der russischen Flotte beschrieben. Als Pasko am vergangenen Sonntag von einer Dienstreise aus Japan zurückkehrte, wurde er im Flughafen Wladiwostok von Geheimdienstagenten festgenommen. Der Vorwurf: Er sei ein Spion und habe Staatsgeheimnisse verraten. Seitdem sitzt der 35jährige im Gefängnis des Geheimdienstes.

Alles spricht dafür, daß sich Pasko wegen seines Engagements im Gefängnis befindet. Immer wieder hatte er in der Flottenzeitung *Gefechtswacht* und in japanischen Blättern den fahrlässigen Umgang mit radioaktivem Abfall in der russischen Pazifikflotte beschrieben. Für das japanische Fernsehen drehte Pasko einen Film, der zeigte, wie radioaktiv verseuchtes Wasser aus atomgetriebenen Schiffen im Meer verklappt wird.

Das Oberkommando der Pazifikflotte hatte Paskos Engagement geduldet und seine häufigen Reisen nach Japan genehmigt. „Die Festnahme ist illegal", sagte Paskos Anwalt Oleg Kotljarow der *FR* per Telefon aus Wladiwostok. „Ich habe bereits Haftbeschwerde beim zuständigen Militärgericht eingelegt." Über die Beschwerde muß das Gericht innerhalb von drei Tagen entscheiden.

Doch Alexander Nikitin, ehemaliger Kapitän und Chefingenieur auf dem U-Boot K 387 der russischen Nordmeerflotte, kann ein Lied davon singen, daß sich der FSB bei der Rechtspflege Zeit nimmt. Im Auftrag der norwegischen Umweltorganisation Bellona schrieb Nikitin einen detaillierten Bericht über „Die Russische Nordmeerflotte — Quellen radioaktiver Kontaminierung". Er entnahm seine Informationen russischen Zeitungen und Bibliotheken und recherchierte vor Ort. „Im Marinestützpunkt Murmansk hat das Oberkommando der Nordmeerflotte offiziell meine Interviews genehmigt, die ich mit hohen Offizieren für den Report geführt habe", sagte Nikitin der *FR*.

Der Geheimdienst nahm ihn gleichwohl Anfang Februar 1996 wegen Spionage und Hochverrats fest. Zehn Monate und acht Tage saß er in St. Petersburg hinter Gittern, steht aber trotz seiner Freilassung noch immer unter Anklage, auch wenn er die Stadt jetzt erstmals verlassen durfte. Franz Kafka hätte die Geschichte nicht besser schreiben können: Welche Informationen des Reports geheim gewesen sein sollen, kann FSB-Sprecher Sergej Wasiliew nicht sagen. Diese Information sei geheim. Daß aber die von Nikitin gesammelten Informationen unter die Rubrik Staatsgeheimnis fielen, gehe aus zwei geheimen Dekreten des Verteidigungsministeriums von 1992/1993 hervor. Die aber sind so geheim, daß Oberstleutnant Boris Utkin, bis vor zwei Wochen beim FSB zuständig für den Fall Nikitin, sagte, selbst er habe sie nie gesehen.

Artikel 15 der Verfassung verbietet übrigens, jemanden aufgrund eines nicht veröffentlichten Gesetzes anzuklagen. Mitte September beschloß die Duma ein Gesetz über Staatsgeheimnisse, das in Artikel 5 alle Informationen über Stützpunkte, Arbeitsbedingungen und radioaktive Abfälle als geheim einstuft. Obwohl laut Verfassung Umweltinformationen nicht klassifiziert werden dürfen, unterschrieb Präsident Boris Jelzin das Gesetz.

FDP erhält vorerst kein Geld

Von Helmut Lölhöffel

BONN, 28. November. Mit Rücksicht auf eine anstehende Gerichtsentscheidung und aus Angst vor Kritik hält Bundestagspräsidentin Rita Süssmuth (CDU) eine der FDP zustehende Auszahlung von Staatszuschüssen zurück. Mit ihrer Entscheidung, die Anfang Dezember fällige Abschlußzahlung der Parteienfinanzierung für 1997 an die FDP in Höhe von zwei bis drei Millionen Mark auszusetzen, folgt Süssmuth dem Rat von Parlamentariern und ihres Rechtsvertreters im Verfahren um die FDP-Millionen. Obwohl Schatzmeister Hermann Otto Solms keinen korrekten Antrag gestellt hatte, ließ Süssmuth der FDP 1996 12,4 Millionen Mark aus der Bundeskasse überweisen. Dies beanstandete das Verwaltungsgericht Köln als unrechtmäßig.

Am 10. Dezember will das Gericht verkünden, ob und wann die FDP die Summe zurückzahlen muß. „Da zwischen diesem zu erwartenden Beschluß und dem gesetzlich vorgegebenen Auszahlungstermin nur wenige Tage liegen, hält es die Bundestagspräsidentin aus Achtung vor dem Gericht für angemessen, die Auszahlung bis 10. Dezember auszusetzen", erklärte Süssmuth am Freitag in Bonn.

Dies war ihr von Parlamentariern nahegelegt worden. Juristen der Bundestagsverwaltung hatten dagegen empfohlen, die Summe auszuzahlen, da sie „nicht streitig" sei. Der Anwalt Konrad Redeker, der in dem Rechtsstreit den Bundestag vertritt, riet aber mit Hinweis auf die öffentliche Meinung, die Auszahlung zurückzustellen. Zudem „befürchte" er, daß das Gericht eine Überweisung „als Mißachtung" empfinden würde.

Redeker hatte im Auftrag Süssmuths für ein Honorar von 20 000 Mark ein Gutachten angefertigt, worin er die Auszahlung von 1996 rechtfertigte. FDP-Chef Wolfgang Gerhardt akzeptierte das von der Bundestagspräsidentin „jetzt gewählte Verfahren, das aber „keine Kapitulation vor unseren Rechtsansprüchen" bedeute.

Die Ecke

ZÜRICH, 28. November (ap). Der russische Revolutionär Lenin beziehungsweise seine Erben haben bei einer Bank in Zürich noch zwölf Franken und 90 Rappen auf dem Konto. Die Zürcher Kantonalbank bestätigte am Freitag einen Bericht der *Neuen Zürcher Zeitung*, wonach ein Sparbuch Lenins mit 5,05 Franken bis 1939 verzinst und dann auf ein Sammelkonto übertragen wurde. Eine Nichte Lenins erhebt nun angeblich Anspruch.

Ein Sprecher der Bank erklärte, das Konto sei auf den Namen Wladimir Iljitsch Uljanow geführt worden. Vor 1917 hatte Lenin als Emigrant in Zürich gelebt. Bei seiner Rückreise hob er sein Vermögen bis auf einen kleinen Rest ab. In der ersten Nachforschungsrunde der Banken nach sogenannten nachrichtenlosen Vermögen sei das Konto unbemerkt geblieben, weil nicht nach Sparheften gesucht worden sei, so der Sprecher.

D 2987 A

Warnstreiks bei Tageszeitungen

Von Peter Henkel

Die Warnstreiks bei zahlreichen bundesdeutschen Tageszeitungen sind am Freitag erneut aufgeflammt. Nach einem entsprechenden Aufruf von Deutschem Journalistenverband (DJV) und IG Medien wurde die Arbeit in rund 100 Redaktionen ganz oder teilweise niedergelegt, so daß die Samstagausgaben teilweise nur mit beschränkten Umfängen oder gar nicht erscheinen konnten.

STUTTGART/BONN, 28. November. Die Arbeitgeber werten die Gewerkschaftsaufrufe mit den Schwerpunkten in Baden-Württemberg, Bayern, Bremen, Niedersachsen und Schleswig-Holstein als „verantwortungslose Scharfmacherei". In Hessen gab es Streikaktionen bei *Frankfurter Rundschau*, *Wiesbadener Kurier* und *Tagblatt*, *Gießener Allgemeine*, *Gießener Anzeiger*, *Wetzlarer Neue Zeitung*, *Oberhessische Presse*, *Fuldaer Zeitung* sowie der Lahn-Dill-Gruppe.

Anlaß für die Kampfmaßnahmen der Redakteure, die am Montag weitergehen sollen, liefert die Fortsetzung der Tarifverhandlungen an diesem Tag in Düsseldorf. Angesichts der noch weit auseinanderliegenden Positionen der Journalistenverbände und des Bundesverbandes Deutscher Zeitungsverleger (BDZV) wird auch von dieser fünften Runde noch kein Ergebnis erwartet. Eine BDZV-Sprecherin nannte die Darstellung der IG Medien, der BDZV hätte bei der letzten Runde am 21. November einen „Einigungsvorschlag" präsentiert und ihn zugleich als nicht mehr verhandelbar bezeichnet, eine „dreiste Lüge". Die IG Medien wies dies zurück und zitierte aus dem Text des BDZV-Vorschlags: „Die Elemente dieses Einigungsvorschlags stellen eine Einheit dar; der BDZV hält sich an sein Angebot bis zum 10. Januar 1998 gebunden."

Offensichtlich überrascht sind beide Seiten von dem Echo, das die Streikaufrufe in den Redaktionen finden. Schon bei der ersten Warnstreikwelle letzte Woche hatten 1200 Redakteure an 70 Tageszeitungen mitgemacht. Auch jetzt sei er „guten Mutes", sagte der IG-Medien-Vorsitzende Detlef Hensche in Stuttgart.

Kompromißbereit zeigt sich die IG Medien beim Thema Wochenarbeitszeit: Einer Verschiebung der tariflich bereits vereinbarten 35-Stunden-Woche um zwei Jahre würde sie zustimmen, wenn im Gegenzug Regelungen gefunden würden, die nicht kontrollierte und nicht zu vergütende Mehrarbeit ausschlössen. Die Journalistenverbände argwöhnen, daß die Verleger genau dies wollen, wenn sie von „Richtzeiten" oder „praxisnahen" Abmachungen sprechen. Solche Vorstellungen würden „erbittert" abgelehnt, sagte Hensche. Laut Gerd Nies, dem IG-Medien-Verhandlungsführer, kommt es nicht darauf an, ein starres Arbeitszeitkorsett vorzuschreiben, sondern zusätzliche Belastungen durch einen Anspruch auf spätere Entlastungen auszugleichen.

Der BDZV will außerdem den Gehaltstarifvertrag so modifizieren, daß die sogenannte Berufsjahrestaffel früher endet. Auch hier ist die IG Medien zu Veränderungen bereit, aber nur bei Kostenneutralität. Aufgegeben haben die Verleger ihre Forderung nach Kürzungen der Altersversorgung. Nies meinte, die Verleger wollten „die vermeintliche Gunst des gesellschaftlichen Klimas nutzen", um auch bei sich Kostensenkungen durchzusetzen.

Das Wetter

FRANKFURT A. M., 28. November (FR). Im Osten und Süden bedeckt und regnerisch, sonst starke Bewölkung und Schauer. Höchstwerte drei bis elf, Tiefstwerte sieben bis drei Grad. Weitere Aussichten: unbeständig. *Siehe Lokales*

Frankfurter Rundschau

60266 Frankfurt am Main
Telefon 069/2 19 91, Fax 069/21 99-34 21
Anzeigenannahme Telefon 069/2 02 21
Anzeigenannahme Fax 069/13 10 030
Vertrieb · Leserservice:
Tel. 069/21 99-34 78, Fax 069/21 99-32 64
Internet: http://www.fr-aktuell.de

Wie ist es möglich, dass Millionen von Lesern tagtäglich ein Medium mit derartigen Geburtsfehlern lesen? Seit einiger Zeit leidet es obendrein unter Krankheiten, die immer schlimmer werden. So viele Satzfehler, so viele entstellende Trennungen, das ist nicht gesund. Das schadet der deutschen Sprache mehr als die Rechtschreibreform. Wir legen doch hochoffiziell so großen Wert darauf, dass alle, die hier bei uns bleiben wollen, gutes Deutsch beherrschen. Wie soll ein frisch eingedeutschter Leser wissen, was richtig und was ein Satzfehler ist?

Und dann die schrecklichen Löcher in den Zeilen. In allen Typografie-Lehrbüchern steht, dass löchrige Zeilen das Lesen erschweren. Folglich kann man die Zeitung schlecht lesen, sie ist ja in der Regel viel weiter gesetzt als zum Beispiel Bücher. Aber Millionen von Lesern lesen sie, und zwar schnell.

Als Buchtypografen haben wir nicht nur gelernt, dass guter enger Satz dem konzentrierten Lesen dient, sondern dass auf einer Buchseite nicht zu viel Text stehen darf, sonst wirkt sie abweisend. Wieviel Text steht aber auf einer Zeitungsseite! Sie wirkt von Natur aus abweisend, deshalb müssen große Überschriften her, anmachende Vor- und Zwischentexte, Bilder, Zwischenüberschriften und Sätze im Rahmen, die laut sagen sollen, wie interessant es im Text hergeht. Das soll zum Lesen verlocken. Die Seiten der Boulevard-Zeitungen bestehen nur noch aus solchen optischen Anbiederungen. Kaum habe ich eine Überschrift ins Auge gefasst, schreit es gleich nebenan: Lies mich, ich bin viel interessanter! Versuche ich herauszubekommen, wie es weitergeht im Text, den ich eben unter der Überschrift angelesen habe, schiebt sich ein Bild dazwischen und sagt: Alles nicht so wichtig, schau mich an.

Ist das die Botschaft der Zeitungstypografie?

Die Zeitung kann nur gelesen werden, weil man sie nicht lesen muss, weil man nur *in* ihr liest. Müsste sie dann aber nicht viel übersichtlicher sein? Oder ist sie mit Absicht unübersichtlich wie ein Kaufhaus, in dem man über drei Etagen hin suchen muss, um den Kamm zu finden – Kaufanreizhaus müsste es heißen. Bei der Bildzeitung ist das legitim. Oberflächlichkeit, Vorurteilsbestätigung, Leserverdummung ist ihr Auftrag. Dem entspricht ihre Gestaltung optimal. Je ernster eine Zeitung es mit ihrem Inhalt nimmt, desto mehr Mühe hat sie mit ihrem Auftreten. In den letzten Jahren hat die ZEIT Wochenzeitungs-Konkurrenten bekommen. Sie wollen ihr Leser abjagen, indem sie sich ein bisschen in Richtung Boulevard-Zeitung bewegen: bunter, viele Bilder, kurze Texte, häppchenweise serviert, clever geschrieben (und meist schlecht gesetzt). Die Richtung scheint Erfolg zu haben. Die Zeitung ist die Zeitung, sei's drum.

Es gibt Büchermacher, die lesen so viel Zeitung und finden das so schön, dass sie davon lernen wollen. Die Überschriften und die Zwischenüberschriften eines Ratgebers (das Beispiel ist aus dem Leben gegriffen) sollen nicht nur viel größer und farbig werden, sie sollen auch mit einem munteren roten Haken versehen werden, ganz spontan, mit dem Computer kann man das leicht machen, die Tabellen sollen auf einem Farbverlauf stehen, da kann man sie zwar nicht mehr so gut lesen, aber dafür sehen sie modern aus, die Seitenzahlen sollen groß und attraktiv werden, das wirkt so schön jugendlich.

Nachträgliches Nachdenken über mein Unbehagen gegenüber der berühmten ZEIT-Typografie

Vor kurzem hat die ZEIT einen Preis für ihr Design bekommen. Sie ist ja auch wirklich schön und großzügig gestaltet. Dennoch werde ich ein Unbehagen nicht los.

In der ZEIT vom Donnerstag, 11. März 2000, Seite 4, eine Überschrift: Unterm Strich, ganz unten auf der Seite, kursiv, 10 mm Versalhöhe. Das ist groß, das fällt auf. Danach folgen ganze 4 1/6 Zeilen, eine spaßige Nebenbemerkung über einen Politiker.

Ist das der Grund für mein Unbehagen: Das Missverhältnis von Auftritt und Substanz? Ich habe manchmal den Eindruck: Die Form ist vorgegeben, sie verheißt Bedeutendes, jetzt schaut, ihr Autoren und Redakteure, dass ihr auch was Bedeutendes hineinschreibt ins schöne Layout. Oft aber wird nur bedeutsam formuliert. (Ich glaub' ich abonnier' doch die Neue Zürcher.)

In einem Fachartikel las ich, dass Paterson und Tinker (die berühmten Pioniere der Lesbarkeitsforschung) im Jahre 1931 mit Hilfe des Chapman-Cook-Speed-of-Reading-Tests festgestellt hätten, dass gegenüber schwarzer Schrift auf weißem Papier als Standard grün auf weiß, blau auf weiß und schwarz auf gelb nur wenig langsamer gelesen wurden. Signifikant schlechter gegenüber schwarz auf weiß waren

rot auf weiß
rot auf gelb
grün auf rot
orange auf schwarz
orange auf weiß
rot auf grün
schwarz auf purpur.

Das sind unwissenschaftliche und irreführende Aussagen. Schon »schwarz auf weiß« ist unpräzis. Was für ein Weiß? Schwarz auf grellweiß ist schlecht lesbar, schwarz auf leicht gebrochenem Weiß ist gut lesbar. »Rot auf gelb« gibt es nicht, es gibt tausend Rots auf tausend Gelbs. Und es gibt nicht »rote Schrift auf gelbem Grund«, sondern tausend Schriften, von denen sich jede anders verhält. Jede Schrift/Farb/Papier-Kombination würde bei einer seriösen Untersuchung zu anderen Ergebnissen führen. Glaubt keinen wissenschaftlichen Untersuchungen! Es gilt nur die Prüfung im Einzelfall!

Ich traue auch der Farbpsychologie nicht. Da wird uns gesagt, welche Assoziationen die Farbe Gelb oder Rot hervorruft, Aggressivität oder Aktivierung oder Beruhigung usw. Doch das identische Rot kann freundlich leuchtend oder aggressiv wirken, je nachdem in welcher Menge, in welcher Flächengröße es auftritt. Und – noch entscheidender – in welcher Farbumgebung und wechselseitigen Flächengröße es auftritt. Ja nach der Farb-Nachbarschaft kann ein Farbton seinen Charakter total verändern. »Das Rot« gibt es nicht. Das weiß und praktiziert jeder Maler. Wissenschaftler wissen das offenbar nicht.

Es wird über die Vergreisung der Klassik-Hörer geklagt. Die Produzenten von Klassik-CDs ficht das nicht an, ihnen sind die Alten offensichtlich egal. Sonst würden sie die Texte und Kommentare in den Booklets nicht in so winzigkleiner unlesbarer Schrift bringen. Sage keiner, das liege am kleinen Format und am geringen Platz. Nein, das liegt am typografischen Unvermögen.

Es liegt noch an etwas anderem, am Entwurfsmedium. Auf dem Bildschirm sieht so ein Text groß genug und ganz passabel aus, es wird im Kopf abgehakt; dann wird ausgedruckt und gedruckt – da gibt es keine Kontrolle mehr, nur noch Opfer.

Das lässt sich noch weiter führen: Die Packungsbeilagen von Arzneimitteln. Da wird häufig vorexerziert, wie man durch Schrift und Typografie den Empfang einer vielleicht lebenswichtigen Botschaft verhindern kann. Bei Nebenwirkungen fragen Sie Ihren Typografen.

Wenn Typografen lesen würden

Wenn Typografen lesen würden, was sie typografisiert haben, dann hätten sie in den 60er Jahren die Bleisatz-Helvetica nicht 10/10 Punkt gesetzt – doch der Grauwert war so schön.

dersachsen hängt eng mit dem Bestreben der Franken zusammen, die Seelen der hier ansässigen Sachsen vor der ewigen Verdammnis zu retten. Drei Jahrzehnte seines Lebens hatte Karl der Große investiert, um die widerborstigen sächsischen Stämme zu bekehren. Vor allem Herzog Widukind mit seinen Aufständischen hatte ihm zu schaffen

Sie hätten in den 70er Jahren – der Fotosatz machte es möglich – nicht den Buchstabenabstand verringert und den Grauwert noch reizvoller (und fleckiger) gemacht. Sie hätten in den 80ern nicht als Pendelschlag das Sperren entdeckt und statt des dichten einen lichten Grauwert-Reiz erzeugt.

Sie hätten in den 90ern nicht die Schriften verzerrt – der Computer machte es möglich – mit Vorliebe zarte Antiqua-Schriften wie auf dem Streckbrett in die Länge gezogen, ein neuer Schrift-Kitzel.

als kulturgeschichtliches Phänomen und stellt ihre Schrift-
in, Irene Schrift, Irene Irish). „Ich arbeite in meinen Text-
Schrifttypen, um jedem Autor eine Art 'Stimme' zu verleihen.
ten Schriftzug 'porträtiert'. Um die persönliche Sprache (von
ren, werden selbst erzeugte Schriften verwendet, die sich im
ur Zeit der Erstellung wichtig war." Ausgehend von ihrer eigenen
nen und Teilnehmern des Workshops ein Alphabet von A – Z.

Wenn Typografen lesen würden, würden sie nicht so winzig kleine Schriften in so endlos langen Zeilen setzen, womöglich in Zartrosa oder Hellblau (im Vierfarbraster) gedruckt. Auf dem Bildschirm sah das doch so schön aus.

scheinungsbild ist ein horizontal ausgerichtetes Lineal. Es ist auch Metapher für die Skelettbauweise des
des. Die Meßstriche des Lineals zitieren die Rhythmisierung der Fassade. Außerdem weist es auf die ehe-
Funktion des Gebäudes hin: eine Fabrik für Meßinstrumente. »Natürlich ist das Erscheinungsbild auch
nspielung auf das Urmeter Marcel Duchamps.« Im Gebrauch funktioniert es als Kalender des
ms. Die jeweiligen Projekte des Museums werden in die Zeitmaße seines linearen Systems eingefügt. Damit

Was für die Design-Typografen gilt, das gilt auch für die Büchermacher. Wenn die selber lesen würden, dann wären die Zeilen nicht so löchrig und der Zeilenabstand nicht so eng, dann würde man die Anmerkungen schneller finden, Inhaltsverzeichnisse und Register durchschauen, die Gliederung wäre verständlich und es gäbe keine sinnentstellenden Trennungen. Wenn die Typografen lesen würden, könnten wir besser lesen.

Einspruch: Büchermacher und Grafiker lesen, was sie typografisieren. Aber sie lesen, *bevor* gesetzt und gedruckt wurde. Sie haben schon das Manuskript gelesen, wozu das Gleiche nochmals lesen?

des einzelnen zeichens, zu bewerten und nicht nach ihrer eignung, das lesen zu erleichtern (oder auch zu erschweren).
für den typographen gilt als wichtigster maßstab, wie gut man eine schrift lesen kann. die lesequalitäten sind es, die eine schrift gut oder schlecht machen.

Wenn zum Beispiel Otl Aicher seinen Text über Lesbarkeit im fertigen Buch gelesen hätte und nicht nur zuvor als Manuskript, hätte er entweder seine Typografie neu gemacht oder seine Texte neu geschrieben.

Neville Brody: »Von Anfang an wollten wir einen Leser, der sein eigener Redakteur ist. Wenn einer eine halbe Stunde braucht, um ein Layout zu kapieren – okay. Wer sagt, daß man dem Leser Arbeit abnehmen muss?« (In: Der Spiegel, Hamburg 1988).

Neville Brody propagiert das, David Carson praktiziert das. Nicht den Leser möglichst ungestört von A nach B befördern, sondern ihn ernst nehmen auf der Suche nach dem verborgenen Gold. Was aber, wenn nicht Trüffel zu Tage treten, sondern vorgestanzte Kartoffelchips? Da sind wir wieder beim alten Thema: form follows function. Das Ergebnis muss den Aufwand lohnen. Das gilt auch für vorgebliche Nonkonformisten. Die Dichter der visuellen Poesie haben uns längst gezeigt, wie lohnend es sein kann, sich mühevoll in einen Text hineinzuarbeiten.

Kurt Weidemann, Thesen zum Lesen*

Aus These 3: *»Typographie hat schon vor Jahrhunderten ihre gültigen Formen gefunden. Dafür haben sich Gebote und Regeln gebildet und bewährt …«* Wie wohl die sich vor Jahrhunderten gefundenen gültigen Formen eines Streckenplanes der Underground aussehen mögen? Neue Anforderungen an die Typografie erfordern neue Antworten der Typografie.

Aus These 2: *»Typographie ist Dienstleistung …«*

Dienende Typografie, das habe ich im Ohr seit ich Typografielehrer hatte oder ihre Bücher las. Das klingt so hehr: Ich habe dem Wort, der Sprache zu dienen; das klingt nach höheren geistigen Werten, das klingt so präzis und ist doch so schwammig: Nur dienende Typografie ist gute Typografie. Wem und wozu diene ich als Typograf?

Wem diene ich mit Seiten, bei denen mehrere Headlines miteinander konkurrieren, eine raffinierter als die andere, über-, unter-, durcheinander geschoben, dann halbfette gesperrte Textpassagen, mit den Nachbarspalten raffiniert verzahnt, in die Zwischenräume schießen kleine pinkfarben oder blaugrün gedruckte Mini-Zeilen hinein und daneben prangt ein Initial. Das ist dienende Typografie, sie dient dem Vergnügen beim Lese-Zapping eines Techno-Magazins. Die von allen guten Typografen verachtete Bild-Zeitung oder der Blitz-Tip dienen dem schnellen Überfliegen. Wenn man Typografie ausschließlich als Dienstleistung betrachtet gilt: Der Zweck bestimmt die Mittel. Gehört aber nicht auch eine Art ästhetischen Verantwortungsgefühls dazu?

* Wenn Kurt Weidemann sagt, dass ich ihn falsch verstanden habe, so antworte ich, dass ich das mit Absicht getan habe.

Doch Vorsicht, wir Typografen dürfen uns nicht übernehmen, wir können die Welt und die Menschen nicht verändern. Typografie agiert nicht, sie reagiert. Wenn die jungen Leute heute anders lesen wollen, können wir sie nicht typografisch zwingen, zu lesen wie unsere Eltern gelesen haben. Wir müssen – in einer Weise, die wir verantworten können – auf ihre Bedürfnisse eingehen: dienende Typografie.

Früher, in der Antike, waren Bücher Rollen, in denen die Textkolumnen brav nebeneinander aufgereiht waren, solange die Papyrusbahn reichte, dann kam eine neue Rolle. (Bei den Juden ist das noch heute so ähnlich.) Dann kam der Codex, das Buch zum Aufschlagen, die Seiten in fester Folge zwischen die festen Buchdeckel gebunden. Der Codex setzte sich zur gleichen Zeit durch, als die Kirche Macht zu gewinnen bestrebt war. Ich habe gelernt: Der Codex ist eine Idee! Der heilige Text wird dem Leser nicht mehr neutral angeboten – nimm und lies –, der Leser wird vielmehr an der Hand genommen und zum Allerheiligsten geführt, hindurch durch viele Seiten mit Ehrfurcht gebietenden Bildern von Heiligen und heiligen Geschehnissen, vorbei an Buchstaben, die man kaum noch erkennen kann vor lauter Rankenwerk und Zierrat. An die Worte der Heiligen Schrift traut man sich kaum noch heran, die lässt man sich lieber von berufenem Munde vorlesen und deuten. Der Weg ins Buch ist wie das Schreiten durch die Kathedrale, durchs Halbdunkel bis zum Geheimnis des Tabernakels. So ungefähr hatte ich es verstanden.

Jetzt hat mir ein Buchbinder erklärt, wie es wirklich war. Da war ein Mönch, ein Theologe, es leid, beim Nachlesen und Zitieren und Vergleichen ständig hin- und herzurollen, sobald er zur nächsten Rolle griff – die gesuchte Stelle ist ja nie dort, wo man sie braucht – rollte sich das Buch wieder zusammen, er kam mit seinen Rollen dem Nachbarn in der Bibliothek und dessen Rollen ins Gehege, da nahm er kurz entschlossen das Messer und zerschnitt die endlose Rolle in handliche Einzelseiten.

Zur Vergangenheit, Gegenwart und Zukunft der Typografie

Kapitel 7

Typographie ist gelege
vor allem aber die Kur
einmal absehen zu kö

»Typographie ist gelegentlich eine Kunst: Vor allem aber die Kunst von sich selbst einmal absehen zu können.

Zur Befriedigung des Spieltriebes ist sie ungeeignet.«*
So sagt Kurt Weidemann in 9 mm Versalhöhe.

Lieber Kurt, warum eigentlich soll die Typografie zur Befriedigung des Spieltriebes ungeeignet sein?

* Ob K. W. die »Kunst von sich selbst« zum Begriff erheben wollte? Das fehlende Komma legt das nahe.

Beim Forum Buch + Art auf der Leipziger Buchmesse 1999 hat bei einer Podiumsdiskussion Heinz Hellmis vehement anklagend den Verfall der Buchtypografie und den Verlust aller Maßstäbe festgestellt. Von der in der DDR jahrzehntelang gepflegten Buchgestaltungs-Kultur ist nichts mehr zu spüren, es herrscht Ignoranz und Profitgier, so seine Ansicht.

Franz Greno verkündet seit Jahrzehnten, dass er sich vor allem an den Büchern des 18. und 17. Jahrhunderts orientiert, bei denen des 20. Jahrhunderts gäbe es nichts Beachtenswertes.

Juergen Seuss greift nicht weniger vehement die Verlage an, die keine typografische Kultur mehr haben. Der Verkaufshilfe Buchumschlag wird größte Aufmerksamkeit gewidmet, was danach kommt ist völlig egal – so seine Einschätzung der Situation. Seuss zitiert gern den Buchhändler, der feststellt, die Bücher unserer Zeit seien nicht antiquariatsfähig.

Das alles kann ich durchaus nachvollziehen. Aber:

In der DDR gab es in der Tat viele gut ausgebildete und gute Buchtypografen, die Qualität ihrer sorgfältigen Arbeit wurde nur durch technische Mängel und zu schlechtes Material getrübt. Aber es gab auch sehr viele sehr schlecht gemachte Bücher in der DDR.

Greno ließe sich entgegenhalten, dass es auch im 18. Jahrhundert, sogar im 17. Jahrhundert genug Bücher gab, die aus heutiger Sicht vielleicht typografischen Charme, aber auch aus damaliger Sicht nicht unbedingt hohe typografische Qualität hatten.

Juergen Seuss könnte man auffordern, die Allerwelts-Taschenbücher von 1970 mit denen von heute zu vergleichen. Er müsste einen unübersehbaren typografischen Qualitäts-

Aufschwung bestätigen. Ich hatte die Bibliothek einer alten Tante zu sichten, vor allem Bücher der 20er und 30er Jahre – da war nur wenig »Antiquariatsfähiges« dabei, sondern vor allem typografischer Schrott.

Die kulturpessimistischen Gegenwartskritiker betrügen sich selbst mit einem Trick, sie machen es sich leicht. Sie vergleichen die guten Arbeiten von damals mit den schlechten Arbeiten von heute. Würden sie die guten Bücher von heute mit den schlechten Büchern von damals vergleichen, müsste ihr Urteil anders ausfallen.

Große Lehrerpersönlichkeiten wirken schulbildend, ob sie wollen oder nicht. Das ist bei Medizinern und Philosophen so und bei Grafikern nicht anders, sie prägen ihre Schüler.

Sehr starke Persönlichkeiten können sich dem Schatten ihres Lehrers entziehen – HAP Grieshaber spürt man seinen Lehrer Ernst Schneidler nicht an und Gotthard de Beaucair oder Hans Schmoller nicht den Lehrer Rudolf Koch. Andere Schülerpersönlichkeiten gehen den Weg ihres Meisters weiter und werden selbst zu Meistern, wie etwa der Schneidler-Schüler Imre Reiner, oder bleiben ewig Meisterschüler wie der Rudolf-Koch-Schüler Herbert Post.

Das wirkt ins dritte und vierte Glied, doch nicht immer segensreich. Nehmen wir vier der wichtigsten schulbildenden Studienstätten, die im ersten Drittel des 20. Jahrhunderts die Weichen gestellt haben und direkt oder indirekt bis heute nachwirken.

Funktionieren und Vertrocknen

Leipzig, die Schule Walter Tiemanns und der Leipziger Drucker und Verleger. Ihnen verdanken wir typografisches Feingefühl und die Kontinuität soliden Könnens. Die gesamte belletristische und wissenschaftliche Buchtypografie steht bis heute auf diesem Boden, die Satzqualität hat hier ihren Maßstab.
Den schwächeren Nachfolgern dieser Schule verdanken wir verknöchertes handwerkliches Denken nach Vorschriften und Regeln: »So haben wir das immer schon gemacht.« Bereits im April 1933 wettert der große Drucker und Typograf C. E. Poeschel, der »Leipzig« entschieden beeinflusst hatte, in seiner

Schrift »Gegen Mechanisierung – für die Persönlichkeit. Ein offener Brief« gegen die »Verflachung durch reglementierte theoretische Typographie« und setzt sich für die Freiheit der »Persönlichkeiten mit vollem Verantwortungsgefühl für ihre Arbeit« ein. »Die Reglementierung rechnet mit der Trägheit des einzelnen, man darf ihm nicht zu viel zumuten, dem Armen, auch nicht zu viele Möglichkeiten eröffnen, er könnte sonst selbst erfinderisch werden und aus der Reihe tanzen«, polemisiert er.

Innere Kraft und Pseudo-Innerlichkeit

Offenbach, die Schule Rudolf Kochs. Die Qualität seiner Arbeit war an seine Kraft und Persönlichkeit gebunden. Seine Devise: Die Hand ist klüger als der Kopf. Das konnte kein anderer übernehmen oder steigern. Ihn hat, 1934, die Gnade des frühen Todes erreilt, sonst hätte er die Perversion seines Volkstum-Glaubens durch die Nationalsozialisten erleben müssen und sehen, wie so mancher seiner Schüler ihn nicht nur hilflos imitierte, sondern mit Hingabe »Hitlersprüche« schrieb.

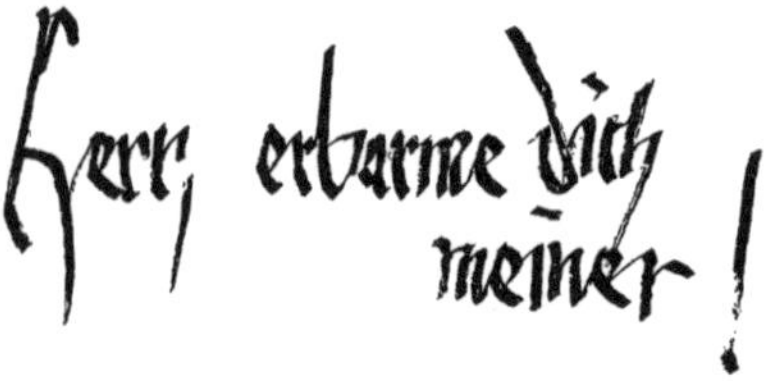

Rudolf Kochs Botschaft von der gespannten Spontaneität beim Schreiben hat in der Kalligrafie weiter gewirkt. Bei den Satzschriften gab es den großen Erfolg der Post-Antiqua, aber danach scheint der Strom aus Offenbach versiegt zu sein.

Forschung, Virtuosität, Manieriertheit

Ganz anders Schneidlers Stuttgarter Schule, die wirkt bis heute. Die beiden Umschläge von Kurt Weidemanns Buch »Wo der Buchstabe das Wort führt« rufen »Stuttgart, Stuttgart« (sein Bundesbahn-Logo allerdings nicht). Schneidlers Devise als Lehrer wie als Künstler war: Anfangen, anfangen, mit Ernst anfangen. Sein Ziel war das eigene Suchen, nicht das Lernen aus den Erfahrungen anderer.

Das Ergebnis war leider häufig Virtuosentum. Die Suche vieler seiner Schüler und Schülers-Schüler galt, wenn sie Schneidlers direktem Einfluss entzogen waren, dem Originellen, Besonderen, Noch-nicht-Gesehenen. Manierierte Pflege der Schriftform statt der Suche nach dem Verständnis der Form.

Klären und Klappern

Das Bauhaus konnte dauerhaft nur indirekt schulbildend wirken – was Deutschland betrifft; seine Meister mussten emigrieren. Der Ansatz des Bauhauses kam stark verändert via »Schweizer Typographie« und via »Ulmer Schule« zu uns. Aus dem revolutionären Ansatz der 20er Jahre war um 1960 ein Design-Konzept entstanden, das bis heute von großem Einfluss ist, in der Design-Typografie wie in der Buchgestaltung, z.B. bei Otl Aichers souveränem Bildbandlayout. Das rationale Klären der Problemstellungen, das konzeptionelle Denken und die daraus sich ergebenden formalen Folgerungen haben die Denk- und Arbeitweise vieler Designer-Generationen geprägt. Rolf Müllers (leider nicht mehr erscheinendes) »High Q« atmet in bestem Sinne Ulmer Geist. Leider entsprang dem Ulmer Geist nicht nur eine präzise Denkschule, sondern auch eine formalistische Ideologie. Es gab Gebote (Grotesk-Schriften) und Verbote (Mittelachse) und viele Ulmer und deren Nachfolger glaubten daran. Das hat uns Fluten von in ihrem Gestaltungsraster klappernden Bildbänden, Katalogen und Geschäftsberichten beschert, die der Devise zu folgen scheinen: Erst kommt das Schema – Text, Schrift und Bild haben sich zu fügen.

Das letzte Jahrhundertdrittel. Gab es da neue, eigenständig schulbildende Ansätze? »Leipzig« stand in der Stuttgarter Tradition, Schwäbisch Gmünd in der Ulmer. Vielleicht könnte man Willy Fleckhaus nennen, der mit »Twen« und seinem kühnen, skrupellosen Umgang mit dem Bild das Vorbild für alle späteren Magazin-Designer in Deutschland gab und der mit seinen eng

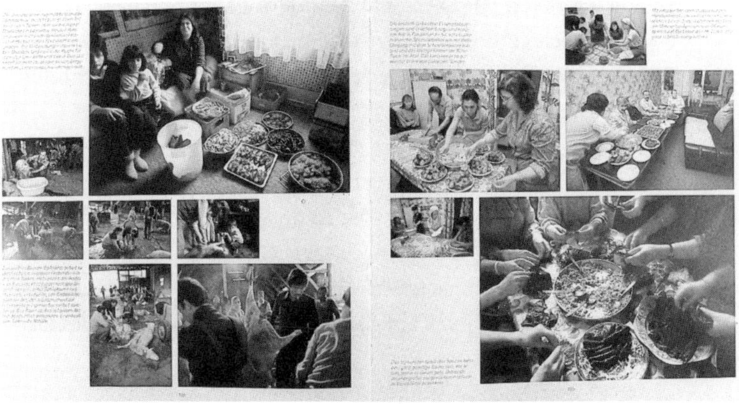

Der Islam 168

Zweimal in der Woche kommen türkische Kinder in eine Berliner Moschee, um den Koran lesen zu lernen.

Emine ist sieben. Das Lesen fällt ihr schwer. In der Schule lernt sie deutsch sprechen und lesen. Der Koran ist arabisch geschrieben.

Religionsunterricht 169

Niyazi ist mit fünf der jüngste Koran-Schüler. Während die Kinder lernen, kommen Erwachsene nach der Arbeit zum Gebet.

an eng gesetzten Fotosatz-Schriftbildern ganze Scharen von Nachahmern verdorben hat. Er konnte das, aus Buchstaben und Wörtern »Bilder« machen, jene haben nur noch die Wortbilder verunstaltet.

Und heute? Heute sind die »Schulen« austauschbar, es gibt keine stilbildenden Zentren mehr. Das ist der Preis der neuen Techniken und der Info-Globalisierung. – Wenn ich mir etwas wünschen könnte: Dass etwas von der Präzision und Nüchternheit der »Ulmer Schule« auf die Szene der Design-Beliebigkeit einwirken möge.

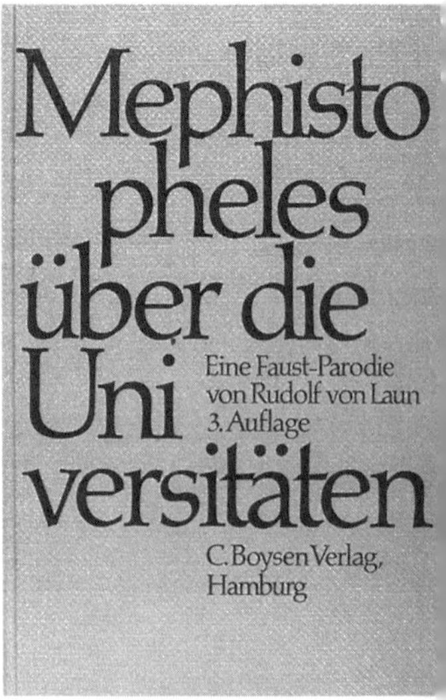

Kurt Weidemann schreibt, El Lissitzky sei für ihn kein Typograf. »... heute sollte man ihn abtun, aber nicht als ›aktuell‹ ansehen. [Sowenig wie Piet Zwart, Werkmann, selbst Schwitters als Typograf.] Typographie ist die Kunst, von sich selbst einmal absehen zu können (eine vollkommene Dienstleistung) ...« Solcher Denkweise verdanken wir, dass die Typografie nach jedem Ansatz alsbald wieder vertrocknet. Ich muss zwar bekennen, dass ich als Typograf so handle, wie Weidemann es vorschreibt. Dass ich nicht ganz eingetrocknet bin, verdanke ich dem Umstand, dass ich nicht so denke, wie er es vorschreibt.

Ich denke, dass Kurt Weidemann auch nicht so denkt, wie er schreibt, sonst wäre er nicht so frisch geblieben. Er handelt als Typograf ja auch nicht immer so, wie er sagt, dass er denkt. Kurt Weidemann war Lehrer, ich war Lehrer, speziell für Buchgestaltung, also in dem Bereich, wo man der Typografie noch mehr als anderswo die dienende Rolle zuschreibt. Natürlich habe ich meine Aufgabe, die Studentinnen und Studenten für die Praxis im Beruf vorzubereiten, ernst genommen: »Im Leben draußen geht es anders zu (so sagen alle Lehrer). Bedenkt die Umsetzbarkeit, bedenkt die Kosten, bedenkt die Wünsche des Kunden, denkt an die Zielgruppe, achtet auf die Details« usw. Das habe ich aber erst im 7. oder 8. Semester gepredigt. Zuvor habe ich gesagt: »Lest euren Text, lest ihn genau, und dann schaut, was er mit sich machen lässt, spielt ohne Rücksicht auf angebliche Regeln, Zweck und Ziel, lernt die Buchstaben kennen und lieben oder hassen, verbannt die Schere aus dem Kopf, probiert aus, was die Typografie hergibt, probiert aus, was ihr selber hergebt, versucht, eure Grenzen zu erweitern. Danach werden wir uns zusammensetzen, vergleichen und diskutieren, ob ihr dem Text genutzt oder geschadet habt, wo eure Mittel glaubhaft sind und wo sie nur vordergründig eingesetzt sind.«

Wie die frühen zu den späten Semestern verhält sich das Studium zur Praxis. Wer nicht versucht hat, zu weit zu gehen, wird nicht weit kommen. Wie das Studium zur Praxis verhält sich die Aufbruch-Zeit der Neuen Typographie zur heutigen Praxis. Schwitters, Bauhaus, El Lissitzky, Piet Zwart und die anderen haben die Grenzen der Typografie verschoben und den Raum erweitert, in dem wir Heutige uns »dienend« bewegen können. El Lissitzkys Revolutions-Typografie war typografisch revolutionär. Wie konnte er die Bilder zum Sprechen bringen! Das war nicht mehr die sorgfältige, regelrechte Anordnung von Schrift und Bild auf der Papierfläche, sondern die Aktivierung der Wirkung der Bilder im Kopf. Wenn das nicht aktuell ist bis heute! Woher haben denn die beweglichen, typografisch so schön unverschämten Amerikaner, die cleveren Magazinmacher, die suggestiven Bildmanipulationen der Werbung ihre Ansätze, ihre Wurzeln, wenn nicht bei den Pionieren wie El Lissitzky!

Dass heute didaktische Typografie funktioniert, verdanken wir diesen Pionieren. Dass sie alle mehr oder weniger typografische Laien waren, ist kein Zufall. Gelernte Setzer hätten den Auf- und Umbruch, von dem auch Kurt Weidemann und ich zehren, nie geschafft; das Neue kommt immer von außen, von Nicht-Fachleuten.

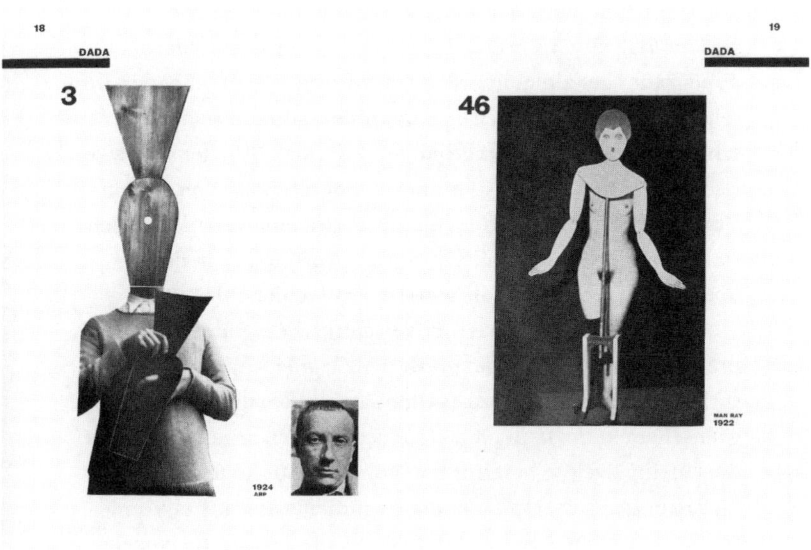

Wenn Kurt Weidemann mit seinem Verdikt gegen El Lissitzky und Konsorten allerdings die bloße formale Nachahmung gemeint hat, hat er natürlich Recht. Die Gestaltungsmittel der Pioniere sind historisch. Doch die Kühnheit ihres Denkens ist als Maßstab aktuell. Demgegenüber sind die heutigen Neuerer nur Dekorateure.

tstil kontra
enhof-Typografie

Jan Tschichold hatte Mitte der 40er Jahre in der Schweiz, seinem Exil, einen Vortrag zum Thema »Konstanten der Typografie« gehalten, in dem er mit der 20 Jahre früher von ihm selbst vertretenen »Neuen Typographie«, also mit sich selbst, schonungslos ins Gericht gegangen war. Max Bill, der schweizerische Avantgarde-Künstler und -Typograf, hörte von diesem Vortrag, fühlte sich getroffen und schrieb einen Artikel in den »schweizer grafischen mitteilungen« (April 1946). In der übernächsten Nummer antwortete Jan Tschichold.

Max Bill schießt scharf. Er verteidigt die eigene Position mit präzisen Argumenten und greift den Gegner unpräzis an. Er spricht von der »zurück zum alten satzbild«-Seuche, von »typografischem heimatstil«, von »fadenscheinigen argumenten«, auf die Uneingeweihte hereinfallen könnten. Merkwürdigerweise (aus heutiger Sicht) spitzt er die Argumentation auf »asymmetrie kontra symmetrie« zu. Er definiert die Typografie korrekt als »... die gestaltung von satzbildern in ähnlicher weise, wie die moderne, konkrete malerei die gestaltung von flächenrhythmen ist. diese satzbilder bestehen aus buchstaben, die sich zu worten fügen. die verhältnisse und größenunterschiede der buchstaben und der verschiedenen schriftgrade sind genau festgelegt. in keiner kunstgewerblichen berufsgruppe besteht ein solches maß von präzisen voraussetzungen für die gestaltung wie in der typografie. dieses präzise grundmaterial bestimmt den charakter der typografie.«

Dann diffamiert er Typografie, die genau das anstrebt, was er beschreibt als »rezept-typografie«, nur deshalb, weil die Überschriften und Titeleien auf Mittelachse stehen. Er erklärt plausibel, »das verschwinden der einstmals als charakteristische modische zutat erschienenen fetten balken und linien, der großen punkte, der überdimensionierten paginaziffern ...«, und unterstellt zugleich, dass die »meter-ornamentik« notwendiger Bestandteil der symmetrischen Typografie sei (als ob Jakob Hegner in seinen Büchern jemals Ornamente verwendet hätte).*

Max Bills Aufsatz ist eine höchst amüsante »Typolemik«. Tschichold lässt sich nicht lumpen und gibt Kontra. Er argumentiert von einer um Schlichtheit bemühten hohen Warte aus, lobt die Bücher Max Bills, die dieser in seinem Aufsatz gezeigt hat, holt weit aus in die Kulturpolitik und Politik hinein, er findet ebenfalls hübsche Formulierungen für die Position des Gegners, wie »Vergewaltigung durch diese Kasernenhofästhetik« o. Ä., er beweist, dass es durchaus richtig ist, für einen Katalog moderner Architektur »den typografischen Stil ... aus den Formgesetzen der konkreten Malerei abzuleiten« – wie es Max Bill praktiziert – »genauso wie es richtig wäre, einen Band Barocklyrik ein wenig der Barocktypografie zu nähern. Eines wie das andere ist Kunstgewerbe.«

Sein Fazit: Bill ist ein doktrinärer, starrsinniger Typograf mit einem »allzu rigorosen Dogma«. Max Bill wiederum entlarvt Jan Tschichold als einen »historisierenden typografen«, der »rezepte aufstellt und sie mit dem schein der richtigkeit zu umgeben versteht«.

Da sitzen die beiden in einem Boot, schlagen aufeinander ein, dass es nur so schaukelt und merken nicht, dass sie genau das Gleiche wollen: Ordnung. Der eine wirft dem anderen die Mittelachse vor, dem anderen fehlen beim einen die Einzüge bei den Absätzen – auf derlei beschränkt sich, wenn man den Wortschwall beiseite lässt, die ganze Kontroverse.

* Christian Morgenstern hat sich schon vor neunzig Jahren über den Satzschmuck des damals führenden Buchkünstlers Emil Rudolf Weiß mit einem Epigramm mokiert: »Ein Zierstück bin ich von Herrn Weiß (E:R:)/er weiß, was ich hier soll, sonst keiner mehr.«

1925 waren sie beide Revolutionäre – Tschichold wie Bill – und sind es 20 Jahre später nicht mehr. Sie wollen es nicht mehr sein, sie suchen festen Boden unter den Füßen, sie suchen nicht nach einfachen Regeln oder Gesetzen, sondern nach Gültigem.

Was ist passiert: Die Welt ist zusammengebrochen. Hitler hat den Krieg begonnen und verloren und mehr hinabgerissen als Millionen von Toten und zerstörte Städte, er hat die Gültigkeit, die Sicherheit der Maßstäbe zerstört, der ethischen, der juristischen, der menschlichen und auch der typografischen. Es war nicht mehr sicher, ob das noch gilt, was zuvor galt. Das Bestreben aller Menschen war es, neue Sicherheiten zu gewinnen, auch das Bestreben der vom Krieg physisch verschonten Schweizer. Wer – wie Bill und Tschichold – in der Schweiz lebte, hatte jedoch die Chance, schon während des Krieges zu reagieren, wir in Deutschland gebliebenen konnten das erst nach dem Krieg und auch dann nicht so schnell.

Für Tschichold war die rettende Entdeckung die tradierte Buchtypografie und deren rein auf die Funktion ausgerichtete Basis. Eine neue Sicherheit, nachdem er erfahren hatte, dass die Revolution, an der er selbst beteiligt war, zur Zerstörung dessen geführt hatte, was eigentlich sein Ziel war: der Fortschritt.

Max Bill fand seine Sicherheit in der Verdichtung, in der Konzentration der Substanz des »Funktionalismus« auf die Funktion.

Bills und Tschicholds Typografien sind eng verwandt, sie sind Kinder der gleichen Zeit, sie sind Geschwister. Es ist – wie später auch »Ulm« – die Typografie des Wiederaufbaus, die Typografie der Adenauerzeit: keine Experimente.

Erst eine Generation, die nicht mehr von Krieg und Nachkrieg geprägt war, konnte wieder glauben, dass man durch Revolution die Menschen und die Welt und auch die Typografie verbessern könne. Für diese Leute war das, was Bill und seinesgleichen wie das, was Tschichold und seinesgleichen machten, praktisch das Gleiche, nämlich bürgerliche Ästhetik, die es zu überwinden, zu beseitigen galt. Das Boot ist 1968 nicht gekentert und nicht leckgeschlagen, die Insassen haben heute gemeinsam gegen ganz andere Strömungen (oder sind es nur Wellen?) anzurudern.

Friedrich Friedl hält sich ein Auge zu

Die Diktion des Vorwortes von Friedls unentbehrlicher Sammlung »Thesen zur Typographie« suggeriert, dass da jemand von hoher Warte aus einen neutralen, gültigen Überblick gibt. In Wahrheit wird manipuliert.

»... Die erneute Auseinandersetzung mit dem Funktionalismus der 20er Jahre erlebte in dem strengen Groteskstil der Schweizer Typographie und der fast wissenschaftlichen Gründlichkeit der Hochschule für Gestaltung Ulm neue Höhepunkte.

Dazu standen die lauten, wenig dogmatisch belasteten Impulse der amerikanischen Werbetypographie genauso in krassem Gegensatz wie die faustischen Warnungen der Kalligraphie- und Bleisatzkünstler, die im Aufkommen der neuen Techniken und der damit verbundenen Freiheiten wieder einmal das Ende der Typographie sahen ...«

Was mag er wohl gemeint haben mit den »faustischen Warnungen«, wen mag er wohl gemeint haben mit den »Kalligraphie- und Bleisatzkünstlern«? Seine Wortwahl »fast wissenschaftliche Gründlichkeit« kontra »faustische Warnungen der Kalligraphie- und Bleisatzkünstler« wertet auf eine nicht gerade Vertrauen erweckende Weise. Raunen statt Argumentieren.

Ich vermute, dass Friedl vom Zeitraum zwischen den späten 50ern bis zu den späten 60er Jahren spricht. »Ulm« wurde 1953 gegründet und lebte bis 1968. Wer hat zu dieser Zeit dazu »in krassem Gegensatz« gestanden? Es können doch wohl nur die Vertreter der »traditionellen« oder »klassischen« Typografie gemeint sein. Die wichtigsten waren damals, wenn ich es recht sehe, Siegfried Buchenau, Gotthard de Beauclair, Karl Keidel, Richard von Sichowsky, Georg Trump, Hermann Zapf. Wer von ihnen war »Kalligraphie- und Bleisatzkünstler«, wer hat »faustische Warnungen« ausgestoßen? Das hätte man gerne gewusst, um zu verstehen, was er meint. Ein wenig irritiert mich auch, dass Friedl die »neuen Techniken« ins Spiel bringt, denn mit denen hatte »Ulm« nichts zu tun, der Fotosatz begann ganz zaghaft, als dort die Lehre eingestellt wurde. Wen und was meint er? Dass Friedl drittrangige Kalligrafen und Typografen als Zeitzeugen heranzieht, kann ich mir nicht denken.

Aber zu denken gibt es mir schon, was er im Vorwort zum zweiten Band der Sammlung »Thesen zur Typographie« schreibt bzw. gerade nicht schreibt. Friedl spricht vom außerordentlichen Veränderungsbedürfnis, von dem die Typografie zu Anfang unseres Jahrhunderts bestimmt war, er skizziert die Entwicklung des Jugendstils von dessen fortschrittlichen Impulsen bis zur Erstarrung. Der nächste Absatz lautet: »Nach der im Ersten Weltkrieg endgültig sichtbar gewordenen Sinnentleerung des Tradierten kam es … zu radikalem Neubeginn. Das Bauhaus in Weimar, die de-Stijl-Gruppe in Holland … entwickelten Formen, die das Funktionale und Elementare der Typographie … berücksichtigen. Diese, unter großen Anfeindungen entwickelte neue Typographie, ist die unmittelbare Basis für unsere Gegenwart …«

Ist das wirklich die Entwicklung der Typografie um die Jahrhundertwende: Historismus des 19. Jahrhunderts – Jugendstil – Neue Typographie? Kein Wort von derjenigen Typografie, die international wie national ebenso prägend und dauerhaft war und ist wie die »Neue Typographie«.

Bei der ideologischen Typografie-Auseinandersetzung »Tradition« gegen »Neuerer« wird gern übersehen, dass sich hier zwei im Grunde (nicht in der formalen Konsequenz) gegeneinander ausspielen ließen, die beide ein und denselben Gegner hatten: Das typografische Chaos des späten 19. Jahrhunderts.

William Morris und Thomas J. Cobden-Sanderson setzten dagegen die Renaissance der Renaissance-Typografie. Aus diesem Ansatz ergab sich – in Deutschland via Leipzig, wo C. E. Poeschel die neue Typografie erklärte – in der Praxis des Büchermachens die funktionale Lesetypografie. Das war nicht einmal 15 Jahre vor der Gründung des Bauhauses.

Diese einzig auf Funktion, auf gute Lesbarkeit ausgerichtete Typografie hat wegen ihrer ideologischen Neutralität das Jahrhundert unbeschadet überstanden – die Ideologie der Nazi-Kultur, den Verlust der Fraktur, die Umstellung vom Handsatz zum Bleimaschinensatz, vom Bleisatz zum Fotosatz, vom Fotosatz zum heutigen Computersatz. Sie hat sich mit den Zeitläufen etwas modifiziert, aber dauerhaft bewährt, nämlich überall dort, wo es um das Lesen von längeren Texten geht.

Die nur etwas jüngere »Revolution«, die »Neue Typographie«, ist nicht die *einzige*, sondern die *andere* prägende Kraft unserer heutigen Typografie. Sie hat größere Umwege von den aufregenden Anfängen über die Ideologie bis zur selbstverständlichen Wirksamkeit machen müssen als die Reform-Typografie, doch heute funktioniert sie – im Gegensatz zu den Zeiten, da man vom »Funktionalismus« sprach. Es ist müßig, die beiden tragenden Stränge der Typografie des 20. Jahrhunderts gegeneinander auszuspielen, beide zielen auf Funktion und nicht auf Dekoration, sie sind Geschwister und nicht Gegner.

Wäre es nicht korrekt gewesen, im noch so knappen Vorwort eines Buches, in dem Vertreter aller Richtungen zu Wort kommen, das, wenn schon nicht auszuführen, so doch anzudeuten?

El Lissitzky war die Schlüsselfigur der modernen Typografie. Wo wir auch nachlesen über deren Beginn und Entwicklung stoßen wir auf den Namen El Lissitzky. Bei den russischen Konstruktivisten, bei de Stijl, bei Dada und beim Bauhaus.

Er war nicht nur ein wichtiger Künstler, ein Visionär, ein kritischer Beobachter und ein intellektueller Anreger, sondern neben allem, wenn nicht vor allem, ein Epoche machender Typograf. Wichtiger noch als die berühmte typografische Inszenierung von Majakowskis Gedicht »Für die Stimme« scheinen mir die revolutionären Hefte »Rußland im Bau« mit ihren Bildcollagen zu sein.

Die Wurzel, aus der El Lissitzky seine Nahrung zog, war die Revolution, der Aufbruch, die Hoffnung auf das Neue, Bessere. Diese Kraft, dieser Mut zum Neuen, dieses Vertrauen in eine Zukunft, die es zu bauen gilt, ist allenthalben in seinem Werk zu spüren. Überzeugend neue Typografie hat ihre Wurzeln immer in der gesellschaftlichen Situation. Der Ansatz der russischen Revolution erzwang geradezu revolutionär Neues nicht nur in der Kunst, sondern auch in der Typografie.

Die Titelblätter von »Rußland im Bau« zeigen das deutlich. Experimentierlust, Überwindung steril gewordener Vorbilder, Erprobung ungewohnter Materialien, bei jedem Heft Neues, Kühnes. Das Heft »Der sowjetischen Arktis gewidmet« von 1933 zum Beispiel. Der Bildausschnitt: die beiden Schornsteine mit dem Sowjetstern schräg ins Bild geschoben, der Rauch waagerecht abtreibend, das Schiffsdeck – nur ein kleiner Ausschnitt davon ist zu sehen – scheint sich nach vorne, nach oben zu schieben. Man spürt das Schaukeln und Stampfen, den Kampf gegen die Naturgewalt, den Willen zum Sieg. Pathos der Revolution. Und dann der Absturz.

Das Heft des Jahres 1937. Grüngrau mit Gold, brav auf Mittelachse gebaut, zusammengebastelte Symbole, Hammer und Sichel im Ährenkranz, Strahlensonnen; spannungslos, kleinbürgerlich, ängstlich. Das hätte auch bei uns in Deutschland, 1937 bei Hitler oder 1950 bei Ulbricht nicht spießiger daherkommen können. Das soll der große, der revolutionäre El Lissitzky gemacht haben! Wie ist das möglich?

Die Typografie ist ein Spiegel der Zeit, wie die Kunst. 1937 gab es in der Sowjetunion keinen revolutionären Aufbruch mehr, keine Zukunfts-Vision, keine Begeisterung, das Neue zu gestalten, sondern nur noch Enge und Angst. Da konnte auch ein El Lissitzky nur noch eng und ängstlich gestalten.

Restauration, Revolution, Reform, Evolution, Fortschritt

Bei einer Jurysitzung der »Schönsten Bücher« stand ein auffallendes Buch zur Diskussion an. Ein handliches Format, grellgelber Umschlag mit doppelt eingeschlagenen Klappen, in hartem Kontrast schwarz bedruckt, ein unkonventioneller Einband, der Buchblock am geraden Rücken mit einem Leinenstreifen eingefasst, drangeklebt einfache Graupappe. Große, kräftige Holzschnitt-Illustrationen von Hans Ticha, tiefschwarz auf gelb gedruckt, bestechend gut gedruckt wie auch die Schrift; Bleisatz, Buchdruck, handwerklich vollkommen. Auch die Typografie von Gerd Wunderlich ist aufs Sorgfältigste durchgearbeitet, Rockwell mager mit vielen fetten Buchstaben, mit Sperrungen und raffiniert ausgearbeiteten Details. Vielleicht zu raffiniert? Es sind Bert Brechts »Flüchtlingsgespräche«. Einer der Juroren sprach dagegen: das sei nicht glaubwürdig, das Buch tritt so auf wie »1968«. Das könne man heute nicht nachmachen, darum »stimme« es nicht, im Ansatz nicht und nicht im Zusammenklang von Text, Illustration, Typografie und Buchkörper.*

Dem wurde entgegengehalten, was gut gemacht sei, sei gut, man könne Buchgestaltung doch nicht unter sozial-ästhetischen Gesichtspunkten beurteilen, sondern nur unter fachlichen. Dieses Buch sei typografisch und handwerklich viel besser gemacht als die angeblichen Vorbilder.

Gerade das macht es aus. Die Bücher der »68er« wollten provozieren, sie sollten uns unsere »scheißbürgerliche« Verlogenheit vorführen und deren Ästhetik fertigmachen. Das sollte nicht nur der Inhalt leisten, sondern gleichbedeutend auch die Form: der »schlechte« Druck ihrer Drucksachen, die ruppige Typografie, alles gegen den »guten Geschmack«.

* Das Buch wurde trotz der Einwände »belobigt«, bei einem weiteren Wettbewerb bekam es eine Silbermedaille. Das war eine andere Jury, die ließ sich nicht durch die fehlende Provokation provozieren.

Auch Bert Brecht wollte provozieren, aufrütteln, das Stück wurde 1940 geschrieben. Wie kann man dem heute gerecht werden? Eine gepflegte Provokation gibt es nicht. Der Versuch muss scheitern.

Ähnliche Bedenken kamen mir, als ich vor Jahren das Bändchen von Günter Bruno Fuchs, Zwischen Kopf und Kragen, aus dem Wagenbach-Verlag bekam, gestaltet von Rainer Groothuis. Zunächst dachte ich: Ist das aber ein zahm gewordener Fuchs, ich erkenne zwar seine Gestaltungselemente wieder, den Kontrast der Schriftstile und -fetten, natürlich die Holzschnitte, das Papier – aber das hätte Günter Bruno Fuchs doch niemals so reduziert gemacht. Gerade das ist es: Das Buch gibt sich auf den ersten Blick als zu der Wagenbach-Reihe *SVLTO* gehörig zu erkennen, dann erst kommt man drauf, worum es sich handelt. Es imitiert nicht Günter Bruno Fuchs, es zitiert ihn.

Es ist merkwürdig: Wenn ich heute ein Jugendstilbuch, ein Bauhaus-Buch oder eines der 68er nachahme, ist das unglaubwürdig, das sieht alt aus. Wenn ich dagegen heute ein Buch mache, das dem Vorbild Jakob Hegner oder Gotthard de Beauclair folgt, dann wird man das vielleicht etwas brav und konservativ finden, aber wohl eher von Zeitlosigkeit als von Vergangenheit sprechen. Wie würde man – in diesem Zusammenhang gefragt – eine Drucksache bewerten, die heute im Sinn der strengen Jahre der »Ulmer Schule« gestaltet ist? Zeitlos oder alt?*

* Ich freue mich jedes Mal, wenn eine Einladung der »Galerie Hoffmann« aus Friedberg eintrifft, die mir beweist, dass jene Typografie nicht alt ist, sondern modern.

Wenn einer heute ausdrücklich »heutige« Typografie macht, kann das – bei aller Gestaltungsqualität – morgen schon wie von gestern aussehen. Wenn einer heute Typografie macht, deren Basis gestern oder vor langer Zeit gelegt wurde, kann das ganz »heutig« sein.

Die Buchtypografie ist ein merkwürdiges, epochenübergreifendes Medium. Wenn einer heute Musik schriebe wie 1960 Györgi Ligeti oder 1920 Paul Hindemith, wenn einer bauen würde wie 1960 Egon Eiermann oder 1920 Adolf Loos, wenn einer Bilder malte wie 1960 Wilhelm Nay oder 1920 Paul Klee – das geht nicht, das würde einem kein Mensch mehr abnehmen.

Dass heute einer seine Buchseite aufbaut wie 1960 Karl Keidel oder ein »Ulmer«, oder wie 1920 Jakob Hegner – das geht durchaus, das wird einem abgenommen. Typografie, Buchtypografie, ist eben keine Kunst, die immer aufs Neue das Sehen und Erleben verändert und erweitert. In der Typografie ist die Vergangenheit ständig gegenwärtig. Das Vorbild einer der weitestverbreiteten Schriften, der Garamond, stammt aus dem 16. Jahrhundert, die Bodoni (zum Beispiel als IBM-Hausschrift eingesetzt) ist 200 Jahre alt, die »moderne« Times erschien 1936, die Grotesk-Schriften, von vielen als *die* Schrift des 20. Jahrhunderts empfunden, entstand zu Beginn des 19. Jahrhunderts und etablierte sich um die Jahrhundertwende vom 19. zum 20. Jahrhundert. In keinem Bereich unserer Kultur leben wir so eng und selbstverständlich mit der Historie verbunden wie bei der Typografie.

Wenn die Vergangenheit in der Gegenwart so weiterlebt, wie kommt es, dass manche typografischen Erscheinungsformen früherer Zeiten vergangen sind, andere aber lebendig blieben?

Ist es wirklich so, wie Jan Tschichold gepredigt hat, dass allein die Harmonie der Buchseite und die gute Lesbarkeit der Maßstab sei und alles andere Tagesmode, die alsbald wieder vergessen sei?

Ich denke, dass es doch etwas komplizierter ist. Drei Beispiele als Erklärungsversuch: Die Typografie des mittleren und späteren 19. Jahrhunderts ist nicht deshalb vergessen, weil sie schlecht lesbar war (das war sie auch, zum großen Teil jedenfalls), sondern weil sie sich auf Vergangenheiten aller Art berief, ohne Selbstsicherheit. Das war Eklektizismus, Beliebigkeit, vordergründige Restauration. Vergleichbares fand im Dritten Reich statt, obwohl da mehr ideologischer Hintergrund vorhanden war. Das heute nachzuahmen hieße, die Restauration restaurieren.

Eine Gegenbewegung war der Jugendstil, eine neue autonome Ausdrucksform ohne Vergangenheitsbezug, auch in der Buchkunst. Diese Bewegung hatte ein Programm, sie war Programm. Der Jugendstil war keine Tagesmode, sondern eine Revolution, nach der nichts mehr war wie zuvor. Vergleichbares geschah nach dem Ersten Weltkrieg (Dada, Bauhaus) und wieder 1968 – Vergleichbares, nicht Gleiches, denn Revolutionen kann man nicht wiederholen, auch in der Buchkunst nicht. Man kann nur neue Revolutionen machen. Revolutionäre Buchgestaltung ist nicht mehr revolutionär, wenn die Revolution vorbei ist.

Die um die Jahrhundertwende von William Morris ausgelöste Reform der Buchkunst* bezog sich auf die Vergangenheit, auf die Renaissance, aber nicht imitierend, wie der Historismus, sondern reflektiert, eine eigenständige Entwicklung einleitend.**

Dieser typografische Ansatz konnte sich verändern, mit der Zeit gehen, ohne an Sicherheit zu verlieren – bis heute.

Wie steht es aber mit der Typografie, die vom »Bauhaus und Umgebung« ausging, war das denn keine Revolution? Das begann entschieden als Revolution, danach war nichts mehr wie zuvor. Doch wurde aus dieser Revolution Evolution. Wenn einer heute Bauhaus-Typografie nachahmen wollte, das könnte nicht gelingen, ebenso wenig wie beim »68er«-Buch. Wenn einer den typografischen Denkansatz des Bauhauses verstanden und die Erfahrungen der »klassischen« Lesetypografie verinnerlicht hat und auf dieser doppelten Basis heute heutige Typografie macht, dann ist das vielleicht sogar Fortschritt.

* Kenner werden mich auf die Nähe von Morris zum Jugendstil hinweisen, aber das ändert nichts an der späteren Entwicklung.

** Das gilt nicht für die Bücher, die Morris selbst machte, wohl aber für die Folgen.

»Wirken sich gesellschaftliche und politische Umstände in der Typographie aus?«

Jan Tschichold hat im Jahre 1948 einen Artikel mit dieser Überschrift veröffentlicht. Er hat die Frage gestellt, um sie sogleich entschieden verneinen zu können. Sein Fazit: »Alle Kunst des Satzes hat die auf langer Erfahrung fußenden Erkenntnisse über die beste Leserlichkeit und handwerklich sinnvollen Aufbau zu beachten, die von Tagesmoden und politischen Auffassungen gänzlich unabhängig sind. Es kann daher weder eine eigentlich ›neue‹ noch eine sozialistische, faschistische oder kapitalistische Typographie geben, sondern nur guten oder schlechten Satz.«

Zuvor polemisiert Tschichold: »Neben dieser echten Linie der Typographie liegen die typographischen Moden der Gegenwart, die weder von gesunder Technik [was mag wohl gesunde Technik sein?] noch von genügend begründeten Erwägungen über die ideale Leserlichkeit ausgehen, sondern eine im tiefsten Grunde verantwortungslose Spielerei mit typographischen Effekten – unerwarteten und absonderlichen Schriften, gewaltsamen Kontrasten, neuartigen, aber nur einmaligen Aufbauvarianten – betreiben. Der ›Stil unserer Zeit‹ ist das nicht. Noch weniger sind solche Versuche das Beste der heutigen Typographie. Sie sind zwar nicht unbrauchbar im Dienste kurzlebiger Drucksachen, aber unfruchtbar, da sie keine neue Tradition bilden können. Ein Pessimist könnte sagen, dass sie den Ausverkauf der europäischen Tradition und die desperate Gegenwart illustrieren. Ihr manchmal zur Schau getragener Optimismus ist eine Täuschung und kann höchstens mit schmaler Einsicht, mangelndem Bewusstsein und zu geringer Verantwortung gegenüber der Geschichte entschuldigt werden. Eines baldigen Tages werden alle diese heute noch zur Not neuartigen Wirkungen schal und altmodisch sein, und man wird wiederum nach neuen und ebenso kurzlebigen Effekten Ausschau halten müssen. Gute Typographie aber wird dann noch genauso aussehen wie vorher.« Das schrieb er vor 50 Jahren.

Genau genommen hat Tschichold damit gesagt: Nicht sein kann, was nicht sein darf. Das, was es neben der »eigentlichen Typographie« gibt, gibt es nicht, denn es ist nicht von Dauer. Folglich lohnt es nicht, darüber nachzudenken, woher der modische Wechsel der Zeitstile kommen konnte, nämlich durch die gesellschaftlichen Einflüsse, die es nicht gibt.

Hat er keinen Einfluss der Politik auf seine Typografie erlebt? In seinem »Reminiscor«-Artikel (»Ich erinnere mich«) schreibt er: »In wenigen Jahren war es Tschichold gelungen, eine Art Lehrgebäude einer durchaus neuen Typographie zu errichten, das zu großen Hoffnungen berechtigte. Diese wurden jählings zerstört durch den Ausbruch des sogenannten Dritten Reiches, ... Die Typographie der Hitlerzeit ist steril und genauso miserabel wie die der Zeit vor 1925 ...«*

Ist das kein Zeichen für den Einfluss der Politik auf die Typografie? Warum wurde die »Neue Typographie« im Dritten Reich unterdrückt? Ästhetische Gründe waren hier politische Gründe.

Im Gespräch hörte ich Jan Tschichold auf die Frage, warum er sich als Typograf um 180 Grad gedreht habe, sagen, dass er mit Schrecken beobachtet habe, dass seine typografischen Mittel missbraucht werden konnten, dass sie nicht nur missverstanden und schlecht eingesetzt wurden, sondern auch in falschem propagandistischem Geist. Die Beobachtung, dass der zuvor vehement propagierte Weg pervertierbar war, dass seine Typografie verdorben werden konnte, wenn sie in die falschen

* Da wäre Widerspruch anzumelden: Vor 1925 wurde in Leipzig bei Poeschel und den anderen oder von Jakob Hegner in Hellerau vorbildliche Typografie gemacht, und während der Hitlerzeit wurden unzählige Insel-Bändchen gedruckt, die heute Sammelobjekte unter Kennern sind.

Hände kam, diese Einsicht habe ihn zum Studium der alten Bücher und zur Erkenntnis der »eigentlichen« Typografie und so auf den rechten typografischen Weg gebracht, den es nunmehr zu verteidigen und zu propagieren galt. Das ist nichts anderes als die Schilderung gesellschaftlicher Einflüsse auf die eigene typografische Biografie.

Jan Tschichold war zweifach Kind seiner Zeit. Damals, 1925, als er einreißen wollte, um eine bessere Welt aufzubauen, und 1945, als die Welt zusammengebrochen war und jedermann nach Verlässlichkeit suchte. Es ist nicht möglich, unabhängig von den gesellschaftlichen Bedingungen der Zeit zu leben und Typografie zu machen.

Tschicholds Frage muss eindeutig bejaht werden. Gesellschaftliche und politische Umstände wirken sich auf die Typografie nicht nur aus, sie bestimmen deren Entwicklung. Das war schon vor zweitausend Jahren so beim Kaiser Qin, der eine Schrift für viele Sprachen durchsetzte und so sein Riesenreich China zusammenfügen und zusammenhalten konnte; das war vor tausend Jahren bei Karl dem Großen so, der die »karolingische Minuskel« als Machtinstrument zum Zusammenhalt seines Reiches benutzte, dessen Zerrissenheit zuvor durch die zahlreichen Nationalschriften sichtbar war. Die Einführung der kyrillischen Schrift hatte den Zweck, die Grenze zwischen Ostrom und Westrom vor Augen zu führen und in den Köpfen zu festigen, was bis heute gelungen ist: Im seinerzeit geeinten Jugoslawien gab es eine Sprache, aber zwei Schriften, genau an dieser Grenze zerbrach Jugoslawien. Das Entstehen unserer Antiqua war gesellschaftlich begründet (die Humanisten contra Rom). Der durch Jahrhunderte währende Streit Antiqua contra

Fraktur war gesellschaftlich und politisch begründet, so um 1800, als die Deutschen das Licht der Aufklärung mit den modernen Lettern, der klassizistischen Antiqua, verbanden und dann ihre Schriftbegeisterung pro Fraktur (»deutsche Schrift«) umschlug, als statt des neuen, aufgeklärten Menschen der Eroberer und Besatzer Napoleon kam – nun hieß die Antiqua diffamierend: welsche Lettern.

Der Verfall der Typografie im 19. Jahrhundert ist gesellschaftlich bedingt – durch die Entwicklung des Buches zum Lesefutter der bürgerlichen Masse und die Verlagerung des Besitzes vom traditionsbewussten Kulturträger zum neureichen Protzbedürfnis. Die Reform von William Morris um 1900 hatte ebenso einen gesellschaftlichen Ansatz wie 25 Jahre später die »Neue Typographie«. Beide wollten den neuen Menschen schaffen und suchten dafür die richtige Form.

Rudolf Kochs volksnahe Schreibkunst war gesellschaftlich begründet. Die Verherrlichung und die Zerschlagung der Fraktur durch die Nazis war politisch, machtpolitisch begründet.

Die Typografie der Nachkriegs-Jahre ist gesellschaftlich erklärbar und ihre Infragestellung durch die 68er ebenso. Und die heutige Konsumorientierung des Design und der Typografie ist eine Reaktion auf unsere gesellschaftliche Situation.

Die Typografie ist unlösbar mit der gesellschaftlichen und politischen Entwicklung verbunden.

Zur Zukunft des Buches

Bücher wird es auch in Zukunft geben, aber nur für einen kleinen Kreis von Liebhabern; die Masse der Menschen wird nicht Bücher lesen, sondern via Internet kommunizieren. So ähnlich sagen es uns die Medien-Zukunfts-Forscher.

Welch eine Chance für die Buchkunst! Wenn nur ein kleiner Kreis von Kennern Bücher kaufen wird, werden diese Bücher wertvoll. Was wertvoll ist, dem soll man seinen Wert auch ansehen – goldene Zeiten für die Buchgestalter!

Tausende und Abertausende von Büchern würden nicht mehr gedruckt, weil sie nicht mehr gebraucht werden. Wäre das ein Schaden, wenn dennoch die Bücher gedruckt würden, die gebraucht werden, die es wert sind?

Ist das nicht die falsche Diskussion? Geht es bei dem prophezeiten Kampf der Medien wirklich um »Buch contra Elektronik«?

Am meisten Papier wird für Produkte verbraucht, die getrost von der Bildfläche verschwinden dürfen, vielmehr: die getrost vom Papier auf die Bildfläche wechseln dürfen. Wenn ich demnächst ein einzelnes Blatt in der Hand halten kann, auf das ich per Klick die Bild-Zeitung – Sensation für Sensation – projizieren lassen kann oder die Fußballergebnisse oder Börsenkurse, und gleich darauf ist per Klick alles wieder verschwunden – wäre das nicht ein Segen für die Menschheit, für die Papierkörbe und die Wälder?

Eigentlich bin ich von Haus aus gar kein Typograf. Ich bin Büchermacher geworden wegen der Texte. Mich hat es gelockt, der Literatur, die mich interessierte, die Form zu geben, in der ich sie lesen möchte. So kam ich zur Typografie, so kam ich zu meinen Folgerungen für die Typografie aus der Sicht des Lesers.

Musste es mich nicht notwendig schockieren, als ich vor 40 Jahren von Herrn McLuhan und vor 10 Jahren von Herrn Flusser erfahren musste, dass es damit, mit dem Lesen, bald vorbei sei, nämlich dann, wenn das elektronische Zeitalter unsere Gesellschaft voll erfasst habe? Dann wird nur noch das Bild und das gesprochene Wort kommuniziert; Schreiben und Lesen, damit ist es dann vorbei.

Inzwischen ist das elektronische Zeitalter über unsere Gesellschaft hereingebrochen, alle jungen Menschen kommunizieren mittels ihres PC und die alten auch. Am liebsten tummeln sie sich im Internet, und was tun sie – sie lesen. Sie klicken ihre Bibliothek an und müssen kilometerlang lesend suchen. Vielleicht finden sie, was sie suchen, sie sehen bunte Bildchen, die sich sogar bewegen können, aber alles, was wichtig ist, muss man lesen. Die E-Mail-Botschaften muss ich am Bildschirm oder auf Papier ausgedruckt lesen. Das Wichtigste, was es zu geben scheint auf dieser Welt, die Börsenkurse, muss ich lesen. Vorschriften, Verordnungen und Gesetze gelten nichts, wenn ich sie nicht lesen kann. »Hallo, hier dürfen sie nicht durchgehen«, das kann ich hören und glauben oder nicht, das Schild »Durchgang verboten« lese und glaube ich. Was geschrieben ist, das ist geschrieben.

Gelesen wird so viel wie eh und je, nur anderes und anders. Es ist ein Fehler, Gutenberg und alles, was wir von ihm und nach ihm gelernt haben, zu vergessen. Gutenberg ist nicht aufs Papier fixiert. Die Lese-Erfahrung von Millionen und Abermillionen »Papier-Lesern«, das, was daraus sich für Schrift und Typografie ergeben hat, kann auf die Bildschirm-Typografie übertragen werden. Nicht in der unreflektierten Übernahme von »Regeln«, sondern mit der Frage, die allein zu guter Typografie führt: Wie soll das gelesen werden, was sind dafür die richtigen Mittel. So haben es alle guten Typografen seit Gutenberg gemacht.

Gutenberg am Ende? Am Ende Gutenberg!

Kurt Weidemann sagt: Typografen sind Dienstleute, Typografie, die sich selbst erklärt, ist so sinnvoll wie ein Waschmittel, das sich selber wäscht. Das ist hübsch gesagt, aber vielleicht trägt der alte Vergleich der Typografie mit einem Transportmittel doch besser zur Klärung bei. Da könnte man vom Fahrrad zum Güterzug, vom ICE zum Super-Sportwagen seine Vergleiche ziehen, bis zum Auto, das in der Zirkus-Arena mit Knall zerplatzt oder mit dem Modell im Auto-Salon, das noch gar nicht fahren kann. Waschmittel sind nicht so vielseitig.

Ich sagte es schon, ich bin, was meine eigene Tätigkeit als Typograf betrifft, durchaus einer Meinung mit Kurt Weidemann, ich handle, wie er sagt, dass man denken müsse (denke ich wenigstens), aber im Urteil über die Typografie anderer bin ich vorsichtig geworden. Vielleicht gibt es doch auch andere Maßstäbe für Typografie als ihre Funktionstüchtigkeit. Schließlich ist die äußere Form ein Bestandteil des Fahrzeugs, das mich – im Falle der Typografie meine Gedanken – von A nach B bringen soll.

Kann das Transportieren von Inhalten wirklich die einzige Aufgabe der Typografie sein? Wenn wir den Begriff so weit fassen wie unsere Nachbarn, die Franzosen, und mit »Typografie« den Umgang mit Schrift meinen (und nicht nur, wie bei uns üblich, den Umgang mit vorgefertigter Schrift), dann ist die Frage eindeutig beantwortet: Es gibt spätestens seit dem 8. Jahrhundert Typografie, die nur dazu da ist, schön zu sein, der es nur (oder fast nur) um die ästhetische Wirkung und nicht um Funktion zu tun ist (es sei denn, man spricht auch der Ästhetik eine Funktion zu).

Die Schreibmeister des 16. und 17. Jahrhunderts benutzen einen Text, um ihr Können vorzuführen, nicht um eine inhaltliche Botschaft zu vermitteln, und ebenso die Kalligrafen der Mitte unseres vergangenen Jahrhunderts. Sie benutzten Texte, um ihre Bewegungs-Virtuosität vorzuführen, wie Eiskunstläufer die Musik (übrigens wurden wohl auch die Schlittschuhe zu dem Zweck erfunden, um von A nach B zu gelangen. Ist der Eiskunstlauf auch wie ein Waschmittel, das sich selbst wäscht?). Dass ein Kalligraf von einem Text zu seinem Schriftblatt angeregt wird, widerspricht dem nicht. Sein Ziel ist ein Schrift-Kunstblatt. Das kann von einer Text-Interpretation ausgehen, es kann aber auch auf jeden Text-Bezug verzichten, wie die unzähligen Blätter eines der größten Kalligrafen des Jahrhunderts, Ernst Schneidler. Selbstzweck-Kalligrafie existiert, und zwar seit Jahrhunderten, die lässt sich nicht wegdogmatisieren.

Warum sollte einem Typografen, der seine Buchstaben aus der Konserve nimmt, verboten sein, was dem Kalligrafen, der seine Buchstaben selbst herstellt, erlaubt ist? Sind die schwingenden und schwebenden Schrift-Bilder die Emil Ruder mit

UniversUniversUniversUniversUniversUniversUniversUnivers
UniversUniversUniversUniversUniversUniversUniversUnivers
UniversUniversUniversUniversUniversUniversUniversUnivers
UniversUniversUniversUniversUniversUniversUniversUnivers
UniversUniversUniversUniversUniversUniversUniversUnivers
UniversUniversUniversUniversUniversUniversUniversUnivers
UniversUniversUniversUniversUniversUniversUniversUnivers

Adrian Frutigers Univers gesetzt hat, keine Typografie, nur weil sie nichts als schön sind? Man könnte entgegnen, die unendliche Wiederholung des Wortes »Univers« sei Werbung, damit Mittel zum Zweck und somit gute Typografie. Ich denke aber, dass diese Drucke in erster Linie der Freude am formalen Umgang mit der Schrift zu verdanken ist – Typo-Kalligrafie. Man könnte auch Lust am Experiment dazu sagen, das ist hier das Gleiche.

Mich faszinieren Schriften, die ich nicht lesen kann. Sie sind eigentlich auch nur dazu da, einen Text zu transportieren, doch ich kann nicht mitfahren, ich habe kein Billett. Warum faszinieren sie mich? Nur weil die fremden Schriften eigenartig schön aussehen?

Nicht nur, glaube ich. Sie verbergen etwas, sie haben ein Geheimnis, sie verheißen eine Botschaft. Welcher Art die ist, kann ich nur ahnen. Eine Nachricht, ein Gedicht, eine Weisheit, ein Befehl? Kann ich das der fremden Schrift ansehen? Vielleicht kann ich es spüren? Falls ich es spüren kann, woran liegt das? An der Form der Zeichen, an ihrer Anordnung, am Zusammenspiel miteinander und der Umgebung, mit dem Grund, auf dem sie stehen, dem Papier oder Stoff oder Stein. Auch Schrift, die ich nicht lesen kann, spricht.

Mit anderen Worten: Die Formen der Buchstaben sind ein unablösbarer Bestandteil des Transportmittels Typografie, jedes Zeichen ist eine abstrakte Form, die für sich spricht und zugleich eine Bedeutung hat – und umgekehrt: Jeder Buchstabe hat nicht nur seinen Platz im Wort, sondern er ist zugleich selbstständig sprechende Form.

Aus den Buchstaben bildet der Setzer Wörter und Zeilen. Die Aufgabe ist – es ist inzwischen oft genug wiederholt – die Vermittlung von Inhalten. Dafür ist ihre Lesbarkeit Voraussetzung. Wenn aber der Träger der Botschaft, das Papier, der Bauzaun, der Stein zum Teil zerstört ist, ist es dann aus mit der Botschaft? Ja, denn sie ist nicht mehr verständlich. Aber es entsteht etwas Neues. Die isolierten Wort-Rudimente fangen an, für sich selbst zu sprechen. Wenn der Nachbar in der Zeile verlorengegangen ist, wird auf einmal zum Wort oder Wortrest darunter oder darüber Kontakt aufgenommen. Es entstehen neue Zusammenhänge, neue Verbindungen, neues Leben.
Das kann uns auf Schritt und Tritt begegnen, denken wir an Andruckbogen aus der Druckmaschine, bei denen der Text übereinander gedruckt ist: Ein Wort, eine Zeile wird freigegeben und lesbar, dann schieben sich andere Zeilen darüber und der weitere Sinn wird verborgen. Die Neugier, die durch die Fragmente entstanden ist, wird nie befriedigt werden, das Geheimnis bleibt. Die Dichter der visuellen Poesie haben das längst erkannt und kultiviert. Ist derart veränderte Typografie keine Typografie, nur weil man die Botschaft nicht lesen kann?

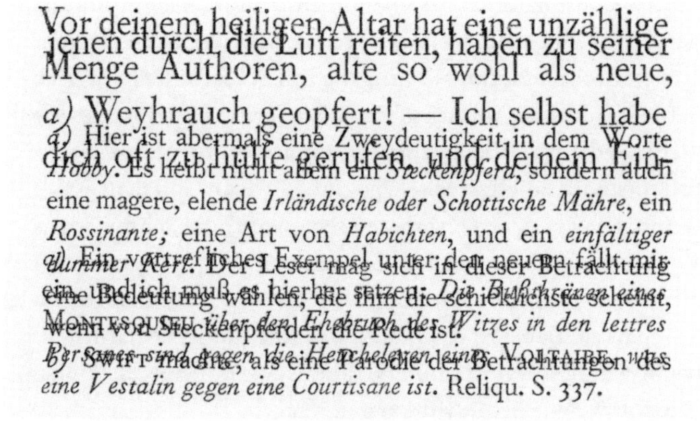

Vor deinem heiligen Altar hat eine unzählige
Menge Authoren, alte so wohl als neue,
a) Weyhrauch geopfert! — Ich selbst habe
eine magere, elende Irländische oder Schottische Mähre, ein
Rossinante; eine Art von Habichten, und ein einfältiger
eine Vestalin gegen eine Courtisane ist. Reliqu. S. 337.

Nun gibt es seit einigen Jahren eine Typografie, die so ähnlich aussieht: Übereinander gelagerte und verschränkte Zeilen und Wörter, Zeilen- und Wort-Fragmente, scheinbar aus der Tiefe kommend, keine Begrenzung achtend, Grau mit Grau, Farbe mit Färbchen kosend, zart und hart sich gegeneinander und durcheinander schiebend. Doch ist kein Zufall dabei, alles ist mit Kunstfertigkeit und voller Absicht so gemacht. Das sieht wunderschön aus – es kann jedenfalls wunderschön aussehen, wenn es gut gemacht ist (schlechte Arbeit interessiert hier nicht). Ist das nun schlechte oder gute Typografie?

Das ist wohl – unter anderem – die Typografie, gegen die Kurt Weidemann polemisiert. Zu Recht oder zu Unrecht?

Zunächst habe ich das Phänomen David Carson so kommentiert: Da wird behauptet, das sei etwas ganz Neues. Der freie, künstlerische, emotionale Umgang mit Schrift. Doch in Wirklichkeit gab es das immer schon. Die neue, befreite Typografie ist nichts anderes als die Kalligrafie von heute, typografischer Eiskunstlauf, Selbstzweck-Typografie. Warum soll dem Computer-Typografen verboten sein, wofür die Schreibfeder-Virtuosen gerühmt wurden? Sie nehmen einen Text zum Anlass, mit ihren jeweiligen Mitteln etwas Schönes, Neues, Aufregendes zu schaffen. Dabei ist das Emotional-Künstlerische natürlich wichtiger als die verständliche Inhalts-Vermittlung, bei Johann Neudörffer wie bei David Carson.

Doch dieser Interpretation widerspricht David Carsons eigener Anspruch. Er wurde von einem Interview-Partner gefragt: »Du hast mit der These Furore gemacht, man solle Lesbarkeit nicht mit Verständlichkeit verwechseln. Kleben die Leute in puncto Lesbarkeit an Klischees?«

David Carson: »Lesbarkeit ist doch keine Garantie für ein optimales Verständnis. Das kann doch gerade das Falsche übermitteln. Konservative Buchtitel, Lexika, die junge Leute gar nicht anfassen würden, könnten vollkommen anders gestaltet sein. Publikationen haben optisch oft die falsche Botschaft oder aber eine viel zu schwache. Wesentlich wichtiger als reine Lesbarkeit sind doch Emotionen. Für mich jedenfalls.«

Doch dann spricht er doch wieder vom Text:

»Ich musste von der Unterüberschrift bis zur Headline vieles nicht nur gestalten, sondern auch texten. Ich kümmere mich von Anfang an um die Texte. Das widerspricht diametral dem gängigen Vorurteil, dass ich Texte nicht respektieren würde. Im Gegenteil, zuerst kommt der Text und dann beginne ich mit meiner visuellen Interpretation. In diesem Punkt fühle ich mich dem Autor und Leser gegenüber verpflichtet.«

Will er doch, dass »seine« Texte gelesen werden? Hat er vielleicht die Vermutung, dass er die jungen Leute, von denen er beständig spricht, gerade dadurch zum Lesen reizt, indem er das Lesen erschwert?

Hoffentlich zahlt sich die Geduld aus. Wenn der Text nicht hält, was die Typografie verspricht, wird man beim nächsten Mal gar nicht erst zu lesen beginnen, es lohnt sich ja nicht.

Aber wenn es sich lohnt? Ich hatte die Diplomarbeit eines Buchgestaltungs-Studenten zu bedenken. Er war so tollkühn gewesen, als Thema »Assoziationen zum Ulysses von James Joyce« zu wählen. Zu der Arbeit gehörte ein theoretischer Teil. Der war zum Aufschneiden gebunden, am Rücken zusammengeklebt, jedes Seitenpaar vorne geschlossen, ein Falzbein als Lesezeichen war beigegeben. Auf den sichtbaren Seiten war die theoretische Abhandlung gut lesbar ausgedruckt. Ich wollte sie schnell durchlesen, war dann aber doch neugierig und schnitt die Innenseite auf. Da war der gleiche Text zu sehen, aber

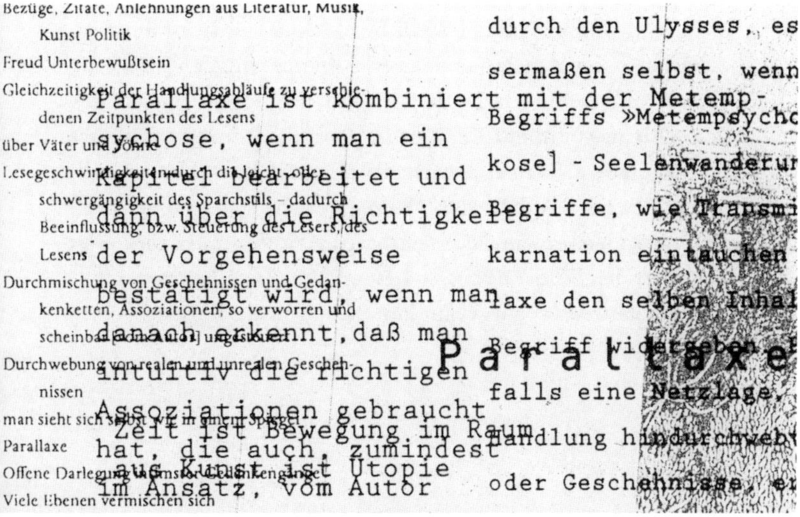
Bezüge, Zitate, Anlehnungen aus Literatur, Musik,
Kunst Politik
Freud Unterbewußtsein
Parallaxe ist kombiniert mit der Metemp-
sychose, wenn man ein
Kapitel bearbeitet und
der Vorgehensweise
bestätigt wird, wenn man
Assoziationen gebraucht
hat, die auch, zumindest
im Ansatz, vom Autor
Parallaxe
Viele Ebenen vermischen sich
durch den Ulysses, es
sermaßen selbst, wenn
kose] - Seelenwanderu
karnation eintauchen
laxe den selben Inhal
falls eine Netzlage,
oder Geschehnisse, e

umgeben und durchdrungen und überlagert von vielerlei anderen Texten und Textchen, von Assoziationen des Autors beim Schreiben über die Assoziationen zum Ulysses. An diesen Seiten bin ich hängen geblieben, ich habe, mit Mühe zwar, aber mit Vergnügen gelesen, die assoziativen Texte wie die Abhandlung, die durch diesen Kontext ihren Charakter veränderte. Es kann also – so meine Selbsterfahrung – durchaus möglich sein, dass Lese-Erschwerung zum Lesen verleitet. Nur muss der Text das tragen, nein, er muss es herausfordern. Mit einer Gebrauchsanweisung kann man das nicht machen und mit einem journalistischen Allerweltstext auch nicht. Die David Carsons wären also an ihren Texten zu messen.

Vielleicht ist aber alles nochmals ganz anders? Vielleicht ist David Carson nicht ein Typo-Kalligraf in der Kette einer alten Tradition. Vielleicht kündigt er wirklich eine neue Welt der Typografie an, nur wir alten Leute, Kurt W. und ich, wir haben es nicht verstanden?

Ist die Art, in der wir zu lesen gewohnt sind, wirklich die einzige, die uns von A nach B führt? Vielleicht benutzt solche Typografie nur das falsche Medium? Sie spielt sich auf dem zweidimensionalen Papier ab, vielleicht aber müssen ihre Wörter und Zeilen aus der dritten Dimension, aus der Tiefe des Bildschirms kommen? Der Text ist dann nicht mehr – wie auf dem Papier – als Angebot vorhanden, und der Leser entscheidet, wie er liest; der Text entsteht dann vielmehr während der Leser liest. Wie einer einem Gesprächspartner zuhört und dabei Wort für Wort den Sinn aufbaut, so liest er Wort für Wort mit, bis sich der ganze Satz aufgebaut hat. Du liest wie du hörst.

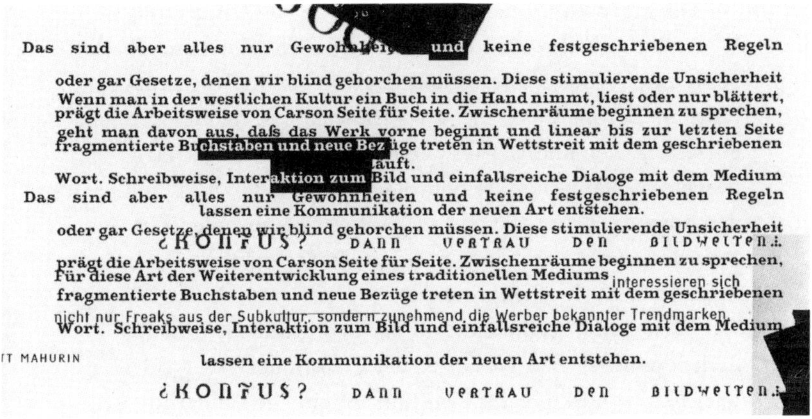
Das sind aber alles nur Gewohnheiten und keine festgeschriebenen Regeln
oder gar Gesetze, denen wir blind gehorchen müssen. Diese stimulierende Unsicherheit
Wenn man in der westlichen Kultur ein Buch in die Hand nimmt, liest oder nur blättert,
prägt die Arbeitsweise von Carson Seite für Seite. Zwischenräume beginnen zu sprechen,
geht man davon aus, daß das Werk vorne beginnt und linear bis zur letzten Seite
fragmentierte Buchstaben und neue Bezüge treten in Wettstreit mit dem geschriebenen
läuft.
Wort. Schreibweise, Interaktion zum Bild und einfallsreiche Dialoge mit dem Medium
Das sind aber alles nur Gewohnheiten und keine festgeschriebenen Regeln
lassen eine Kommunikation der neuen Art entstehen.
oder gar Gesetze, denen wir blind gehorchen müssen. Diese stimulierende Unsicherheit
¿KONFUS? DANN VERTRAU DEN BILDWELTEN.:
prägt die Arbeitsweise von Carson Seite für Seite. Zwischenräume beginnen zu sprechen,
Für diese Art der Weiterentwicklung eines traditionellen Mediums interessieren sich
fragmentierte Buchstaben und neue Bezüge treten in Wettstreit mit dem geschriebenen
nicht nur Freaks aus der Subkultur, sondern zunehmend die Werber bekannter Trendmarken.
Wort. Schreibweise, Interaktion zum Bild und einfallsreiche Dialoge mit dem Medium
T MAHURIN
lassen eine Kommunikation der neuen Art entstehen.
¿KONFUS? DANN VERTRAU DEN BILDWELTEN.:

Zum Beispiel ein Gedicht in gewohnter literarischer Form: Wenn du es auf dem Papier vor Augen hast, siehst du schon vor dem Lesen, wie viele Strophen es hat, wie lang die Verszeilen sind, ob es sich reimt oder nicht.

Wenn du es hörst, erlebst du den Rhythmus, seine Musik, auf den Sinn musst du dich konzentrieren, und wenn du die letzte Strophe verstehen willst, musst du dich an den Anfang erinnern.

Das Gedicht könnte aber auch vor deinen Augen entstehen. Du erlebst das Wachsen der Verszeilen und der Strophe, kannst mitdenken und mitempfinden, es geht aber nichts verloren, das Gelesene bleibt bestehen, bis das Ganze da ist und solange du willst.

Oder: Ein komplexes Textgeflecht wie von David Carson. Wort- und Schriftschichten, die sich überschneiden und überlagern, durchdringen und verdecken, zum Teil in Bruchstücken lesbar, der größere Teil nicht. Du kannst die Schichten trennen, einzelne Zeilen und Wörter hervorholen und zurücktreten lassen, ihre Rang- und Reihenfolge klären und so nach und nach den Sinn, der drinsteckt, auf deine Weise herausholen, ein Märchen, einen Krimi, einen Traum. Das allerdings würde eine neue Art des Schreibens fordern.

Vielleicht liegt die Zukunft der Typografie nicht in den derzeit praktizierten Varianten der Traditionen von 1500 oder 1925, sondern in der Reaktion auf eine sich ändernde Art, eine neue Art des Lesens und des Schreibens?

Wie das aussehen soll? Keine Ahnung. Den Typografen stehen aufregende Zeiten bevor.

Bitte stellen Sie jetzt das Buch vom Kopf
auf die typografischen Füße.

Geliebte Bücher

Kapitel 8

Das dazugehörige Vorwort finden Sie am rückwärtigen Anfang des Buches.

und haben [g]Macht über die Wasser, sie zu wandeln in Blut, und zu schlagen die Erde mit allerlei Plage, sooft sie wollen.
7 Und wenn sie ihr Zeugnis geendet haben, so wird das [h]Tier, das aus
dem Abgrund aufsteigt, mit ihnen Krieg führen und wird sie überwin-
8 den und wird sie töten. Und ihre Leichname werden liegen auf der
Gasse der großen Stadt, die da geistlich heißt: Sodom und Ägypten, wo
9 auch ihr Herr gekreuzigt ist. Und es werden etliche aus den Völkern und
Geschlechtern und Sprachen und Nationen ihre Leichname sehen drei
Tage und einen halben und werden ihre Leichname nicht lassen ins
10 Grab legen. Und die auf Erden wohnen, freuen sich über sie und sind
guter Dinge und werden einander Geschenke senden; denn diese zwei
Propheten quälten die auf Erden wohnten.
11 Und nach drei Tagen und einem halben fuhr in sie der Geist des
Lebens von Gott, und sie traten auf ihre Füße; und eine große Furcht
12 fiel auf alle, die sie sahen. Und sie hörten eine große Stimme vom Himmel zu ihnen sagen: Steiget herauf! Und sie stiegen auf in den Himmel
13 in einer Wolke, und es sahen sie ihre Feinde. Und zu derselben Stunde
ward ein großes Erdbeben, und der zehnte Teil der Stadt fiel, und wurden getötet in dem Erdbeben siebentausend Menschen, und die andern
14 erschraken und gaben Ehre dem Gott des Himmels. Das [i]zweite Wehe
ist dahin; siehe, das dritte Wehe kommt schnell.

Die siebente Posaune

15 Und der siebente Engel posaunte; und es erhoben sich große Stimmen
im Himmel, die sprachen: *Es sind die Reiche der Welt unsers Herrn und sei-*
16 *nes Christus geworden, und er wird regieren von Ewigkeit zu Ewigkeit.* Und
die [k]vierundzwanzig Ältesten, die vor Gott auf ihren Thronen saßen,
17 fielen auf ihr Angesicht und beteten Gott an [l] und sprachen: Wir danken
dir, Herr, allmächtiger Gott, der du bist und der du warst, daß du hast
18 an dich genommen deine große Macht und herrschest! Die Völker sind
zornig geworden; da ist gekommen [l]dein Zorn und die Zeit, zu richten
die Toten und zu geben den Lohn deinen Knechten, den Propheten, und
den Heiligen und denen, die deinen Namen fürchten, den Kleinen und
den Großen, und zu verderben, die die Erde verderbt haben.
19 Und [m]der Tempel Gottes im Himmel ward aufgetan, und die Lade
seines Bundes ward in seinem Tempel gesehen; und es geschahen Blitze
und Stimmen und Donner und Erdbeben und ein großer Hagel.

Das Weib und der Drache

12 Und es erschien ein großes Zeichen am Himmel: ein Weib, mit der Sonne
bekleidet, und der Mond unter ihren Füßen und auf ihrem Haupt eine
2 Krone von zwölf Sternen. Und sie war schwanger und schrie in Kindes-
3 nöten und hatte große Qual bei der Geburt. Und es erschien ein anderes
Zeichen am Himmel, und siehe, ein großer, roter Drache, der hatte sieben Häupter und zehn Hörner und auf seinen Häuptern sieben Kronen,
4 und sein Schwanz fegte den dritten Teil [n]der Sterne des Himmels hinweg und warf sie auf die Erde. Und der Drache trat vor das Weib, die ge-

g 2.Mose 7,19.20 / *h* Kap 13,1.7 / *i* Kap 9,12 / *k* Kap 4,4.10 / *l* Ps 2,1 / *m* Kap 15,5 / *n* Dan 8,10

Die Bibel
Leinen mit Schutzumschlag, 13,0 x 21,5 cm, 1620 Seiten, Buchdruck
Typografie: Max Caflisch Deutsche Bibelstiftung, Stuttgart 1967

Ich bin zur Ehrfurcht vor der Bibel erzogen worden, und jede meiner Bibelausgaben bestätigt das: sie sehen heilig aus. Gottes Wort bedeutet Mühe und Arbeit, du bist klein, was du liest ist groß. Du kannst nur stückweise lesen, die vielen Nummern und Absätze stückeln den Text, und was dich besonders beeindrucken soll ist fett gedruckt.

Dagegen die Hausbibel von 1967. Nimm und lies, ohne heilige Ehrfurcht. So kann ich erleben, was das ist: die gewaltige Prosa der Schöpfungsgeschichte oder des Hiob, die Musik der Psalmen, die tollen Räubergeschichten aus dem Alten Testament, die schwierigen Briefe des Paulus, die schönen Legenden der Evangelien, die surrealen Visionen der Offenbarung – das alles ist gute Literatur, sehr gute Literatur.

Durch diese Buchform kann ich das erfahren, egal, wie mich meine Eltern erzogen und geprägt haben. Die Texte sind zu lesen wie ein Roman, ich muss mich nicht extra zusammennehmen; ganz normal einspaltig gesetzt, ohne unterbrechende Nummern und Verweise (die sind am Rand und am Fuß der Seite untergebracht), und ohne die so beliebten schulbuchartigen dominierenden Zwischenüberschriften, die Appetit machen sollen und dabei die Sprache aus dem Rhythmus bringen. Diese Lesetypografie hat Max Caflisch eingerichtet, darum sind die 45 langen Zeilen auf jeder Seite – das ist sehr viel Text – so gut lesbar. Das dient dem Wort. Das können nicht viele.

LIX

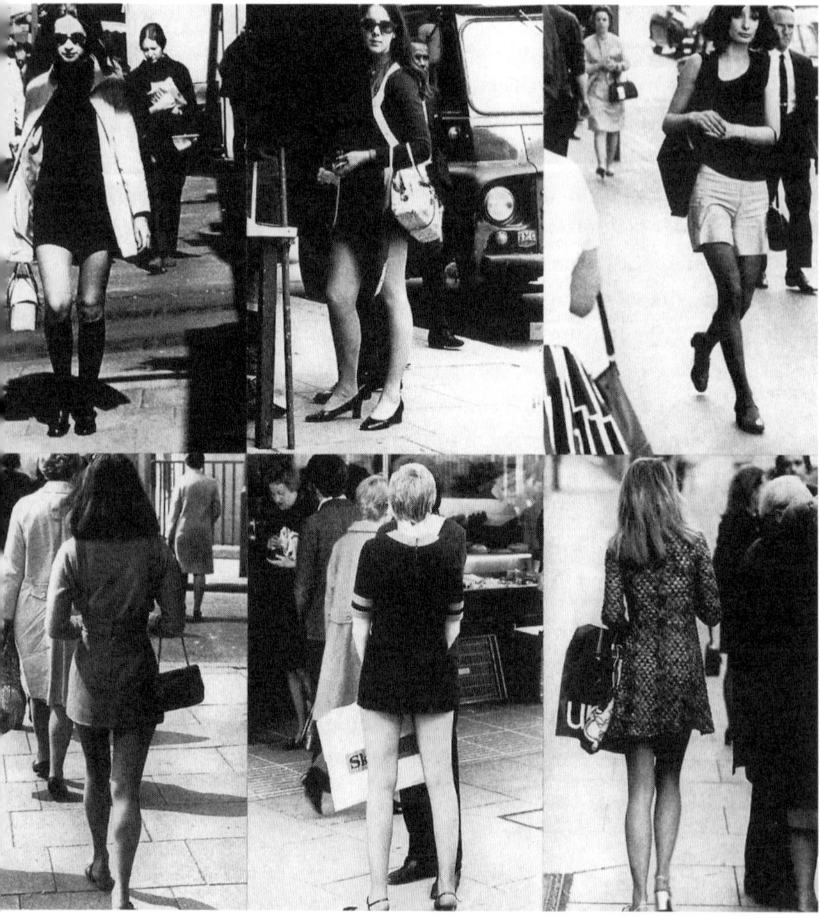

Juergen Seuss, Gerold Dommermuth, Hans Maier   London Scene

Juergen Seuss, Gerold Dommermuth, Hans Maier London Scene

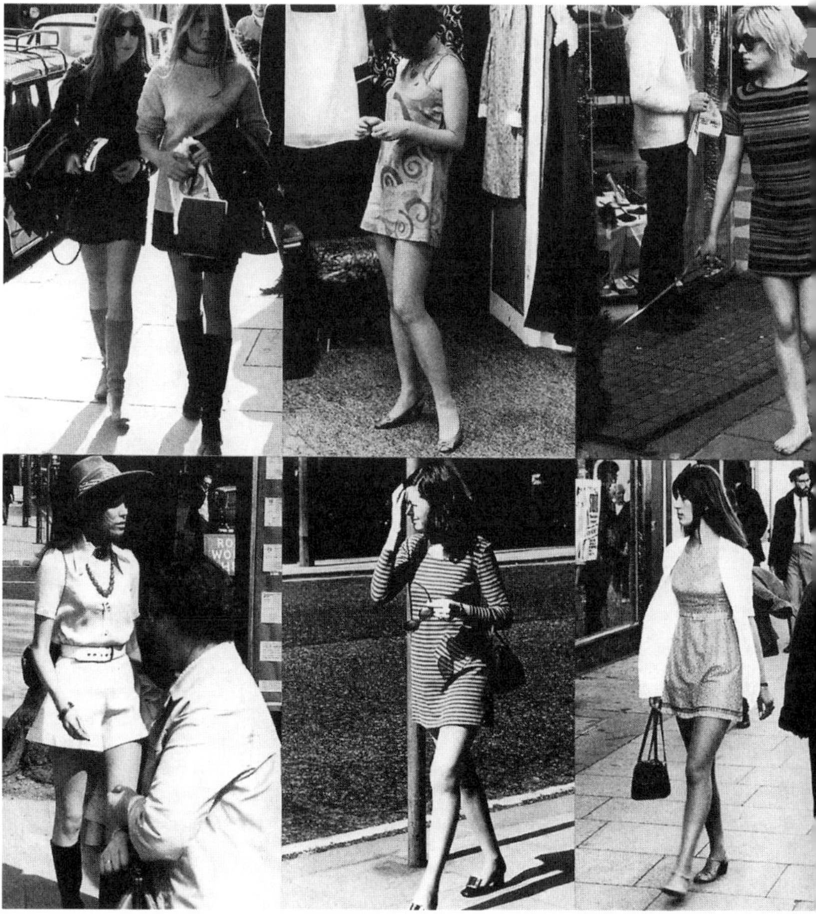

LONDON SCENE

Juergen Seuss, Gerold Dommermuth, Hans Maier London Scene
Schutzumschlag einfarbig schwarz Vorsatzpapiere silbern, schwarz bedruckt
Leuchtend lila Gewebe mit schwarzer Rückenprägung Leinen, 19,5 x 20 cm,
48 Seiten Werkdruck, 184 Seiten Kunstdruck, davon 8 farbig, Buchdruck
Typografie: Juergen Seuss Büchergilde Gutenberg, Frankfurt am Main 1969

Das Buch stammt aus der Zeit, als Juergen Seuss nicht gegen die Entwicklung der Gesellschaft, sondern mit ihr kämpfte. Es ist von einer Aufbruchstimmung erfüllt, von ihr ist die Konfrontation der Bilder im Buch getragen, nein, beflügelt. Das Buch platzt aus allen Nähten. »Swinging London«, das war ein Signal, das unsere erstarrte Gesellschaft, das uns aufrüttelte und in Bewegung brachte (»Uns« ist gelogen, ich stand beobachtend am Rande, voll Interesse, aber nicht beteiligt), das uns vorführte, dass der Aufbruch nicht – wie bei uns in Deutschland – verbissen und aggressiv, sondern menschlich kommen kann. Ich hätte ein derartiges, starkes Buch nicht zustande gebracht. Seuss konnte das, er war nicht nur Zuschauer, er hatte den Mut, teilzunehmen, sich in die Scene zu begeben.

Ich kann nicht sagen, dass ich dieses Buch liebe, vielmehr: Es regt mich auf.

XLV

»Ein schönes Stück, das muß ich zugeben«, sagte der Antiquar und betrachtete Colins Pianocktail von allen Seiten.

»Es ist aus Ahorn«, bemerkte Colin.

»Man sieht's«, sagte der Antiquar. »Funktioniert es gut?«

»Ich verkaufe nur das Beste vom Besten«, sagte Colin.

»Es fällt Ihnen sicher sehr schwer«, sagte der Antiquar, und er bückte sich, um eine kleine Maserung im Holz zu untersuchen.

Er blies einige Staubkörnchen fort, die den Glanz des Möbels verdunkelten.

»Wollen Sie das Pianocktail nicht lieber behalten und durch Arbeit Geld verdienen?«

Colin erinnerte sich an das Büro des Direktors und an den Pistolenschuß des Pförtners, und er verneinte.

»Sobald Sie nichts mehr zu verkaufen haben, müssen Sie auf jeden Fall arbeiten«, sagte der Antiquar.

»Wenn meine Unkosten zu steigen aufhören...«, sagte Colin und verbesserte sich sogleich: »Wenn meine Unkosten nicht mehr weiter wachsen, dann kann ich von dem Verkauf meiner Sachen leben, ohne

BORIS VIAN

Der Schaum der Tage

– L'ÉCUME DES JOURS –

DEUTSCH VON ANTJE PEHNT
NEU DURCHGESEHEN
VON KLAUS VÖLKER

ZWEITAUSENDEINS

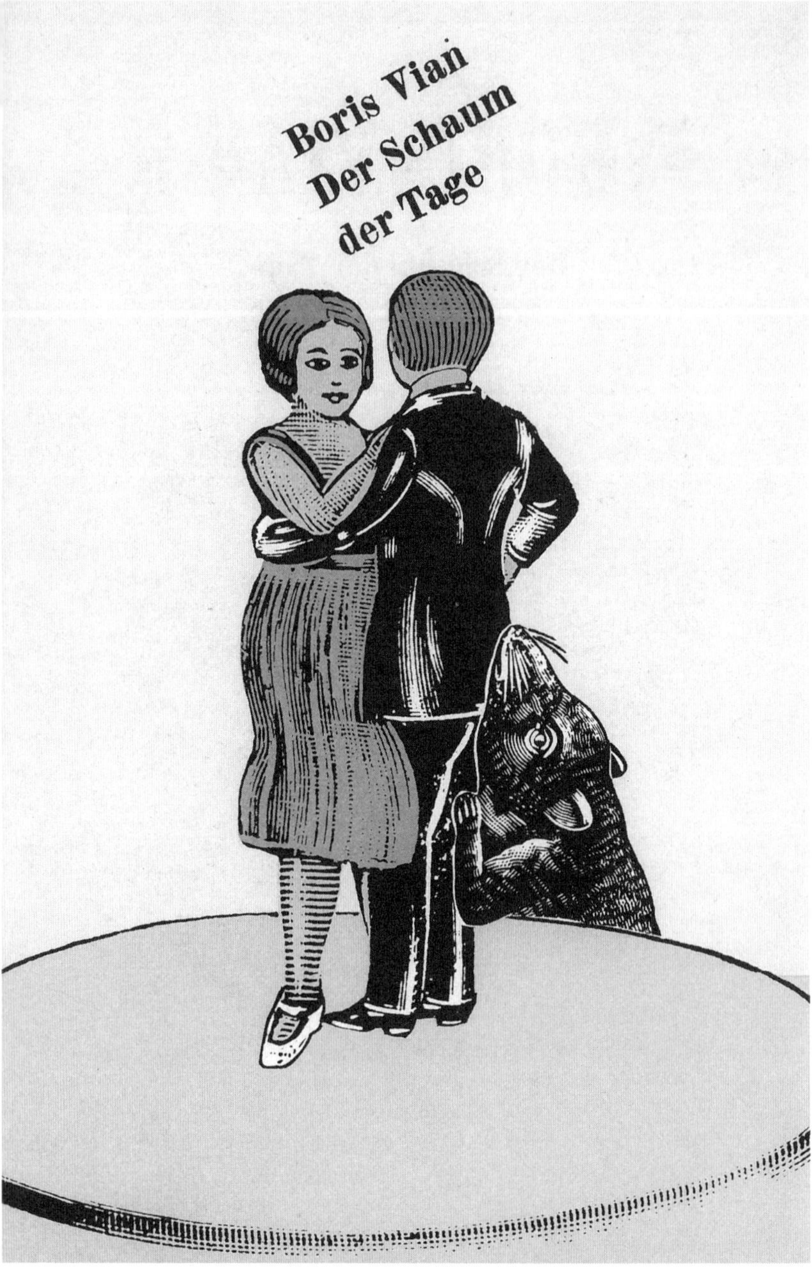
Boris Vian
Der Schaum
der Tage

Boris Vian Der Schaum der Tage
Pappband, 10,7 x 17,0 cm, 316 Seiten, Buchdruck **Typografie: Franz Greno**
Zweitausendeins, Frankfurt am Main 1979

Ein Buch von ausgesuchter Künstlichkeit, ein Kultbuch, in den USA um 1950, bei uns um 1980 erschienen. Geschliffene Koketterie mit Decadence, Narzismen und Surrealismen. Boris Vian schreibt in seinem Vorwort »... die Beweiskraft der folgenden Seiten beruht auf der Tatsache, daß die Geschichte vollkommen wahr ist, weil ich sie von Anfang bis Ende erfunden habe. Ihre Sichtbarmachung geschah im Wesentlichen dadurch, daß eine Realität bei feuchtwarmer Atmosphäre auf eine unregelmäßig gewellte, Verzerrungen erzeugende Fläche projiziert wurde ...«

Wenn ein solches Buch heute herauskäme – welch typografisches Feuerwerk würden wir erleben! Franz Greno entfacht kein Feuerwerk, er erfasst den künstlichen Ton mit subtilen Mitteln. Es scheint, als ob er gar nichts macht. Aber mit welcher Raffinesse! Eine kühle steife Antiqua im Stil des 19. Jahrhunderts, große Typen, genau richtig durchschossen, einwandfrei gesetzt und gedruckt, fein geglättetes, zart gelblich schimmerndes Papier. Das kleine Format, edle knappe Kanten der Buchdecke, die gespannte Rückenrundung – aber keinerlei typografische Eskapaden, keine Eitelkeit, nichts Besonderes. Selbst die LXVIII Kapitelziffern stehen scheinbar ganz nüchtern auf der Zeile, die von der Gegenseite durchscheint. Man braucht gar nicht zu lesen, um zu spüren, wes Geistes dieses Buch ist. Lediglich die Umschlaggrafik (von Hannes Jähn) und Grenos Schmutz- und Innentitel mit der (für damalige Zeiten) ausgefallenen Titelschrift legen sich interpretatorisch etwas mehr ins Zeug. Und das Vorsatzpapier mit den goldenen Sternen auf dem puddinggelben Papier. Eigentlich sind es nur goldene Punkte, aber ich habe immer goldene Sterne vor Augen.

man ihn führte. Mehrmals, wo der Wagen bei dem schlechten Wege in Gefahr geriet, blieb er ganz ruhig sitzen; er war vollkommen gleichgültig. In diesem Zustand legte er den Weg durchs Gebirg zurück. Gegen Abend waren sie im Rheintale. Sie entfernten sich allmählich vom Gebirg, das nun wie eine tiefblaue Kristallwelle sich in das Abendrot hob, und auf deren warmer Flut die roten Strahlen des Abend spielten; über die Ebene hin am Fuße des Gebirgs lag ein schimmerndes, bläuliches Gespinst. Es wurde finster, je mehr sie sich Straßburg näherten; hoher Vollmond, alle fernen Gegenstände dunkel, nur der Berg neben bildete eine scharfe Linie; die Erde war wie ein goldner Pokal, über den schäumend die Goldwellen des Mondes liefen. Lenz starrte ruhig hinaus, keine Ahnung, kein Drang; nur wuchs eine dumpfe Angst in ihm, je mehr die Gegenstände sich in der Finsternis verloren. Sie mußten einkehren. Da machte er wieder mehrere Versuche, Hand an sich zu legen, war aber zu scharf bewacht.

Am folgenden Morgen, bei trübem, regnerischem Wetter, traf er in Straßburg ein. Er schien ganz vernünftig, sprach mit den Leuten. Er tat alles, wie es die andern taten; es war aber eine entsetzliche Leere in ihm, er fühlte keine Angst mehr, kein Verlangen, sein Dasein war ihm eine notwendige Last.—

So lebte er hin . . .

DEN 20. [Jänner] ging Lenz durchs Gebirg. Die Gipfel und hohen Bergflächen im Schnee, die Täler hinunter graues Gestein, grüne Flächen, Felsen und Tannen. Es war naßkalt; das Wasser rieselte die Felsen hinunter und sprang über den Weg. Die Äste der Tannen hingen schwer herab in die feuchte Luft. Am Himmel zogen graue Wolken, aber alles so dicht—und dann dampfte der Nebel herauf und strich schwer und feucht durch das Gesträuch, so träg, so plump.

Er ging gleichgültig weiter, es lag ihm nichts am Weg, bald auf- bald abwärts. Müdigkeit spürte er keine, nur war es ihm manchmal unangenehm, daß er nicht auf dem Kopf gehn konnte.

Anfangs drängte es ihm in der Brust, wenn das Gestein so wegsprang, der graue Wald sich unter ihm schüttelte und der Nebel die Formen bald verschlang, bald die gewaltigen Glieder halb enthüllte; es drängte in ihm, er suchte nach etwas, wie nach verlornen Träumen, aber er fand nichts. Es war ihm alles so klein, so nahe, so naß; er hätte die Erde hinter den Ofen setzen mögen. Er begriff nicht, daß er so viel Zeit brauchte, um einen Abhang hinunter zu klimmen, einen fernen Punkt zu erreichen; er meinte, er müsse alles mit ein paar Schritten ausmessen können. Nur manchmal, wenn der Sturm das Gewölk in die Täler warf und es den Wald herauf dampfte, und die Stimmen an den Felsen wach wurden, bald wie fern verhallende Donner und dann gewaltig heranbrausten, in Tönen, als wollten sie in ihrem wilden Jubel die Erde besingen, und die Wolken wie wilde, wiehernde Rosse heransprengten, und der Sonnenschein dazwischen durchging und kam und sein blitzendes Schwert an den Schneeflächen zog, so daß ein helles, blendendes Licht über die Gipfel in die Täler schnitt; oder wenn der Sturm das Gewölk abwärts trieb und einen lichtblauen See hineinriß und dann der Wind verhallte und tief unten aus den Schluchten, aus den Wipfeln der Tannen wie ein Wiegenlied und Glockengeläute heraufsummte, und am tiefen Blau ein leises Rot hinaufklomm und kleine Wölkchen auf silbernen Flügeln durchzogen, und alle Berggipfel, scharf und fest, weit über

GEORG BÜCHNERS
WERKE UND BRIEFE
INSEL-AUSGABE

Georg Büchner Werke und Briefe
Flexibel, blaues Leinen mit goldener Prägung Dünndruck, gelber Rundum-Farbschnitt 10 x 17 cm, 516 Seiten, Buchdruck Insel Verlag, Leipzig o. J.

Als ich bei Elias Canetti von seiner späten Begegnung mit Büchners »Lenz« las, wurde mir irritierend bewusst, dass es mir ganz ähnlich ergangen war. Auch ich habe diesen Text Jahre, Jahrzehnte vor mir hergeschoben und schließlich in der schmalen, flexibel in blaues Leinen gebundenen Büchner-Ausgabe des Insel-Verlages gelesen. Im Druckvermerk meines Exemplars steht 6.–9. Tausend, keine Jahresangabe. Ich schätze, dass es in den 20er Jahren gedruckt wurde.

Dünndruckpapier, die Seiten gefüllt, so sehr es nur geht, die Absätze ohne Einzug – nicht gerade lesefreundlich, eine eher steife Schrift des 19. Jahrhunderts (mit einer schönen, fließenden Kursiven), die Haupttitel gezeichnet (von Eric Gill), die Zwischentitel in einer dritten Schrift, die alle nicht so recht zusammenpassen wollen, übergroß erscheinende Versalien in den lebenden Kolumnentiteln, eingezwängte Gedankenstriche, sogar falsche Anführungen, und die Kolumnen stehen auch nicht besonders gut proportioniert auf der Seite.

Und doch, das alles stimmt zusammen, die Fehler sind unwichtig, das Buch muss so sein, es ist dicht. Es ist ein Geheimnis. Ich besitze auch eine heutige Ausgabe des »Lenz«, von einem hochgeschätzten, guten Typografen sehr sorgfältig und gepflegt gestaltet, einwandfrei gesetzt und gedruckt. Darin mag ich den Lenz gar nicht lesen. Es ist wirklich ein Geheimnis, wodurch ein Buch seinen Text zum Klingen bringt. Ich denke, im Fall »meines« Lenz ist es der Buch-Körper, das kleine Buch schmiegt sich in deine Hand, es will genommen werden; es ist die Gesamtstimmung aller Teile, die entscheidender ist, als die typografischen Details.

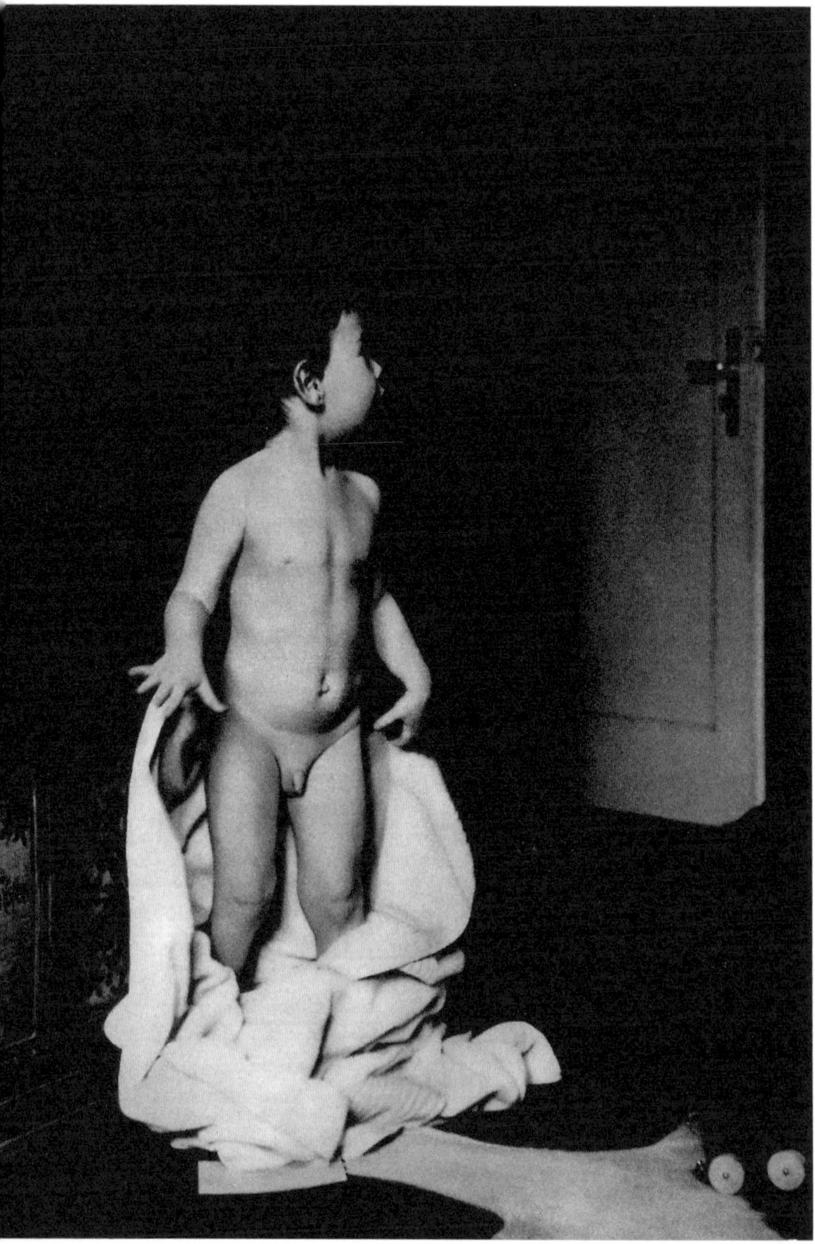

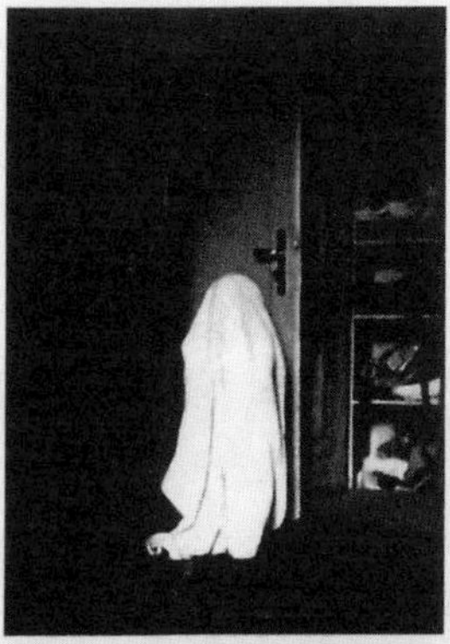

Dabei funkelten seine
kleinen listigen Augen,
so daß der Mann Angst
bekam wie vor einem
Gespenst. Wenn er aber
einen Ton auf seinem Horn
blies, legte der Bär
den Kopf auf die Vorder-
tatzen und brummte
leise und zufrieden.
Abends bekam er
ein Pfund Honig. Der Mann
wärmte sich am Fell
des Bären, und sie schliefen
bis zum hellen Morgen.

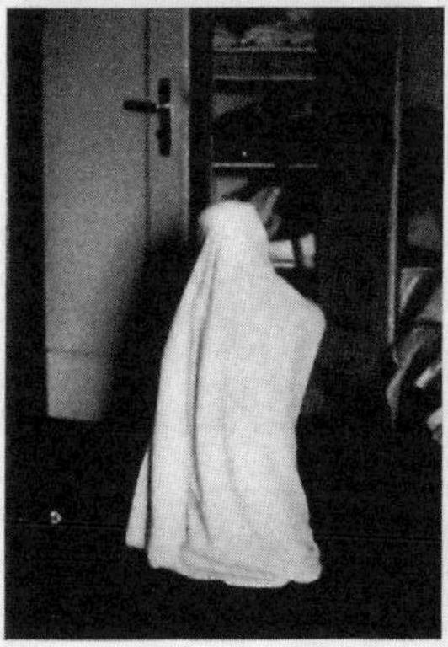

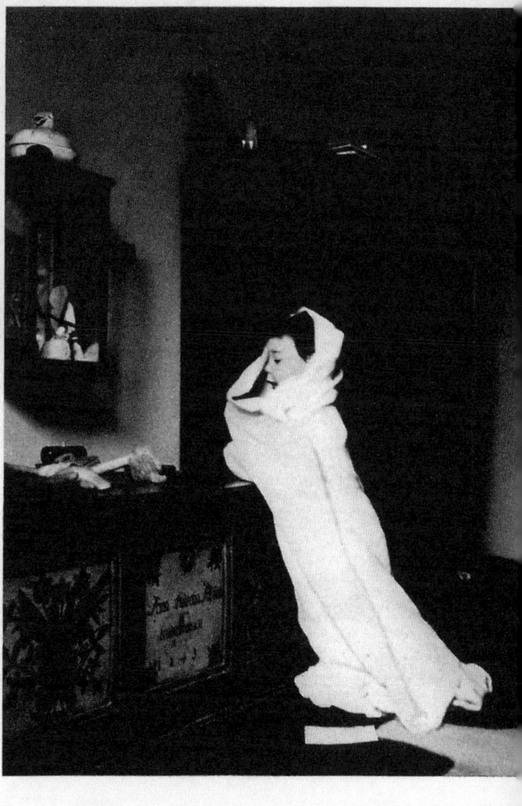

„Also, es war einmal
ein Mann,
und der hatte einen Bären.
Der Bär war braun
und konnte tanzen.
Wenn der Mann auf der Leier
spielte, stellte er sich
auf seine Hintertatzen
und tanzte nach der Musik.

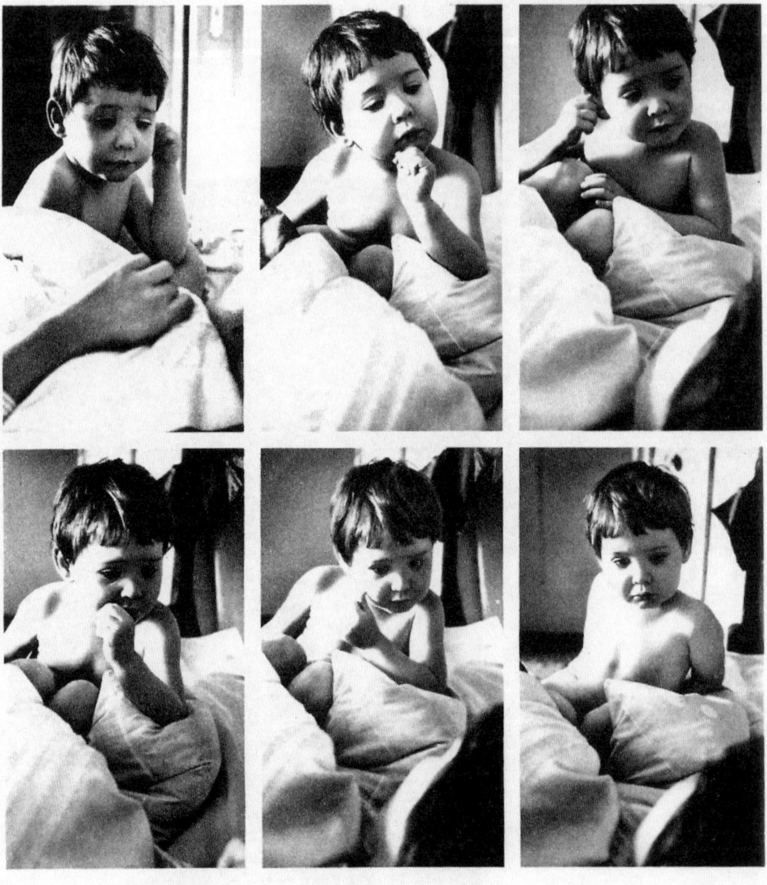

Manuel Ein Bilderbuch von Stefan Moses
Broschiert, 20,0 x 27,6 cm, 144 Seiten, Tiefdruck, einfarbig schwarz
Typografie: Willy Fleckhaus Christian Wegner Verlag, Hamburg 1967

Den kleinen Manuel, den Sohn des großen Fotografen Stefan Moses, kenne ich genau, ich liebe ihn. Das verdanke ich nicht nur den Fotos, sondern auch Willy Fleckhaus, dem Typografen des Buches. Von ihm, von diesem Buch habe ich gelernt, wie man mit Bildern erzählen kann, wie Bilder sich auf der Seite ergänzen und steigern können und von Seite zu Seite weiterführen durch die Stunden und Tage des Lebens des Jungen.

Es ist merkwürdig: Die Seiten wirken, als ob sie nach freien choreografischen Rhythmen inszeniert seien. Dabei folgen sie einem strengen, einfachen Raster, drei Flächen in der Breite, drei Flächen in der Höhe, außen herum ein weißer, zusammenfassender Rand, daraus ergeben sich die kleinen und die größeren Formate. Das stimmt nicht ganz: Manche Bilder reichen bis zum Seitenrand, manche gehen sogar ohne äußeren weißen Rand über die Doppelseite; Fleckhaus geht nicht doktrinär mit seinem Raster um, wenn es die Bilder anders verlangen. Wenn man aber in diesem Buch blättert, merkt man nichts von einem Raster, die Bilder schauen einen an, als ob es kein Schema gäbe, dem sie sich fügen müssen.

Man kann diese Bilder nicht einfach ansehen, man muss sie miterleben. Ich habe noch keinen gesehen, dem nicht das Lächeln kam bei diesem Buch.

(Leider muss eine mindernde Anmerkung sein: Das Buch ist im Rastertiefdruck gedruckt, dadurch werden zwar die Bilder herrlich samtig-tief, aber die Schrift zerfließt, sie geht an dieser Technik kaputt.)

brauchen v.t.: avoir besoin **de** qc
▹ was ich brauche: **ce dont** j'ai besoin
▹ Er braucht nur zu kommen ▹ **Il n'a qu'à** venir

da adv. de temps: **alors**
▹ Da verlor er die Geduld ▹ **Alors** il perdit patience

da conj.: comme
▹ **Da** er krank war, blieb er zu Hause ▹ **Comme** il était malade, il est resté à la maison

dann adv.: puis / ensuite
▹ aber **dann** . . .: mais **ensuite** . . . (mais puis: construction impossible)

dass conj.: manque quelquefois en allemand, alors qu'en français il faut toujours employer **que**
▹ Ich glaube, es ist so ▹ Je crois **qu**'il en est ainsi
▹ Er sagt, Geld sei bedeutungslos ▹ Il dit **que** l'argent n'a pas d'importance
▹ Ich glaube, ja ▹ Je crois **que** oui

dass se traduit quelquefois par: **le fait que**
▹ Er kritisiert, dass . . . ▹ Il critique **le fait que** . . .
▹ Er betont, dass . . . ▹ Il souligne **que (le fait que)** . . .

dazukommen v.i.: s'ajouter cf. p. 77: hinzukommen
▹ Dazu kommt, dass . . . ▹ A cela **s'ajoute le fait que** . . . / Ajoutez à cela que . . .

deshalb (deswegen) adv.: **c'est pourquoi il** . . . / c'est **la raison pour laquelle il** . . .
▹ Deshalb ist er nicht gekommen ▹ **C'est pourquoi** (c'est la raison pour laquelle) **il** n'est pas venu (et non pas: c'est pourquoi qu'il . . . !)

dort adv.: là
▹ **Dort** angekommen, ruhte er sich aus ▹ **Quand** (lorsqu') **il y fut arrivé**, il se reposa (et non pas: Y arrivé . . . !)

dürfen v.aux.: avoir le droit de / pouvoir faire qc
▹ Hier **darf man nicht** rauchen ▹ **On n'a pas le droit** de fumer ici
▹ Darf ich Sie fragen, ob . . . ? ▹ **Puis-je** vous demander si . . . ? (Une faute courante en Suisse romande consiste à traduire ‹dürfen› par ‹oser›. **Oser** signifie ‹wagen› en allemand. Ich wage es nicht zu sagen ▹ Je n'ose pas le dire)

einen/einem: accusatif et datif de **man**
▹ **Das interessiert einen** ▹ Cela **vous** intéresse
▹ **Das gefällt einem** ▹ Cela **vous** plaît

ei

Candide Moix ne pas confondre! nicht verwechseln!
Broschiert, 11,5 x 18,5 cm, 128 Seiten, Offsetdruck **Typografie: Kaspar Mühlemann** Verlag Lehrerinnen und Lehrer Schweiz, Zürich 1992

Welches der Bücher, die Kaspar Mühlemann gestaltet hat, soll ich in meine Vorlieben-Liste aufnehmen? Die schönsten hat er für den Zürcher Kranich-Verlag gemacht, hohe Typografie für hohe Literatur. Und dennoch stelle ich ein Buch ganz anderer Art vor. Ein Vademecum: »ne pas confondre – nicht verwechseln«, dabei spreche ich doch gar nicht französisch! Schlag das Büchlein auf und du siehst Typografie unserer Zeit, zum Beispiel eine feine senkrechte Linie außen am Rand, an der eine kürzere, fettere Linie im Lauf des Buches sich abwärts bewegt, unten von der fetten Pagina aufgefangen; manchmal kommt eine leuchtend gelbe Fläche hinzu. Das ist bestechend schön. Ein typografisches Spiel? Nein, ein sachlich begründetes Ordnungselement. Schau dir die Seiten an, das sieht doch ganz einfach aus. Beginne zu lesen und du merkst, wie kompliziert und differenziert die Sache ist. Fett, mager, etwas fetter, etwas kleiner, die Linien und die Pfeilchen, alles dient dem Verständnis und sieht zugleich wunderschön aus. Das verstehe ich unter moderner Typografie. Übrigens: Natürlich sind die Kolumnen nicht gleich hoch, kein vertikaler Keil hat den inneren Zusammenhang der Zeilen aus den Fugen gebracht. Der Inhalt regiert und nicht ein Schema.

WIR MÜSSEN EINE SCHULD BEKENNEN

KONRAD ELMER ▸ Liebe Bürgerinnen und Bürger, vieles wurde schon gesagt. Nur eines, denke ich, müssen wir noch sagen, wenn wir nun aufbrechen in das Zeitalter der Demokratie. Wir müssen eine Schuld bekennen. Ich meine die Schuld gegenüber unseren tschechoslowakischen Nachbarn in dieser Frage. ▸▸▸ Ich gehöre zu jener Generation, die so alt ist wie diese Republik und wie sind wir damals, mit welcher Begeisterung, 1968 im Frühjahr als Studenten durch dieses wunderbare Land getrampt, und haben eine Aufbruchsstimmung erlebt, mindestens so wie diese heute. Und wie groß war unser Entsetzen, als wir mit erleben mußten, daß ausgerechnet unsere Regierung federführend daran beteiligt war, diesen demokratischen Aufbruch abzubrechen. Darum möchte ich hier im Namen aller, daß wir uns vor diesem Volk entschuldigen. Wir Sozialdemokraten jedenfalls werden jede zukünftige Regierung daran messen, ob sie hier zu einem wirklichen Schuldbekenntnis fähig ist. Ein Bekenntnis, bei dem etwas wirklich herüberkommt. Ich habe jedenfalls vorhin bei Herrn Wolf nicht gemerkt, daß eine Art Schuldbekenntnis zu mir herüberkam. Und sie waren es doch, diese Herren, die uns so viele Jahrzehnte – um mit Biermann zu reden – wie Vieh regiert haben. Freilich, daß wir uns das gefallen lassen haben, das ist unsere Schuld. ▸▸▸ Meine Meinung über unsere Zukunft ist: Vor uns liegt kein Schlaraffenland. Es werden lange, schwere Wege, aber frei und aufrecht werden wir von nun an diese Wege gehen. Und wir werden unseren Kindern wieder in die Augen blicken können. ▸▸▸ Wir werden unseren Kindern wieder in die Augen blicken können, stehen sie doch jetzt schon neben uns.

201

200 HENNING SCHALLER ▸ Das Kind hat sich angefunden. Es kommt der vorletzte Redner, Dozent Kon rad Elmer.

aktiv zu befördern. Zugleich müssen sie mit wachem und kritischem Blick alle gesellschaftlichen Vorgänge
olitischen Entscheidungen begleiten, um diesen Prozeß unumkehrbar zu machen. Deshalb brauchen wir
end und schnell, und dafür trete ich hier ein, ein demokratisches Mediengesetz, das den Verfassungs-
dsatz über Presse- und Medienfreiheit endlich juristisch festschreibt und damit einklagbar macht, das Me-
nißbrauch für immer ausschließt und das die Würde und die Integrität der Journalisten garantiert. Und noch
Forderung, die von vielen erhoben wird, und die ich hier vertreten möchte. Unser Volk will die Sprache sei-

E ZEITUNG IST EIN INSTRUMENT DER MACHT

neugewonnenen Identität auch in der Presse wiederfinden, die gleichberechtigte offene Aussprache, wie sie
chen den Parteien und Organisationen und über diese hinaus in Gang gekommen ist. Alle politischen Tages-
ngen der DDR jedoch sind jeweils nur an eine Partei oder Organisation gebunden. So ist dringend vonnöten
igstens eine überregionale auflagenstarke Tages- oder Wochenzeitung als paritätische Plattform aller Bür-
und Vereinigungen, die auf der Grundlage der Verfassung stehen und durch die Volkskammer repräsentiert
den sollen. Herausgeber dieses Organs könnte deshalb die Volkskammer der DDR sein und heißen könnte
»Dialog«.

Die Spannung ist durchs ganze Buch durchgehalten, von der ersten bis zur letzten Seite, genau bedacht und dramaturgisch kalkuliert. Doch zugleich entsteht Spontaneität, Engagement, Wut und Kraft. Da macht es nichts, dass es unübersehbar der damaligen Typo-Mode folgt. Es bekennt sich zur Ästhetik seiner Zeit, einer Ästhetik, die bewusst und entschieden gegen die tradierte Buchkunst auftritt; nicht spekulativ-aggressiv, wie die »68er« das machten, sondern durch und durch glaubwürdig. Qualität ist nicht eine Frage des Stils, sondern eine Frage der Integrität.

KLAUS BASCHLEBEN ▸ Nach diesem Beitrag eben fällt es mir doppelt schwer, jetzt hier zu
chen. Aber ich will es trotzdem versuchen. Darüber nachdenkend, was ich, ein Journalist, Vertreter eines i
ruf gekommenen Berufsstandes, heute und hier sagen muß, fielen mir folgende Äußerungen Walter Benj
ein, aufgeschrieben schon vor etwa 60 Jahren: »Die Zeitung ist ein Instrument der Macht. Sie kann ihren
nur von dem Charakter der Macht haben, die sie bedient. Nicht nur in dem, was sie vertritt, auch in dem, w
es tut, ist sie ihr Ausdruck.« Ich denke, knapper, präziser und heutiger kann man das Wesen von Presse,
funk und Fernsehen wohl nicht beschreiben und ihren Platz in der Informationspolitik bestimmen. Auch u
Medien sind in jeder Hinsicht Ausdruck der Art und Weise bisheriger administrativer und delegistischer M
ausübung in unserem Land. So beherrschten Schönfärberei und Selbstzufriedenheit, Heuchelei und Man
tion, Subjektivismus und Willkür, sowie eine unerträgliche Ignoranz gegenüber den zunehmenden Wider
chen und Konflikten unserer gesellschaftlichen Entwicklung die Seiten der Zeitungen, die Sendunger
Rundfunks und die Kanäle des Fernsehens. So wie wir Journalisten diese Desinformationspolitik mitgetrage
ben, müssen wir nun auch den berechtigten Zorn darüber ertragen. Jeder muß sich dabei kritisch selbst
gen, und wir alle werden gewaltig umdenken müssen. Es muß jedoch auch gesagt werden, daß nicht w
unter uns mit viel Zivilcourage immer wieder für eine andere, wahrheitsgetreue Medienpolitik eingetreten

HENNING SCHALLER ▸ Es spricht der Journalist Klaus Baschleben.

182

Sie sind wie auch viele in anderen gesellschaftlichen Bereichen nicht gehört worden. Und wenn doch, so w
die Redlichkeit ihrer Besorgnisse und Bemühungen in Zweifel gestellt. Motivationsverlust und Resignation w
die Folge. Und mancher ist innerlich daran zerbrochen. So sind Rechenschaft und persönliche Rücktritts-Kc
quenzen vor allem von jenen zu fordern, die in den Amtsstuben des Zentralkomitees der SED und des Mini
rates die politische Verantwortung für diese Informationspolitik und ihre unheilvollen Folgen tragen. ▸▸▸
angesichts des für jedermann erkennbaren hoffnungsvollen Neuanfangs in den Medien unseres Landes mu
so dringlicher eine weitere Forderung erhoben werden: Eine Rückkehr zu einer von der SED verordneten
staatlich gelenkten Informationspolitik mit einem DDR-Medien-Chefredakteur im Politbüro des Zentralkom
der SED und dem Anspruch dieser Partei auf ein widersinniges Wahrheitsmonopol darf es nicht mehr ge
▸▸▸ Die von der Straße durch solche Demonstrationen wie die heutige erzwungene politische Wende unc
damit verbundene Beginn eines demokratischen Prozesses der Erneuerung erfordern auch eine Demokra
rung der Informations- und Medienpolitik. Deren vornehmste Grundsätze müssen Offenheit und Wahrheit
Ohne Offenheit und Wahrheit gibt es keine Demokratie. Und ohne Demokratie keine Offenheit und Wahr
Von diesem gewandelten Selbstverständnis ausgehend, muß es verpflichtende Aufgabe der Medien sein, als
büne demokratischer Willensbildung und Meinungsvielfalt den Prozeß der politischen Erneuerung in uns

Danach der dritte Teil, die Ansprachen, Reden und Liedtexte. 93 Seiten lang wird festgehalten, was gesagt wurde (jeder hatte fünf Minuten). Wer mag das alles lesen? Du musst es lesen, es geht nicht anders. Du siehst, wer da spricht, da liest du, was der sagt. Jeder spricht auf seine Weise, in einem etwas anderen typografischen Tonfall, wohl aber in der gleichen Schrift.

Dann auf 24 Seiten die Dokumentation der Transparente. Das sind 127 kleine Ausschnitte, wie in einem guten Design-Buch geschickt aufgereiht, hübsch anzusehen. Doch man muss lesen: Sie künden von der Wut und dem Witz der Berliner Demonstranten; »Links gegen oben«, »Aufstehen und sich Widersetzen«, »Am Anfang war das Wort – am Ende die Phrase« – in Spontantypografie.

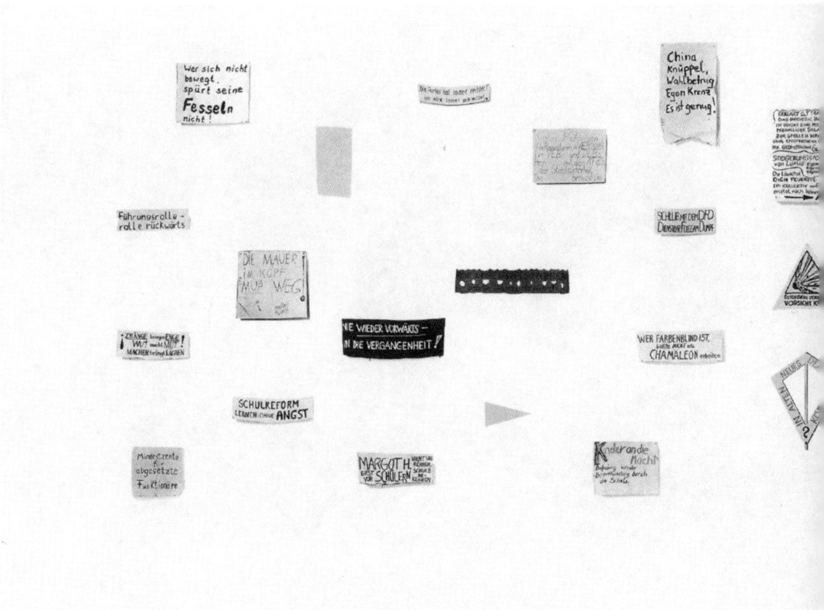

Tausende, Hunderttausende, Menschen, die Transparente tragen und ihre Forderungen skandieren. Die kann ich, die muss ich lesen auf ihrem durchlaufenden Streifen, mit dem ich von Seite zu Seite weiterziehe: graue Fotos, wie Fotokopien, aus denen Bildteile und Signale hervortreten, leerblau und leergrün, grobe Raster, blaue und grüne Seiten, volle und spannungsvoll geteilte Seiten. Die Leute sehen meist nicht lustig aus, nicht zuversichtlich, vielmehr konzentriert und entschlossen. Man möchte sich fast schämen, dass man nicht sagen kann: Du bist dabei gewesen.

hts passiert: freie Wahlen ▸ Machtmonopol der SED brechen ▸ Egon Krenz, wir sind die Konkurrenz! [gerufen] ▸ Herr Krenz,
Großmutter, warum hast du so große Zähne?

4 - 11 - 89 Protestdemonstration Berlin DDR
Broschüre 29,2 x 20 cm, 224 Seiten, Offsetdruck mit wechselnden Schmuckfarben **Typografie: Grappa** Henschelverlag Kunst und Gesellschaft DDR - Berlin 1990

4. 11. 89 Protestdemonstration Berlin DDR

Warum bekomme ich Herzklopfen von diesem Buch?

Ich war ja nicht dabei damals, ich habe nur im West-Fernsehen etwas von diesem Aufbruch gesehen. Das konnte ich jüngst, zehn Jahre später, wieder sehen, die Medien waren voll davon. Es war bewegend. Doch das Buch wirkt stärker, seine Wirkung ist intensiver. Kunst ist stärker als bloße Dokumentation. Sie verstärkt und vertieft dauerhaft.

Das Buch besteht aus drei Teilen: Zuerst 80 Seiten Demonstration. Du wirst hinein- und mitgezogen. Seite für Seite

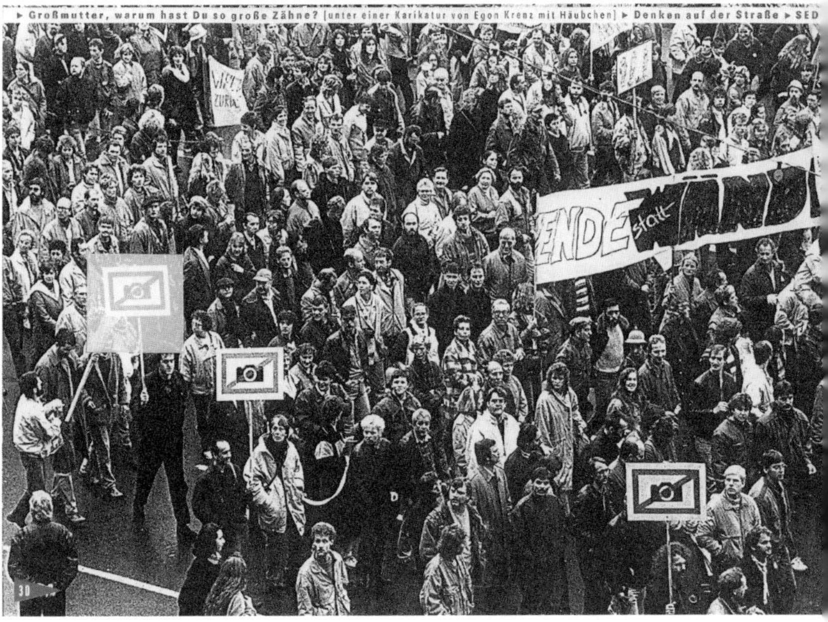
▸ Großmutter, warum hast Du so große Zähne? [unter einer Karikatur von Egon Krenz mit Häubchen] ▸ Denken auf der Straße ▸ SED
ENDE statt
30

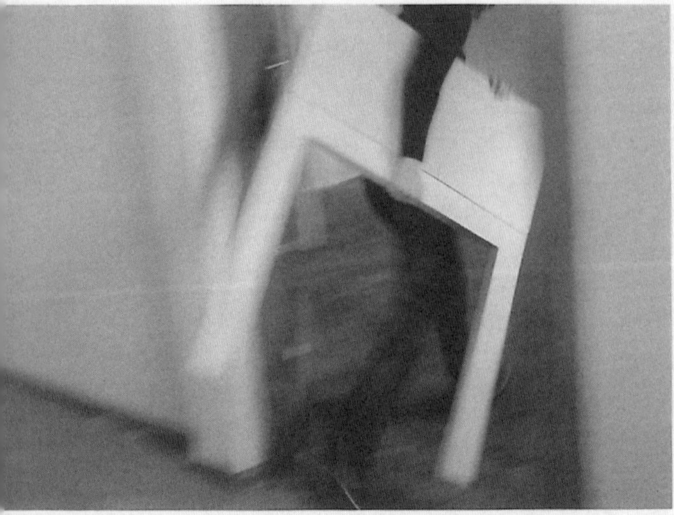

b.81
h.74
t.76

h.110
t.5

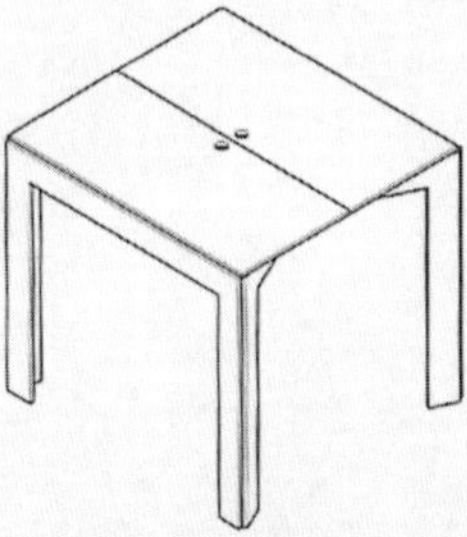

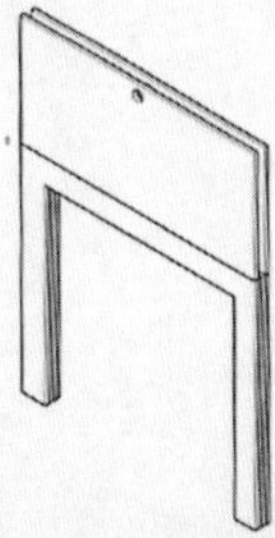

Sonnenuntergang.

Zudem erlaubt die durchdachte Kantenausbildung eine fugenlose Reihung mehrerer Tische.
Die üblichen Scharniere sind hier durch robuste Leinengurte ersetzt. Der Tisch ist aus lackiertem Birkenmultiplex gefertigt. Alternativ wird er auch mit einer schwarzen Linoleumoberfläche angeboten.

The ingenious shape of the table edges makes it easy to combine with other stand-by tables. The usual hinges have been replaced by sturdy linen belts. The table is made of varnished birch multiplex. It can also be ordered with a black linoleum surface.

Aus dem Saloon am linken Bühnenrand stürzt Doc Holliday, in der Hand einen Klapptisch.

Last Minute

Nils Holger Moormann Möbelstücke Nr. 4
»Stücke« von Jörg W. Gronius und Bernd Rauschenbach Pappband, 10,5 x 14,8 cm, 128 Seiten, vierfarbig Offsetdruck **Typografie und Fotografie: Friedrich Forssman und Ursula Steinhoff** Moormann Möbel Produktions- und Handelsgesellschaft mbH, Aschau 1999

Das ist ein typografisches Hauptvergnügen, eine Handvoll Buch, die es in sich hat. Es ist dazu da, Möbelstücke vorzustellen, besondere, schöne, raffinierte Möbelstücke. Du schlägst es auf und denkst, was soll das, so verschwommene, weiche Fotos für ein Buch über Möbelstücke, die haben eine ästhetische, aber doch keine sachliche Aussage. Blättere weiter, dann siehst du sie, die Möbel, exakt, du siehst sogar wie sie gefügt sind – und das Atmosphärische bleibt erhalten. Dazu gibt es Erklärungen, wie beiläufig notiert, in Schreibmaschinenschrift, deutsch und englisch. Oben über den Bildern ist ein schmaler weißer Streifen, 7 mm. Darunter die Abbildungen, die Farbfotos, alle gleich hoch, ein durchlaufender Streifen. Nicht ganz durchlaufend, denn immer, wenn ein neues Möbelstück drankommt, bleibt außen ein senkrechter weißer Streifen frei, 7 mm. Unter den Bildern die Fläche für die Beschreibungen und darunter nochmals ein Streifen, ein schwarzer, 13 mm. Der hat es erst recht in sich, in ihm stecken – in negativer Schreibmaschinenschrift – ganze Dramen, »Stücke«, die einen die Möbelstücke erst so recht verstehen lassen.

Kostproben:

(Zu einem Tischbocktisch) »In ein Quartett für zaghafte Beine mischt sich die Stimme der Mutter aus der Küche, sorgenvoll. Würde, was auf den Tisch käme, denn auch jemals vergessen werden.«

(Zu Clicmore, einem Baukastensystem) »Der Vorhang geht eben so weit auf, dass man einen Selfmademan sehen kann. Er steht bis zu den Knien in Magnetfeilspänen, schaut nach Norden und aus.«

Dieses Büchlein ist nicht nur ein ästhetisches, sondern auch ein intellektuelles Hauptvergnügen.

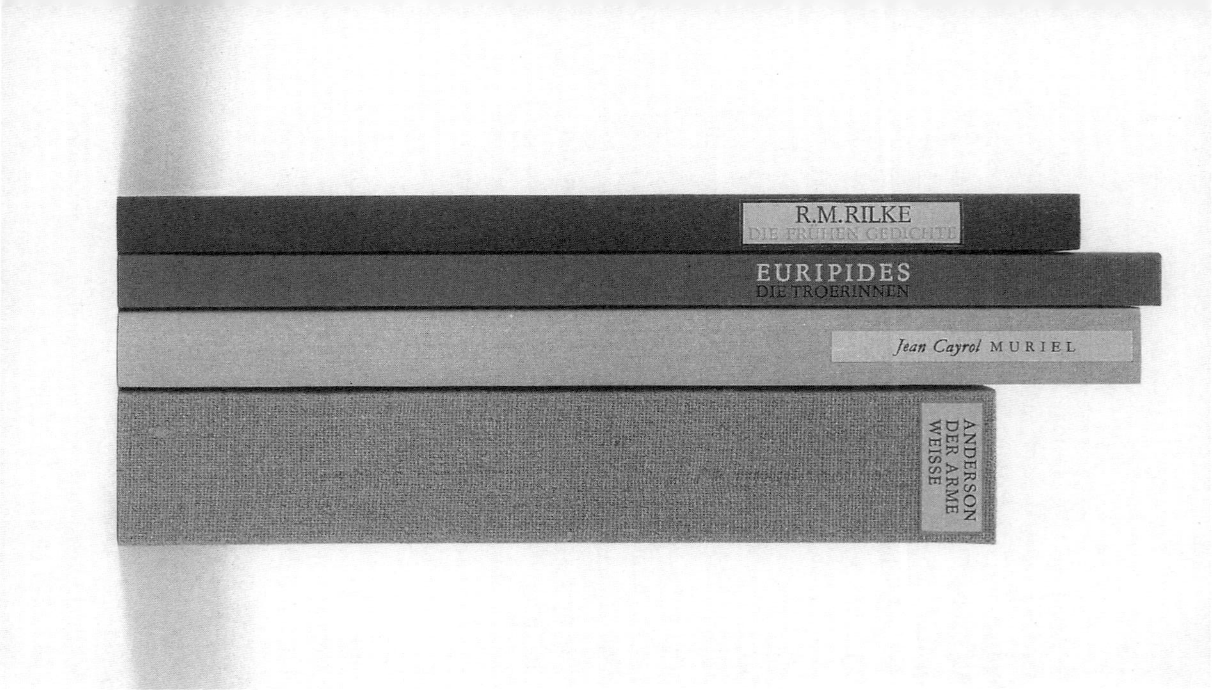
R.M.RILKE
DIE FRÜHEN GEDICHTE
EURIPIDES
DIE TROERINNEN
Jean Cayrol MURIEL
ANDERSON
DER ARME
WEISSE

Überdauert

Unter Öllampen, bei Kerzenlicht, später Petroleumfunseln wurde in Büchern gelesen, die im Grunde dieselbe Form hatten wie die heutigen. Über so viele Jahrhunderte hinweg ist die Kodexform im wesentlichen dieselbe geblieben. Die größten technischen und sozialen Umwälzungen konnten ihr nichts anhaben.

Unterteilung

Das Buch setzt sich aus einem äußeren Teil, dem Einband, und einem inneren Teil, dem Buchblock, zusammen. Dieser wäre wieder in zwei Teilen zu sehen, dem materiellen, dinghaften und dem geistigen Teil, welcher erst beim Lesen wirklich wird. Daß dieser aus Geist oder Ungeist, Sinn oder Unsinn bestehen kann, ist wiederum eine andere Sache.

Frei in Grenzen

Solange die zweitausend Jahre alten Formen der klassisch-römischen Inschriften wirksam bleiben und das Innerste des materiellen Teils des Buches mitbestimmen, werden wir uns nach ihnen richten müssen. Jede Neuerung, Buchform und Einband betreffend, wird also an Grenzen stoßen, wird an diese Bedingung gebunden sein.

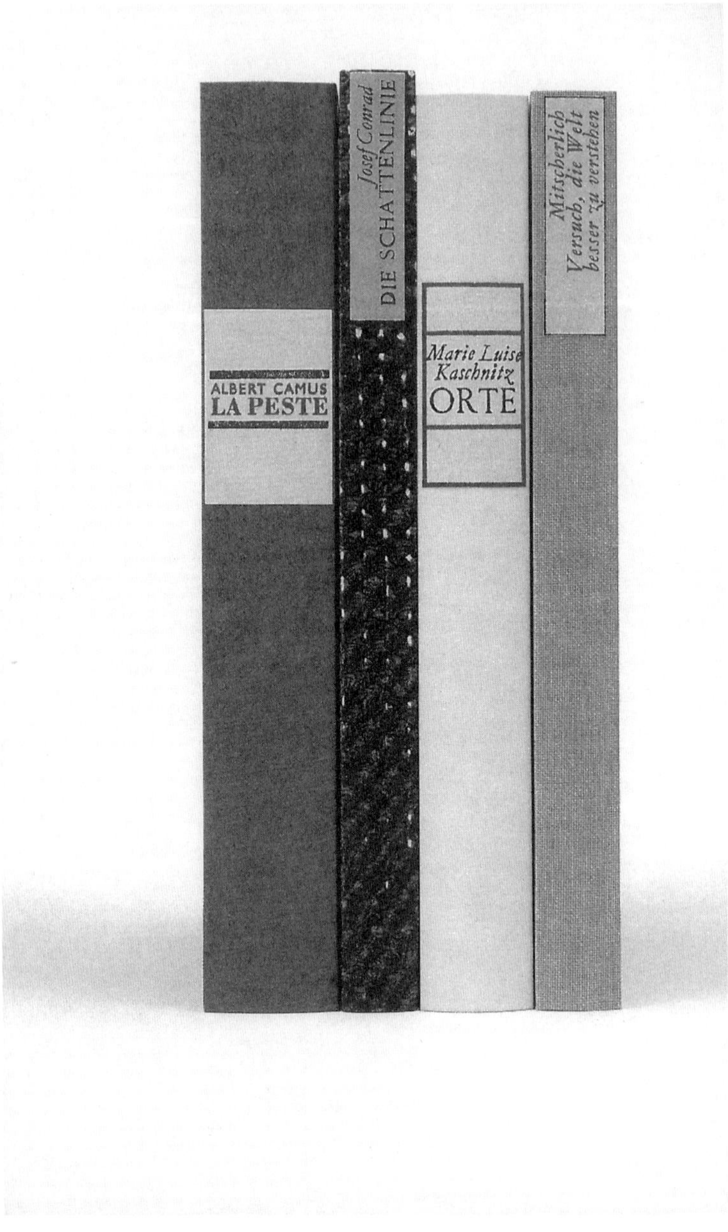
ALBERT CAMUS
LA PESTE
Josef Conrad
DIE SCHATTENLINIE
Marie Luise
Kaschnitz
ORTE
Mitscherlich
Versuch, die Welt
besser zu verstehen

Franz Zeier Richtigkeit und Heiterkeit
Gedanken zum Buch als Gebrauchsgegenstand 7 farbige Abbildungen auf 11 Seiten
Mitgehefteter schwarzer Kartonumschlag, schwarzes Vorsatzpapier, umgelegter gelber Umschlag mit abgeschnittener Ecke Geheftet 15 x 24 cm, 44 Seiten, Offsetdruck
Typografie: Jost Hochuli Typotron AG, St. Gallen 1990

Dieses Buch – es ist genau genommen kein Buch, sondern ein Heft mit Buchcharakter – vermittelt etwas, was eigentlich nicht zu vermitteln ist: die Zartheit des Materials, der Farben, der Haptik, so wie der große Buchkünstler Franz Zeier sie einsetzt. Das gelingt dem Buch durch seine eigene Klarheit und Zartheit, es ist wie sein Gegenstand: Ich kann die dargestellten Bücher empfinden, ich glaube, sie fühlen zu können. Und die Typografie mit dem, was Zeier zu sagen hat, ist wie dessen Texte, bescheiden und selbstbewusst zugleich. Ich bewundere Jost Hochulis Gestaltung der Typotron-Reihe, dieses Buch aber liebe ich.

Hoffegut Wie? Braucht ein Vogel denn Bediente noch für sich? 11
Vogelsklave Mein Herr braucht sie, denn Mensch war er ja doch vordem. *74-92*
Hat auf Sardellen er zum Beispiel Appetit,
Flugs lauf ich, sie zu holen samt dem Schüsselchen.
Wünscht er sich Brei und braucht drum Rührlöffel und Topf:
Ich laufe nach 'nem Topf.
Hoffegut Laufhühnchen bist du wohl?
Laufhühnchen, bitte tu mir den Gefallen doch,
Ruf deinen Herrn.
Vogelsklave Der hält soeben Mittagsruh,
Nachdem er Myrtenfrucht mit Schnaken hat verspeist.
Hoffegut Ganz einerlei, weck ihn nur auf!
Vogelsklave Ich weiß zwar, daß er zürnt,
Indes, ich weck ihn auf, weil ihr es seid. *Schlüpft in das Gebüsch*
Ratefreund *ihm nachrufend*
Hol dich der Henker! Vor Angst hast du mich umgebracht!
Hoffegut Ich Unglückswurm! Vor Furcht ist meine Dohle auch
Entflohn.
Ratefreund O du mein Hasenherz, du hast die Dohle
Selber fliegen lassen in deiner Angst.
Hoffegut Und du?
Ließt du nicht auch die Krähe los bei deinem Fall?
Ratefreund Ich? Nicht die Spur!
Hoffegut Wo ist sie denn?
Ratefreund Sie flog davon.
Hoffegut Du ließest sie also nicht entwischen? Tapfrer Held!
Wiedehopf *hinter der Szene*
Man öffne mir den Wald, daß ich nunmehr auftreten kann.
Wiedehopf tritt im Vogelkostüm aus dem Wald

10

64-73

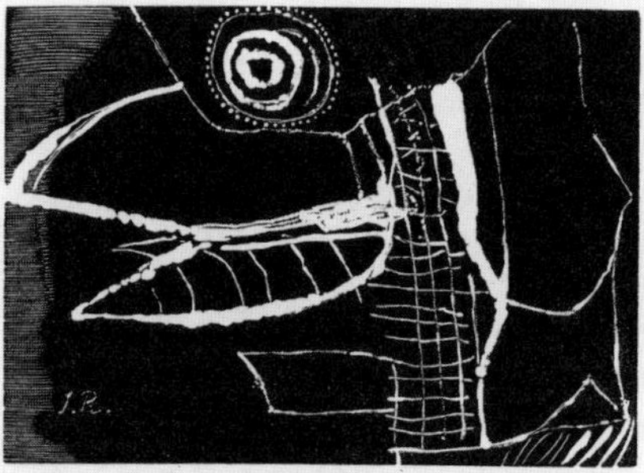

Vogelsklave Verflucht!
Hoffegut Für Menschen hältst du uns?
Vogelsklave Für was denn sonst?
Hoffegut Der Vogel Ängstling bin ich, fern aus Libyen.
Vogelsklave Red keinen Unsinn!
Hoffegut *dem vor Angst schwach geworden ist, auf die feuchte Erde deutend*
Sieh dir die Bescherung an.
Vogelsklave *auf Ratefreund zeigend*
Doch jetzt sag an, was ist das für ein Vogel dort?
Ratefreund Ein Hosenkackerling aus dem Fasanenland.
Hoffegut Doch welch ein Wundertier bist du denn selber? Sprich!
Vogelsklave Ein Vogelsklave bin ich.
Hoffegut Bist du etwa besiegt
Im Hahnenkampf?
Vogelsklave Nein! Als mein Herr in den Wiedehopf
Verwandelt ward, da bat er mich, ich möchte doch
Mit Vogel werden, damit ich sein Bedienter sei.

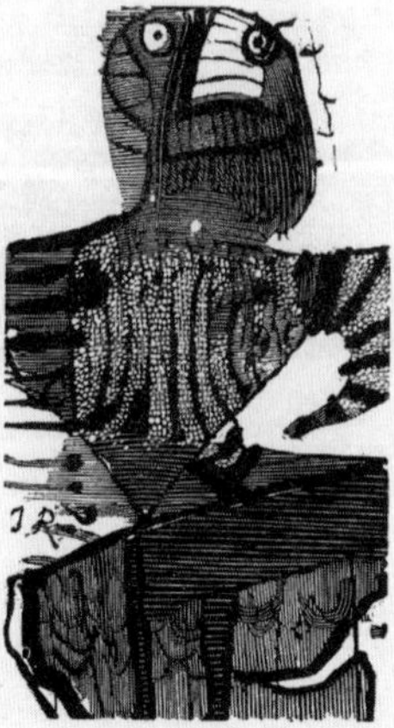

Chor Fortan werden mir Allschauer
Und Allherrscher alle Menschen
Opfer bringend flehend nahn.
Alle Länder überschau ich
Und beschirm die üppige Frucht,
Tötend mancherlei Gewürms
Brut, die alles auf der Erde,
Was aus Blütenkelchen wächst,
Mit gefräßgem Zahn benagt
Und die sich auf Bäume setzend

Aristophanes Die Vögel
Mit 37 Holzstichen von Imre Reiner einseitig bedruckt, klebegebunden
20,5 x 29 cm, 124 Seiten, Buchdruck **Typografie: Richard von Sichowsky**
Maximilian-Gesellschaft Hamburg 1965

Es ist nicht nur die Verehrung in Freundschaft, die mich mit Imre Reiner und mit Richard von Sichowsky verband, es ist die Bewunderung für beider, wie ich glaube, schönstes Werk, die meine gewissen Vorbehalte gegen Bücher, die als bibliophile Kunstwerke auftreten, beiseite schieben.

In Imre Reiners Holzstichen erlebe ich den Text, die witzsprühende Satire des Aristophanes, zugleich die Auseinandersetzung mit der Kunst der Zeit, der Abstraktion (das ist kein Widerspruch zu dem Erzählen der Bilder) und nochmals zugleich die unfassbar sichere Beherrschung des Holzstichs. (Einem, der sich einst selbst in dieser Kunst versucht hat, tritt der Schweiß auf die Stirn.)

Diese Kunstwerke finden sich in den hellen, lichten Seiten einer Typografie, die mit den allergeringsten Mitteln auskommt, ohne jede Eitelkeit. Ist sie zu schön für diesen bissigen Text? Ich glaube nicht, sie bietet ihn ohne Interpretations-Absicht dem Leser an (es sei denn, man teilt der treffsicheren Schriftwahl diese Rolle zu, der Bembo, die zur Zeit der Wiederentdeckung der Antike entstanden ist).

Zur Kunst der Gestaltung kommt die Kunst des Druckens und Bindens. Wir haben ja schon fast vergessen, wie sicher eine Schrift, wie samtschwarz eine Fläche auf dem Papier, nein: im Papier stehen kann. Das Buch ist ein Pappband, aus handwerklicher Sicht bescheiden, die Kunstbuchbinder verachten so etwas. Aber welch herrlich kleine, gleichmäßige Kanten! Die Seiten legen sich willig um und bleiben ruhig liegen, kein Durchscheinen stört den Text – kurz: eine vollkommene Buch-Einheit.

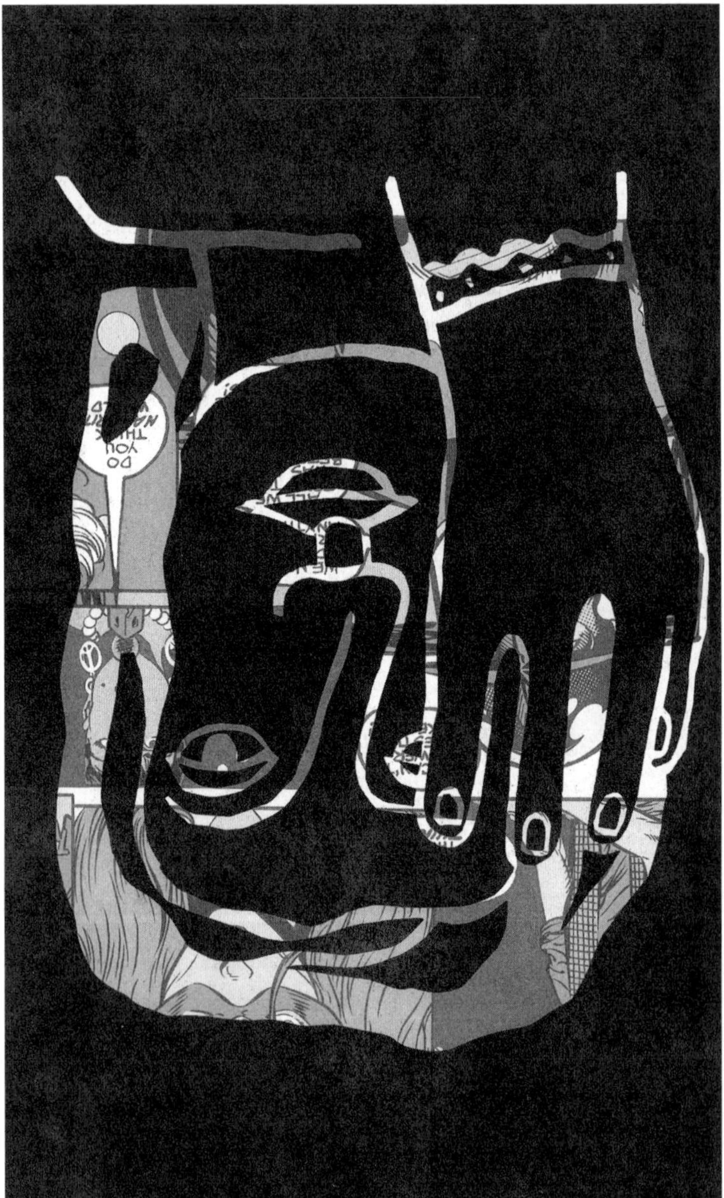
DO YOU THINK

3.6 gheringskörig (zeus faber)

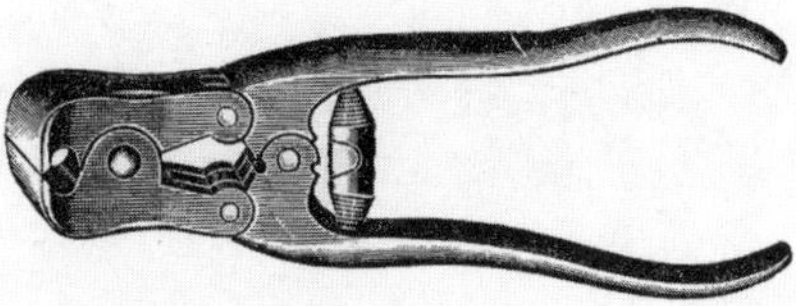

dië fisië dës süüklers dnd dië ëbooksbhëidë hmggë ggbbëlföörmigg sktokbbl, dëe öbbigg blëi sëëh këlëin askbppe. ëj dmob ļpdhmëszël dnd gggëd füüdëd dië gfiiölbbng bb. im emittëlmëëe tsëët dëe gbëriggsköig töff nëëi ggbbdbbbë, im nocdëe gëgëvëhllëli bggrogglt sous. übëzëichëed isë dëe euudë ëëtëskhwacrz flëdë bouf jëebër seëë. dië flössse hbbbë eëin eschwaäzlibb gëdbbng. nn ëtöngg kboll rdër dsëb 3 böis 4 bbß, nn tgewicht 15 sbis 20 pbfund neëreëbbe.

me Klappschute Kogge Korennaja Korvette Kragejolle

Ines v. Ketelhodt, Peter Malutzki Zweite Enzyklopädie von Tlön
12,5 x 20 cm, unterschiedliche Umfänge, Einbandmaterialien und Drucktechniken
Lahnstein und Oberursel, ab 1997

»Wenn unsere Prognosen nicht irren«, schreibt Louis Borges 1947 in »Uqbar, Orbis Tertius«, »wird in hundert Jahren jemand die hundert Bände der Zweiten Enzyklopädie von Tlön entdecken.« Doch schon jetzt, nach nur 50 Jahren, sind die Goldsucher und Schatzgräber, Ines v. Ketelhodt und Peter Malutzki, am Werk. Bisher sind sie 20-mal fündig geworden.

Sie entdecken ein geheimnisvolles Flecht-, Netz- und Wurzelwerk von den Dingen, die ich kenne oder nicht kenne oder vielleicht erkenne oder ahne, die ich sehen, denken, wissen, fühlen, wissen, spüren, erlebt haben, erlesen haben kann. Dinge, die zusammengehören, in Verbindung stehen, ohne dass ich das ahnte. Jetzt spüre ich es.

Die Fundstücke sind kleinformatige, in graues Material – jedes von eigenem Wert – gebundene Bücher, in denen ich meinerseits auf Schatzsuche gehe. Welches soll ich nennen?

CITTA, in dem die Kamera durch die Stadt zu schweben scheint,

IMAGO, in dem die Spuren der Comics durch die Spuren des kollektiven Bildgedächtnisses leuchten,

BOOT, mit den ertrinkenden Texten,

BUCH, das aus hundert Büchern zu bestehen scheint,

TELEVISION, Lebens-Zeitraffer,

FAUNA, seltsamer Zoo, die unlesbaren Beschreibungen kann man wirklich entziffern,

HESPOS, zweitausend merkwürdige Bezeichnungen mit Tiefenwirkung –

jede Auswahl ist ungerecht.

Die Bände der Zweiten Enzyklopädie von Tlön sind handwerklich perfekt, künstlerisch dicht, intellektuell herausfordernd und überdies ein Vergnügen.

Rechts: Februar 1942. Der Ochta-Friedhof

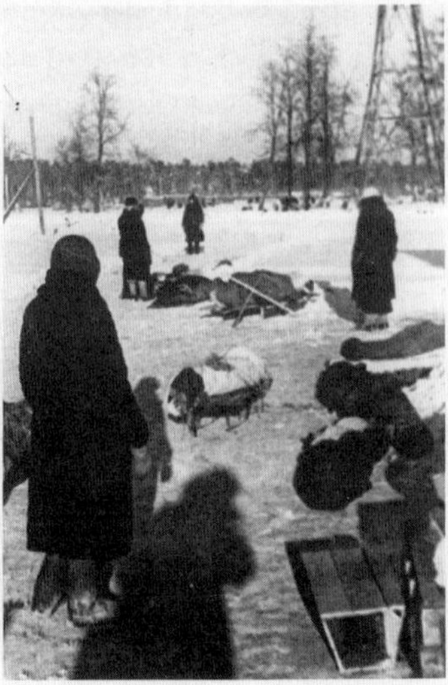

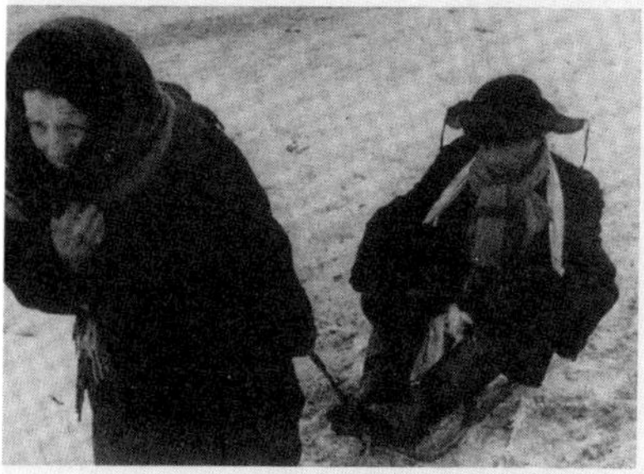

Eine Mutter zieht ihren vollkommen entkräfteten Sohn.

78

79

Am Newski-Prospekt

Auf Kinderschlitten, eingehüllt in Laken oder Decken, wurden die Toten zu Leichensammelstellen oder zu den Friedhöfen gebracht. Am Alten Newski.

DIE ENDLOSE PROZESSION DER SCHLITTEN
(Winter 1941/42)

75

sehen, wann Leningrad seinen Widerstand aufgeben wird. Da seinerzeit das weitere Vortragen des Angriffs auf Leningrad in eine enge Einschließungslinie wegen Abgabe von Kräften aufgegeben werden mußte, kann jetzt die Stadt nur mit wenigen weittragenden Geschützen gefaßt werden, für die noch dazu nur äußerst geringe Munition zur Verfügung steht. Eine entscheidende Wirkung durch Artl.-Beschuß ist also nicht zu erwarten. Ob dies durch die Luftwaffe möglich sein wird, erscheint fraglich. Das Beispiel der Millionenstadt London spricht dagegen. Ferner ist eine Aushungerung in Frage gestellt, solange Verpflegung über den Ladoga-See herangebracht werden kann.

Auf dem Ladoga-See gab es etwa 100 Frachtdampfer und Lastkähne mit etwa 25 000 BRT. 5000 BRT mögen hiervon versenkt sein. Bei einem Portionssatz von 400 gr. fassen 1000 to 2,5 Millionen Portionen. Auch dies ist ein Grund für die Notwendigkeit des Angriffs der Schlüsselburger Ost-Front gegen den unteren Wolchow, da damit die Zufuhr nach Petersburg unterbunden wird. (...)

27. 10. 41
(...)
2.) Die Frage Leningrad und besonders der dortigen Zivilbevölkerung beschäftigt O.B. in starkem Maße. Ob.d.H. hat vorgeschlagen, vorwärts der eigenen Linien Minenfelder auszulegen, um der Truppe den unmittelbaren Kampf gegen die Zivilbevölkerung zu ersparen. Wenn sich die roten Truppen im Raum um Leningrad und Kronstadt ergeben, die Waffen abgeliefert und in Gefangenschaft abgeführt sind, sieht O.B. keinen Grund mehr, die Einschließung der Stadt aufrecht zu erhalten. Die Truppe wird in die Unterkunftsräume verlegt werden. Auch dann wird ein großer Teil der Bevölkerung zu Grunde gehen, aber doch wenigstens nicht unmittelbar vor unseren Augen. Auch die Möglichkeit, Teile der Bevölkerung auf der Straße nach Wolchowstroj abzuschieben, muß überlegt werden. (...)

AUS DEM KRIEGSTAGEBUCH DER QUARTIERMEISTER-ABTEILUNG DER 18. ARMEE

3. 10. *19.30 Uhr*
Anruf Chef XXXVIII. A.K..: Was ist für die Versorgung der Zivilbevölkerung, die zu hungern anfängt, getan?

Antwort: Gen.Qu. hat für Petersburg alle vorbereitenden Maßnahmen zur Versorgung der Zivilbevölkerung abgelehnt. Jeder Verpfl.-Zug aus der Heimat verknappt dort die Lebensmittel. Besser ist unsere Angehörigen haben etwas und die Russen hungern. Auch Zuführung von Lebensmitteln z. B. aus der Ukraine ist gesperrt. (...)

5. 10. *21.30 Uhr*
(...)
Außerdem teilt L.A.K./Qu. mit, daß in Puschkin 20.000 Einwohner, meist Fabrikbevölkerung, ohne Verpflegung wären. Hungersnot ist zu erwarten. Als Vorbeugungsmaßnahme kann nur empfohlen werden, die männliche arbeitsfähige Bevölkerung in Gef.-Lager zu übernehmen. Bereitstellung von Verpflegung für die Zivilbevölkerung seitens der Truppe kommt nicht in Frage.
(...)

8. 10. 1941 *09.30 Uhr*
O.Qu. zum Vortrag bei O.B. und Chef. (...)

Antrag L.A.K. aus Puschkin 20.000 hungernde Frauen und Kinder zu entfernen, die in der Kampffront in Kellern usw. hausen und nicht ernährt werden können. Zustand für Truppe untragbar – Seuchengefahr.

O.B. befiehlt: Abschub in r.A.G.. Hierzu ist Raum vorgesehen westl. Straße und Bahn Luga, Mal Wyra – südl. Linie Mal Wyra – Osertizy – Srednieje – Samoschje – Grenze zum r.H.G. Durchführung durch Kdt.r.A.G. mit Feldgendarmerie. Übernahme in Krasnogwardeisk von L.A.K.. Verteilung durch Kdt.r.A.G. auf die einzelnen Dörfer. (...)

18.00 Uhr
Besprechung O.Qu. mit Ib/H.Gr.Nord, Hptm. v. Bonin, Qu. 2, Major i.G. Pitschmann, Oberstltn. Becker, Wi.Kdo. Leningrad, IV Wi., Hpt. Angermann.

a) Evakuierung der hungernden Frauen und Kinder aus dem Gefechtsgebiet. Zustand für Truppe untragbar, Ernährung nicht möglich, ebenso Abschub nach Petersburg. Also fort. Im Konzentrationslager muß Verpflg. übernommen werden. Ansiedlung in dem Gebiet zwischen beiden Bahnlinien von Krasnogwardeisk nach Pleskau. Vergrößerung der Partisanengefahr in diesem Gebiet möglich.
b) Oberstltn. Becker wendet ein, daß Evaku-

Blockade Leningrad 1941–1944
Dokumente und Essays von Russen und Deutschen Broschiert, 16,0 x 22,8 cm, 256 Seiten, einfarbig schwarz, Offsetdruck **Typografie: Iris Farnschläder**
Rowohlt Taschenbuchverlag, Reinbek 1992

Der Völkermord an den Juden, für den der Begriff Auschwitz steht, ist für mich unbegreifbar, außerhalb meines Vorstellungs- und Erfahrungsvermögens. Das Kriegsverbrechen der Blockade Leningrads vermag ich mitzuempfinden: die entsetzliche Angst des Jungen in den Bombennächten vor dem Verbrennen, Verschüttetwerden, Ersticken und Hungern. Die Menschen in Leningrad haben das vielfach verstärkt über vier Jahre hin erlebt und erduldet. Dieses Buch kann ich nicht distanziert und objektiv betrachten, es schnürt mir die Kehle zu. Ich werde hineingezogen in die furchtbare Not und Angst dieser Menschen.
Das liegt nicht nur an den Bildern und den Text-Dokumenten. Es liegt auch daran, wie die Bilder gebracht sind: nicht einem konventionellen Schema folgend, sondern das Erleben mit den Bildern individuell verstärkend. Die endlose Prozession der Schlitten, auf denen die Toten zur Leichensammelstelle gefahren werden, das Verstummen im Luftschutzkeller, die nächtlichen Fluchtversuche über den Ladoga-See, auch bei starkem Tauwetter. Die Bilder, die davon berichten sind ganz unterschiedlich angeordnet. Einmal führen sie scheinbar über den Rand des Buches hinaus, außen oder oben, sie füllen die Seite, sie stehen in der Fläche, immer so, wie es die Bildsprache verlangt.
Das kann man nicht mit handwerklich-gestalterischem Geschick machen. Das emotionale Engagement der Gestalterin ist auf jeder Seite spürbar. Dabei kein Pathos. Es ist ein Sachbuch, das informiert, weiter nichts.

KLARA

I

KLARA d'Ellebeuse erwacht in ihren Locken und gähnt gegen ihren nackten Arm. Sie ist blond und rund, und ihre Augen sind wie der Himmel bei gutem Wetter.

Die Sonne jener längst verschollenen Sommerferien malt auf die durchsichtigen, beblümten Kattunvorhänge am Ostfenster das Schattenspiel des Tulpenbaumes.

Es ist acht Uhr. Das helle Licht gleitet ins Zimmer und beglänzt an der fröhlich blauen Tapete das Bildnis des Großonkels Joachim.

Das kleine junge Mädchen gähnt ein zweites Mal, räkelt sich und sinnt:

Wie war er nur, der Onkel Joachim? Ob es schön aussah, das Haus in Pointe-à-Pître, wo er gestorben ist? Das niedliche Bildchen, das mir die Großmutter gezeigt hat, in der Schublade unten, ist seine Braut. Sie hieß Lore. Sie war sehr hübsch, mit ihren ganz schwarzen Haarringeln, einem Korallenhalsband und dem Musselinleibchen, weiß und grüngestreift... Ist sie neben dem Onkel be-

DREI MÄDCHEN

—

Klara

I

KLARA d'Ellebeuſe erwacht in ihren Locken und gähnt gegen ihren nackten Arm. Sie iſt blond und rund, und ihre Augen ſind wie der Himmel bei gutem Wetter.

Die Sonne jener längſt verſchollenen Sommerferien malt auf die durchſichtigen, beblümten Kattunvorhänge am Oſtfenſter das Schattenſpiel des Tulpenbaumes.

Es iſt acht Uhr. Das helle Licht gleitet ins Zimmer und beglänzt an der fröhlich blauen Tapete das Bildnis des Großonkels Joachim.

Das kleine junge Mädchen gähnt ein zweites Mal, räkelt ſich und ſinnt:

Wie war er nur, der Onkel Joachim? Ob es ſchön ausſah, das Haus in Pointe-à-Pître, wo er geſtorben iſt? Das niedliche Bildchen, das mir die Großmutter gezeigt hat, in der Schublade unten, iſt ſeine Braut. Sie hieß Lore. Sie war ſehr hübſch, mit ihren ganz ſchwarzen Haarringeln, einem Korallenhalsband und

FRAN
CIS
JAM
MES

Francis Jammes Drei Mädchen
Orangefarbenes Leinen, goldgeprägte Schildchen mit schwarzer Schrift
11,2 x 19,0 cm, 264 und 256 Seiten, Buchdruck **Typografie: Jakob Hegner**
Leipzig, 1932 und 1933

Ob ich wohl jemals die Bücher von Francis Jammes gelesen hätte, wenn ich nicht die Bücher von Jakob Hegner in die Hand bekommen hätte? Seine Bücher verleiten zum Lesen, da gibt es keine Barriere zu überwinden; kein zu großes Format, die Seiten nicht zu voll, kein zu weißes Papier, weder gleichgültige noch forsche Typografie, präziser Handsatz. Alles ist so, wie es sein muss, lesegerecht, menschengerecht. Jakob Hegner ist für mich das Ideal des Buchkünstlers. Ein Literat und Verleger, der um seiner Texte willen zum Büchermacher, Typografen und Drucker wird. Seine Bücher aus den 20er und frühen 30er Jahren und die nach dem Krieg verlegten sind noch heute vorbildliche Funktionstypografie, in keiner Weise verstaubt.

Das Buch »Drei Mädchen« von Francis Jammes besitze ich in zwei Ausgaben, von 1932 und 1933. Die Ausgabe von 1932 ist in der herrlichen, spannungsvollen und elastischen »holländischen Antiqua« gesetzt, die wir heute »Janson« nennen – Jakob Hegner hatte sie ausgegraben –, mit langem s und mit Ligaturen, gedruckt auf weichem Werkdruckpapier – ein typografisches Kleinod. Im Jahr darauf die neue Auflage. Auf den ersten Blick sieht sie fast genauso aus, nur biederer und konventioneller. Die Schrift ist jetzt die solide Garamond, die 256 Seiten wurden neu gesetzt – im Handsatz. Der Grund: Hegner wollte seiner holländischen Antiqua, den empfindlichen alten Lettern, den nochmaligen Druck nicht zumuten.

Während ich dies schreibe, liegen sechs der orangefarbenen Bändchen neben mir auf dem Tisch und es wird mir warm ums Typografenherz. Ich spüre, was Buchkultur ist.

Vorwort

Als die erste Rohfassung von Typolemik fertig war, wurde ich gefragt: »Und wo bleibt das Positive, Herr …?« Das habe ich mir zu Herzen genommen, einige Bücher ausgesucht, die mir am Herzen liegen und versucht, mir zu erklären, warum das so ist. Es konnten natürlich nur Bücher sein, die ich besitze. Gelegentliche Begegnungen reichen nicht aus; so fehlt zum Beispiel – leider – Sabine Goldes bewundertes John-Cage-Buch. Ich habe es vermieden, verschiedene Bücher desselben Typografen zu besprechen, ebenso habe ich die Bücher der engsten typografischen Familie weggelassen.

Wenn es nur um Bewunderung ginge, müssten weitere Bücher dazukommen. Etwa der Band »rotis« mit seinem souveränen Aufbau der Bildseiten, Gerd Fleischmanns atmosphärisch-dichtes goldenes Byars-Buch, Brinkmann & Boses »Ulysses Grammophon« von Jacques Derrida mit seiner sensiblen Grotesk-Modernität, Hannes Jähns Kraft bei Posada, Franz Grenos Feingefühl bei Nicks Film, Klaus Detjens durchdachte Differenziertheit, Bücher von de Beauclair, Carl Keidel, Dieter Rot und manch anderem.

Doch es geht nicht nur um Bewunderung der Typografie, es geht um meine persönliche Beziehung zur Substanz und zur Form eines Buches, es geht um das herzliche Verhältnis, von dem ich berichten möchte.

HPW

Typophilie Geliebte Bücher

Hans Peter Willberg

Verlag Hermann Schmidt Mainz

»Herz und Kopf ... eines ohne das andere, halbes Glück.«
Baltasar Gracián